Anne Peters / Saskia Stucki

Tierversuchsrichtlinie 2010/63/EU:
Rechtsgutachten zu ihrer Umsetzung in Deutschland

Schriften zum Tier im Recht

Herausgegeben von der Stiftung für das Tier im Recht (TIR)

Band 13

Anne Peters / Saskia Stucki

Tierversuchsrichtlinie 2010/63/EU: Rechtsgutachten zu ihrer Umsetzung in Deutschland

Schulthess § 2014

Schriften zum Tier im Recht

Mit der Reihe «Schriften zum Tier im Recht» will die Stiftung für das Tier im Recht (TIR) ausgewählte Monografien, Gutachten und Fachaufsätze zu juristischen und ethischen Aspekten der Mensch-Tier-Beziehung einem breiten Publikum zugänglich machen. Die Beiträge richten sich an alle am Tierschutz Interessierten und sollen insbesondere Vollzugsorganen wie Verwaltungs-, Strafverfolgungs- und gerichtlichen Behörden, Praktikern sowie Studierenden einen Informationsfundus zu tierschutzrechtlichen und tierethischen Themen bieten.

Gestaltungskonzept/Layout: freiraum Werbeagentur AG
Cover: © Igor I. Byrko – iStockphoto.com

Bibliografische Information der Deutschen Nationalbibliothek
Die Deutsche Nationalbibliothek verzeichnet diese Publikation in der Deutschen Nationalbibliografie; detaillierte bibliografische Daten sind im Internet über http://dnb.d-nb.de abrufbar.

Alle Rechte, auch die des Nachdrucks von Auszügen, vorbehalten. Jede Verwertung ist ohne Zustimmung des Verlages unzulässig. Dies gilt insbesondere für Vervielfältigungen, Übersetzungen, Mikroverfilmungen und die Einspeicherung und Verarbeitung in elektronische Systeme.

© Schulthess Juristische Medien AG, Zürich · Basel · Genf 2014
   ISBN 978-3-7255-7025-6

www.schulthess.com

Vorwort und Danksagung

Der vorliegende Band basiert auf unserem im April 2012 vorgelegten «Rechtsgutachten zu verschiedenen Fragen im Zusammenhang mit der EU-Tierversuchsrichtlinie, insbesondere zur Unions- und Verfassungskonformität des Entwurfs eines dritten Gesetzes zur Änderung des Tierschutzgesetzes sowie des Entwurfs einer Verordnung zur Umsetzung der Richtlinie 2010/63/EU», das vom Deutschen Tierschutzbund e.V., dem Bund gegen Missbrauch der Tiere, dem Bundesverband Tierschutz e.V., den Ärzten gegen Tierversuche e.V., den Menschen für Tierrechte – Bundesverband der Tierversuchsgegner e.V. und der Deutschen Juristischen Gesellschaft für Tierschutzrecht e.V. gemeinsam in Auftrag gegeben wurde.

Mit dieser Veröffentlichung soll das Rechtsgutachten einem breiteren, an Tierrechtsfragen interessierten Publikum zugänglich gemacht werden. In dieser Publikation wurde das Gutachten inhaltlich nicht verändert, sondern lediglich vereinzelte sprachliche Glättungen vorgenommen. Literatur und Rechtsgrundlagen wurden bis April 2012 berücksichtigt.

Wir danken Claudia Jeker für die redaktionelle Unterstützung bei der Fertigstellung des Manuskripts. Schliesslich gilt unser Dank den auftraggebenden Tierschutzorganisationen, mit deren freundlicher Genehmigung dieser Band realisiert wurde.

Basel und Heidelberg im Februar 2014   Anne Peters und Saskia Stucki

Inhaltsübersicht

Vorwort und Danksagung	5
Inhaltsverzeichnis	9
Einleitung und Problemstellung	15
A. Allgemeiner Teil: Grundlagen zur Prüfung der Grundrechtskonformität der deutschen Umsetzungsgesetzgebung	17
I. Die «europäischen» Grundrechte als primärer Prüfungsmassstab	18
II. Der Inhalt der Forschungsfreiheit	23
III. Ergebnis	31
B. Besonderer Teil: Unionsrechts- und verfassungskonforme Umsetzung der Richtlinie im Einzelnen	33
I. Die Genehmigung von Tierversuchen	33
II. Das Verbot schwerst belastender Tierversuche	67
III. Das Verbot von Versuchen an Menschenaffen	101
IV. Die Beschränkung von Versuchen an Primaten	113
V. Die Kategorisierung des Nutzens (Versuchszwecks) im Rahmen der Prüfung der ethischen Vertretbarkeit	123
Literaturverzeichnis	133
Anhang: Rechtsgrundlagen (Auszüge)	137
Anhang Nr. 1: Entwurf eines dritten Gesetzes zur Änderung des Tierschutzgesetzes (TierSchG n. F.-E), Stand 9.1.2012 und Bezugspunkt des Gutachtens	137

Anhang Nr. 2: Tierschutzgesetz (TierSchG 2013),
aktuell geltendes Recht   147

Anhang Nr. 3: Entwurf einer Verordnung zur Umsetzung
der Richtlinie 2010/63/EU (TierSchVersV-E), Stand 9.1.2012
und Bezugspunkt des Gutachtens   158

Anhang Nr. 4: Verordnung zum Schutz von zu Versuchszwecken
oder zu anderen wissenschaftlichen Zwecken verwendeten Tieren
vom 1.8.2013 (Tierschutz-Versuchstierverordnung –
TierSchVersV 2013), aktuell geltendes Recht   163

Anhang Nr. 5: Richtlinie 2010/63/EU des Europäischen
Parlaments und des Rates vom 22. September 2010 zum Schutz
der für wissenschaftliche Zwecke verwendeten Tiere   169

Inhaltsverzeichnis

Vorwort und Danksagung   5

Inhaltsübersicht   7

Einleitung und Problemstellung   15

A. Allgemeiner Teil: Grundlagen zur Prüfung der Grundrechtskonformität der deutschen Umsetzungsgesetzgebung   17

    I. Die «europäischen» Grundrechte als primärer Prüfungsmassstab   18
        1. Unanwendbarkeit der «deutschen» Grundrechte bei «gebundener» Umsetzung der Richtlinie   18
        2. Alternative Lösung mit Anwendung der «deutschen» Grundrechte   21

    II. Der Inhalt der Forschungsfreiheit   23
        1. Schutzbereich   23
            1.1. Enge Schutzbereichskonzeption in der Rechtsprechung des Bundesverfassungsgerichts und in der deutschen Lehre   24
            1.2. Schutzbereich nach Grundrechtecharta und EMRK bisher nicht definiert   26
        2. Möglichkeit zulässiger (gerechtfertigter) Einschränkungen der Forschungsfreiheit   27
            2.1. Gesetzliche Grundlage   28
            2.2. Legitimes Ziel von Verfassungsrang   28
            2.3. Verhältnismässigkeit   30

    III. Ergebnis   31

B. Besonderer Teil: Unionsrechts- und verfassungskonforme Umsetzung der Richtlinie im Einzelnen   33

    I. Die Genehmigung von Tierversuchen   33
        1. Prüfungsgegenstand und Prüfungsmassstab im Überblick   33

2. Die behördliche Prüfung der Voraussetzungen
«Unerlässlichkeit» und «ethische Vertretbarkeit» im Rahmen
der Genehmigung eines Versuchsvorhabens 34
   2.1. Prüfungsgegenstand 34
       2.1.1. Umsetzungsvorschlag im TierSchG n. F.-E
       im Einzelnen 34
       2.1.2. Auslegungshorizont: Die Prüfungsbefugnis
       der Genehmigungsbehörde nach bisherigem
       deutschen Recht 36
   2.2. Die Unionsrechtskonformität des
   Umsetzungsvorschlags im TierSchG n. F.-E 40
       2.2.1. Bestimmungen der Richtlinie über die
       Genehmigung von Projekten 40
       2.2.2. Vorgaben der Richtlinie zu Prüfungsbefugnis
       und Prüfungspflicht der Genehmigungsbehörde 42
   2.3. Ergebnis: Die Richtlinie und der deutsche
   Rechtsrahmen fordern eine materielle Prüfung durch
   die Genehmigungsbehörde 47
3. Die Genehmigungsvoraussetzungen der «Unerlässlichkeit»
und der «ethischen Vertretbarkeit» im Licht der Richtlinie 49
   3.1. Fragestellung 49
   3.2. Die Genehmigungsvoraussetzung der «Unerlässlichkeit» 50
       3.2.1. Vorgaben der Richtlinie 50
       3.2.2. «Unerlässlichkeit» im Umsetzungsentwurf
       der Bundesregierung 52
   3.3. Die Genehmigungsvoraussetzung der «ethischen
   Vertretbarkeit» (Schaden-Nutzen-Relation) 62
       3.3.1. Vorgabe der Richtlinie:
       «Schaden-Nutzen-Analyse» 62
       3.3.2. Normierung im TierSchG n. F.-E:
       «Ethische Vertretbarkeit» 62
       3.3.3. Zwischenergebnis: Prinzipielle Übereinstimmung 63
       3.3.4. «Ängste» als eigenständige Belastungsform 63
   3.4. Ergebnis: Teilweise Richtlinienwidrigkeit des
   Gesetzesentwurfs zu den Genehmigungsvoraussetzungen «Unerlässlichkeit» und «ethische
   Vertretbarkeit» und deren materieller Prüfung 65

II.	Das Verbot schwerst belastender Tierversuche	67
	1. Überblick über Prüfungsmassstab und Prüfungsgegenstand	67
	1.1. Vorgaben der Richtlinie zur Belastungsgrenze bei Tierversuchen	67
	1.2. Umsetzungsvorschlag der TierSchVersV-E: Zweistufige Regelung für besonders belastende Tierversuche	70
	2. Die Umsetzung des grundsätzlichen Verbots schwerst belastender Tierversuche in § 26 TierSchVersV-E	71
	2.1. Richtlinienwidrigkeit von § 26 TierSchVersV-E in Bezug auf die Umsetzung des grundsätzlichen Verbots schwerst belastender Tierversuche	71
	2.1.1. Überblick über § 26 TierSchVersV-E im Vergleich zur Richtlinie	71
	2.1.2. Intensität der Belastung: «erheblich» im Sinne des § 26 TierSchVersV-E	72
	2.1.3. Dauer der Belastung: «länger anhaltend» und «dauerhaft anhaltend» im Sinne des § 26 TierSchVersV-E	77
	2.2. Ergebnis und Vorschlag für eine richtlinienkonforme Umsetzung des grundsätzlichen Verbots der die Belastungsgrenze überschreitenden Tierversuche	80
	3. Die Ausnutzung der staatlichen Schutzklausel	81
	3.1. Vorgaben der Richtlinie: Auslegung von Art. 15 Abs. 2 und Art. 55 Abs. 3 der Richtlinie	82
	3.1.1. Ratio des Verbots schwerst belastender Tierversuche	82
	3.1.2. Entstehungsgeschichte von Art. 55 Abs. 3 der Richtlinie	82
	3.1.3. Systematik: Charakter der Durchbrechung eines Verbots	83
	3.1.4. Systematik: Vergleich mit Art. 8 Abs. 1 der Richtlinie	84
	3.1.5. Unionsrechtliches Vereitelungsverbot bei der Richtlinienumsetzung	85
	3.2. Richtlinienwidrige Umsetzung von Art. 55 Abs. 3 der Richtlinie in § 26 Abs. 2 Satz 2 TierSchVersV-E	86
	3.2.1. Überblick über die Umsetzung der Schutzklausel	86

3.2.2. Regelungstechnik des repressiven Verbots mit
Befreiungsvorbehalt 86
3.2.3. Überprüfung der inhaltlichen Richtlinienkonformität von § 26 Abs. 2 Satz 2 TierSchVersV-E 87
3.3. Verzicht auf die Ausnutzung der Schutzklausel 91
3.3.1. Spielraum bei der Umsetzung des Art. 55 Abs. 3 der Richtlinie 92
3.3.2. Verfassungsmässigkeit eines absoluten Verbots schwerst belastender Tierversuche 93
3.4. Vorschlag für eine richtlinien- und verfassungskonforme Fassung des § 26 TierSchVersV-E zum Verbot von die Belastungsobergrenze überschreitenden Tierversuchen 99

III. Das Verbot von Versuchen an Menschenaffen 101
1. Prüfungsgegenstand und Prüfungsmassstab 101
2. Bestimmungen der Richtlinie zu Versuchen an Menschenaffen 101
    2.1. Grundsätzliches Verbot mit Ausnahmevorbehalt 101
    2.2. Regelungsgegenstand «Menschenaffen» 102
        2.2.1. Argumente für eine enge Auslegung 103
        2.2.2. Argumente für eine weite Auslegung, die Gibbons einschliesst 103
        2.2.3. Ergebnis 104
3. Der Umsetzungsvorschlag in § 25 TierSchVersV-E 104
4. Richtlinien-, Unionsgrundrechts- und Verfassungskonformität eines absoluten Verbots von Versuchen an Menschenaffen 105
    4.1. Spielraum bei der Umsetzung des Art. 55 Abs. 2 der Richtlinie 105
    4.2. Vereinbarkeit eines absoluten Verbots von Versuchen an Menschenaffen mit dem Grundgesetz und mit Unionsgrundrechten 106
        4.2.1. Zulässige Einschränkung der Forschungsfreiheit 106
        4.2.2. Zulässige Berührung des Rechtsgutes öffentliche Gesundheit 110
    4.3. Ergebnis 111
5. Vorschlag für eine Neufassung des § 25 TierSchVersV-E zur Umsetzung eines absoluten Verbots von Menschenaffenversuchen 112

IV. Die Beschränkung von Versuchen an Primaten ... 113
    1. Prüfungsgegenstand und Prüfungsmassstab ... 113
    2. Bestimmungen der Richtlinie zu Versuchen an nichtmenschlichen Primaten ... 114
        2.1. Nicht artengeschützte (Art. 8 Abs. 1 der Richtlinie) und artengeschützte Primaten (Art. 8 Abs. 2 der Richtlinie) ... 114
            2.1.1. Nicht artengeschützte Primaten (Abs. 1) ... 114
            2.1.2. Artengeschützte Primaten (Abs. 2) ... 115
            2.1.3. Fazit ... 115
        2.2. Schutzklausel ... 115
    3. Umsetzungsvorschlag in § 23 TierSchVersV-E ... 116
    4. Richtlinien-, Unionsgrundrechts- und Verfassungskonformität der Nichtumsetzung von Art. 55 Abs. 1 der Richtlinie ... 117
        4.1. Spielraum bei der Umsetzung des Art. 55 Abs. 1 der Richtlinie ... 117
        4.2. Verfassungsmässigkeit der Nichtumsetzung der Schutzklausel ... 118
            4.2.1. Eingriff in die Forschungsfreiheit ... 118
            4.2.2. Die Verhältnismässigkeit des Nichtgebrauchs der Schutzklausel ... 120
            4.2.3. Ergebnis ... 122
    5. Vorschlag für eine Neufassung von § 23 TierSchVersV-E ... 122

V. Die Kategorisierung des Nutzens (Versuchszwecks) im Rahmen der Prüfung der ethischen Vertretbarkeit ... 123
    1. Die mit der Einstufung der Schweregrade vergleichbare Kategorisierung des Nutzens ... 123
    2. Schaden-Nutzen-Gleichgewicht oder Überwiegen des Nutzens? ... 125
    3. Mögliche Umsetzung ... 130

Literaturverzeichnis ... 133

Anhang: Rechtsgrundlagen (Auszüge) ... 137

    Anhang Nr. 1: Entwurf eines dritten Gesetzes zur Änderung des Tierschutzgesetzes (TierSchG n. F.-E), Stand 9.1.2012 und Bezugspunkt des Gutachtens ... 137

Anhang Nr. 2: Tierschutzgesetz (TierSchG 2013),
aktuell geltendes Recht   147

Anhang Nr. 3: Entwurf einer Verordnung zur Umsetzung
der Richtlinie 2010/63/EU (TierSchVersV-E), Stand 9.1.2012
und Bezugspunkt des Gutachtens   158

Anhang Nr. 4: Verordnung zum Schutz von zu Versuchszwecken
oder zu anderen wissenschaftlichen Zwecken verwendeten Tieren
vom 1.8.2013 (Tierschutz-Versuchstierverordnung –
TierSchVersV 2013), aktuell geltendes Recht   163

Anhang Nr. 5: Richtlinie 2010/63/EU des Europäischen
Parlaments und des Rates vom 22. September 2010 zum Schutz
der für wissenschaftliche Zwecke verwendeten Tiere   169

Einleitung und Problemstellung

In einem Gutachten von 2012 nahmen wir zu zentralen Fragen der Unionsrechts- und Grundgesetzkonformität des Entwurfs eines dritten Gesetzes zur Änderung des Tierschutzgesetzes auf dem Stand vom 9. Januar 2012 (im Folgenden «TierSchG n. F.-E», siehe Anhang Nr. 1, Seite 137 ff.) sowie des Entwurfs einer Verordnung zur Umsetzung der Richtlinie 2010/63/EU auf dem Stand vom 9. Januar 2012 (im Folgenden «TierSchVersV-E», siehe Anhang Nr. 3, Seite 158 ff.) Stellung. Diese Rechtsänderungen waren geplant zur Umsetzung der Richtlinie 2010/63/EU des Europäischen Parlaments und des Rates vom 22. September 2010 zum Schutz der für wissenschaftliche Zwecke verwendeten Tiere[1] (im Folgenden: RL; die für das Gutachten relevanten Normen sind in Anhang Nr. 5, Seite 169 ff. abgedruckt).

Die Pflicht des deutschen Gesetz- und Verordnungsgebers zur zielkonformen Umsetzung der Richtlinie ist in Art. 61 RL enthalten und leitet sich auch aus Art. 288 Abs. 3 AEUV[2] ab. Nach diesen Vorschriften sind die Ziele von Richtlinien für die Mitgliedstaaten «verbindlich». Die jeweiligen Ziele ergeben sich aus den operationellen Vorschriften, aus den Erwägungsgründen und aus den Materialien einer Richtlinie[3]. Rechtsgrundlage der vorliegenden Richtlinie ist Art. 114 AEUV (Angleichung der Rechtsvorschriften). Die Richtlinie 2010/63/EU (2010) entwickelt die Richtlinie 86/609/EWG (1986) weiter und soll den europäischen Rechtsrahmen zum Schutz von Versuchstieren detaillierter festlegen[4]. Ziel der neuen EU-Tierversuchsrichtlinie war, erstens, die Harmonisierung der Wettbewerbsbedingungen zwischen den tierexperimentellen Tätigkeiten in den verschiedenen Mitgliedstaaten (Erwägung 1 RL) sowie, zweitens, die Verbesserung des Wohlergehens der Tiere und die Erhöhung des Schutzniveaus (Erwägungen 2, 4, 6, 7, 31 RL). In den Erwägungen zur Richtlinie heisst es insbesondere: «Tierschutzerwägungen sollten im Zusammenhang mit der Haltung, Zucht und Verwendung von Tieren oberste Priorität eingeräumt werden»[5].

---

[1] ABl. 2010 L 276/33. Siehe für einen juristischen Überblick über diese Richtlinie Binder, Neue Tierversuchs-Richtlinie.
[2] Vertrag über die Arbeitsweise der Europäischen Union, konsolidierte Fassung vom 9.5.2008.
[3] Oppermann/Classen/Nettesheim 126.
[4] Siehe Erwägung 1 RL.
[5] Erwägung 31 Satz 1 RL.

Diese Richtlinie wurde von Deutschland im Sommer 2013 durch Änderung des Tierschutzgesetzes (TierSchG 2013)[6] und durch Erlass einer Tierschutz-Versuchstierverordnung (TierSchVersV 2013)[7] in minimalistischer Weise[8] umgesetzt; diese Rechtsänderungen sind seit dem 13. Juli 2013 (TierSchG 2013) bzw. 13. August 2013 (TierSchVersV 2013) in Kraft.

Die für diese Untersuchung massgeblichen Rechtsvorschriften sind als Auszüge im Anhang (Seite 137 ff.) abgedruckt. Wir führen dort als erstes den Gesetzesentwurf auf, welcher in diesem Beitrag begutachtet wird (TierSchG n. F.-E, Stand 9.1.2012; Anhang Nr. 1), dann das aktuell geltende Tierschutzgesetz nach seiner Änderung vom 7. August 2013, das in diesem Beitrag nicht ausdrücklich berücksichtigt wird (TierSchG 2013, Anhang Nr. 2, Seite 147 ff.). Durch die Gegenüberstellung ist leicht festzustellen, dass das nach Vorlage unseres Gutachtens verabschiedete Änderungsgesetz inhaltlich kaum vom begutachteten Entwurf abweicht (insbesondere nicht in den Fragen, auf die sich dieser Beitrag bezieht), sondern im Wesentlichen redaktionell abgeändert wurde. Anhang 3 (Seite 158 ff.) nennt den Entwurf einer Verordnung zur Umsetzung der Richtlinie 2010/63/EU (TierSchVersV-E, Stand 9.1.2012), welcher dem Gutachten zugrunde lag. Anhang Nr. 4 (Seite 163 ff.) enthält dann Auszüge aus der jetzt geltenden Tierschutz-Versuchstierverordnung (TierSchVersV 2013), die nach der Fertigstellung des Gutachtens erlassen wurde, aber ihrerseits kaum eine inhaltliche Abweichung zum früheren Verordnungsentwurf beinhaltet.

Die in erster Linie formal leicht geänderte Rechtslage berührt nicht die in unserem Gutachten analysierte Problematik. Wir sind deshalb der Auffassung, dass unser Text weiterhin aktuell und von juristischem Interesse ist. Die darin beleuchteten Grundsatzfragen sind nach wie vor gesetzgeberisch nicht gelöst und für das europäische und deutsche Tierversuchsrecht von allgemeiner Bedeutung. Wir hoffen, mit der Veröffentlichung des Gutachtens das Moment des kritischen Diskurses über das Tierversuchsrecht aufrechtzuerhalten und der fortdauernden Reformdiskussion Impulse zu geben.

---

6 Drittes Gesetz zur Änderung des Tierschutzgesetzes vom 4.7.2013 (BGBl. I 2013 Seite 2182).
7 Verordnung zur Umsetzung der Richtlinie 2010/63/EU des Europäischen Parlaments und des Rates vom 22.9.2010 zum Schutz der für wissenschaftliche Zwecke verwendeten Tiere, vom 1.8.2013, BGBl. 2013 I Nr. 47, Seite 3125 ff.
8 Vgl. Deutscher Tierschutzbund e.V., Stellungnahme zum Entwurf 670/12 einer Verordnung zum Schutz zu Versuchszwecken oder zu anderen wissenschaftlichen Zwecken verwendeten Tiere vom 1.11.2012 (Dezember 2012).

A. Allgemeiner Teil: Grundlagen zur Prüfung der Grundrechtskonformität der deutschen Umsetzungsgesetzgebung

In diesem Abschnitt werden die Grundlagen für die spätere Prüfung der Grundrechtskonformität des Gesetzes- und Verordnungsentwurfes sowie die in diesem Gutachten vorgeschlagenen Änderungen dieser Entwürfe gelegt[9]. Es geht primär um die Vereinbarkeit mit der Forschungsfreiheit (Art. 13 GRCh[10]; Art. 10 EMRK[11]; Art. 5 Abs. 3 GG[12]). Die Berufs- und Wirtschaftsfreiheit (Art. 15 GRCh; Art. 12 GG) tritt dahinter zurück, weil die Erwerbstätigkeit von Wissenschaftlerinnen, Tierzüchtern, Tierpflegerinnen und sonstigen Wirtschaftsteilnehmern nur so marginal und mittelbar durch die Regulierung von Tierversuchen berührt wird, dass eine Grundrechtsbeeinträchtigung unter diesem Gesichtspunkt ausscheidet.

---

[9] Teile der Ausführungen zur Grundrechtskonformität möglicher weitergehender Beschränkungen von Primatenversuchen wurden ebenfalls publiziert in Anne Peters, Ein europäisches Verbot der Versuche mit Menschenaffen als legitime Einschränkung der Forschungsfreiheit, in: Becker Ulrich/Hatje Armin/Wunderlich Nina (Hrsg.), Festschrift für Jürgen Schwarze, Baden-Baden 2014.
[10] Charta der Grundrechte der Europäischen Union in der Fassung vom 12.12.2007.
[11] Europäische Konvention zum Schutz der Menschenrechte und Grundfreiheiten in der Fassung vom 22.10.2010.
[12] Grundgesetz für die Bundesrepublik Deutschland vom 23.5.1949.

I. Die «europäischen» Grundrechte als primärer Prüfungsmassstab

Bei der Umsetzung von Richtlinien durch den deutschen Gesetzgeber ist dieser im Grundsatz an die **europäische Grundrechtecharta (GRCh)** gebunden. Denn nach Art. 51 GRCh gilt die Charta für die Mitgliedstaaten «bei der Durchführung des Rechts der Union». Der Erlass des an die Richtinie angepassten Tierschutzgesetzes und der dazugehörigen Verordnung stellt eine «Durchführung» im Sinne der Grundrechtecharta dar. Das heisst, die europäischen Grundrechte sind in diesem Fall Massstabsnormen auch für die deutsche Rechtssetzung selbst[13]. Dies gilt auch dann, wenn die Mitgliedstaaten Umsetzungsspielräume nutzen oder wenn sie von einer in der Richtlinie gewährten Ausnahme Gebrauch machen[14].

Nach Art. 52 Abs. 3 GRCh und nach ihrer Präambel (4. Erwägung) ist ferner der **Text der EMRK und die Rechtsprechung des EGMR** massgeblich für die Ermittlung der Bedeutung und Tragweite der Charta-Grundrechte. Die Beachtlichkeit der EMRK folgt auch aus der Vorschrift des Art. 6 Abs. 3 EUV[15], welche die Grundrechte der EMRK als Rechtserkenntnisquelle der europäischen Grundrechte nennt.

Im Normalfall tritt der Schutz der Charta zu den nationalen Grundrechten ebenso wie zu den Mindestgarantien der EMRK kumulativ hinzu («Grundsatz der Parallelität der Grundrechtsordnungen»)[16]. Die drei Ebenen ergänzen sich wie ein «übereinandergespanntes Netz»[17].

1. Unanwendbarkeit der «deutschen» Grundrechte bei «gebundener» Umsetzung der Richtlinie

Nach ständiger Rechtsprechung des Bundesverfassungsgerichts wird deutsches Umsetzungsrecht, das aufgrund «zwingender Vorgaben» von Richtlinien erlas-

---

[13] Borowsky Rn. 27.
[14] Ladenburger Rn. 35 mit weiteren Nachweisen.
[15] Konsolidierte Fassung des Vertrags über die Europäische Union vom 13.12.2007 in der Fassung vom 30.3.2010.
[16] Ladenburger Rn. 30.
[17] Ladenburger Rn. 30.

sen wird, vom Bundesverfassungsgericht **nicht am Massstab der Grundrechte des Grundgesetzes (GG) geprüft**, wenn und solange auf Unionsebene ein wirksamer und dem Grundgesetz im Wesentlichen äquivalenter Grundrechtsschutz gewährt wird (Anwendung der Solange II-Rechtsprechung auf deutsches Umsetzungsrecht)[18]. Das massgebliche Kriterium für die Nichtausübung der deutschen Verfassungsgerichtsbarkeit ist der fehlende «Gestaltungsspielraum»[19] oder «Umsetzungsspielraum»[20] des deutschen Gesetzgebers. Verfassungsbeschwerden, die sich gegen «innerstaatliche Rechtsvorschriften, die zwingende Vorgaben einer Richtlinie in deutsches Recht umsetzen», wenden, «sind grundsätzlich unzulässig»[21]. Die dogmatische Begründung hierfür ist, dass das deutsche Umsetzungsrecht, welches **ohne Gestaltungs- beziehungsweise Umsetzungsspielraum** vonseiten der Richtlinie erlassen wurde, wie de facto sekundäres Unionsrecht qualifiziert werden muss und daher am Vorrang des Unionsrechts teilhat. Gleichzeitig bildet der Vorrang des Unionsrechts einen Rechtsgrund für die Modifikation der Grundrechtsbindung. Die Nichtüberprüfbarkeit am Massstab des Grundgesetzes führt nicht zu einer Rechtsschutzlücke, weil die äquivalenten Unionsgrundrechte einen wirksamen Schutz bieten[22].

Es muss somit jeweils geprüft werden, welche Teile der Revision der deutschen Tierschutzgesetzgebung in Umsetzung der Richtlinie einen «gebundenen» Umsetzungsakt (ohne Spielraum) im Sinne der genannten bundesverfassungsgerichtlichen Rechtsprechung darstellen und welche Regelungen «freie» Umsetzung mit Gestaltungsspielraum sind. Bei «freier» Umsetzung, bei welcher der deutsche Gesetzgeber die Vorgaben einer Richtlinie «in eigener Regelungskompetenz konkretisiert»[23], muss die Ausfüllung des von der Richtlinie überlassenen Gestaltungsspielraums durch den deutschen Gesetzgeber am Massstab der Grundrechte des Grundgesetzes gemessen werden. «Gebunden» sind nicht nur solche Umsetzungsakte, die textidentisch den Wortlaut einer Richtlinie übernehmen, sondern auch solche, die in eigenen Worten zwingende Vorgaben

---

[18] Erstmals für die innerstaatliche Umsetzung von Richtlinien BVerfGE 118, 79 (1 BvF 1/05), Rn. 69 (13.3.2007) – Emissionshandel I. Bestätigt in BVerfG (1 BvR 2036/05) (Beschluss vom 14.5.2007) – Emissionshandel II; BVerfGE 121, 1 (BvR 256/08), Rn. 135 (11.3.2008) – Vorratsdatenspeicherung I; BVerfGE 122, 1 (1 BvF 4/05), Rn. 84 (1 BvF 1/05) (14.10.2008) – Agrarmarktsubventionen; BVerfGE 125, 260 (1 BvR 256/08), Rn. 181 f. (2.3.2010) – Vorratsdatenspeicherung II.
[19] BVerfGE 118, 79 (1 BvF 1/05), Rn. 70 (13.3.2007).
[20] BVerfGE 122, 1 (1 BvF 4/05), Rn. 85 (14.10.2008).
[21] BVerfGE 125, 260 (1 BvR 256/08), Rn. 181 (2.3.2010).
[22] Umfassend zur «Grundrechtsbindung des Umsetzungsaktes» Funke 168–224.
[23] BVerfGE 121, 1 (BvR 256/08), Rn. 135 (11.3.2008).

umsetzen[24]. In einem Fall zur Richtlinie über den Emissionshandel nahm das Bundesverfassungsgericht an, dass die Richtlinie «verbindliche Vorgaben» hinsichtlich der Systementscheidung über die Einführung des Emissionshandelns machte und auch die Freisetzung von Treibhausgasen zwingend von einer Genehmigung abhängig machte und schliesslich das Erfordernis einer quantitativen Begrenzung und sukzessiven Minderung der Emissionen unionsrechtlich verbindlich vorgab[25]. Aus diesem Grund prüfte es das deutsche Umsetzungsgesetz nicht am Massstab des deutschen Grundgesetzes, weil die Beschwerdeführerin nicht dargelegt hatte, dass der von der EU verbürgte Grundrechtsschutz generell hinter dem in Deutschland gewährten Schutz zurückblieb. Diese Konstellation gleicht genau der Situation der Richtlinie 2010/63/EU.

Im Einklang mit dieser Rechtsprechung ist vorab festzuhalten, dass die Richtlinie 2010/63/EU dem deutschen Gesetzgeber in Bezug auf eine umfassende materielle Prüfungspflicht, in Bezug auf die Einstufung der Schweregrade, hinsichtlich des grundsätzlichen Verbots schwerst belastender Tierversuche und in Bezug auf die Umsetzung des 3R-Prinzips[26] keinen Spielraum im Sinne der genannten Bundesverfassungsgerichts-Rechtsprechung lässt. Insbesondere die Vorgaben der Richtlinie zur inhaltlichen Prüfungskompetenz der für die Projektbeurteilung zuständigen Behörde sind, wie im Einzelnen darzulegen sein wird (siehe Seite 40), **zwingend**. Der deutsche Gesetzgeber muss im Tierversuchsrecht eine materielle Prüfungsbefugnis und eine materielle Prüfungspflicht der Genehmigungsbehörde vorsehen.

Massgeblich sind somit in erster Linie die Grundrechte, so wie sie in der **Europäischen Grundrechtecharta** und der **EMRK** verbürgt sind.

---

[24] In den meisten vom Bundesverfassungsgericht entschiedenen Fällen (siehe Fn. 18) befand das Gericht allerdings, dass die betroffenen Richtlinien keine zwingenden Vorgaben machten, so dass es das deutsche Umsetzungsrecht vollumfänglich am Massstab der «deutschen» Grundrechte prüfte.
[25] BVerfG (1 BvR 2036/05) (Beschluss vom 14.5.2007) – Emissionshandel II, Rn. 9.
[26] «Replace, Reduce, Refine». Hierzu Seite 50 ff.

2. Alternative Lösung mit Anwendung der «deutschen» Grundrechte

Falls man jedoch der Auffassung folgen wollte, dass das «deutsche» Grundrecht der **Forschungsfreiheit nach Art. 5 GG** neben oder anstelle des europäischen Grundrechts weiterhin als Prüfungsmassstab des TierSchG n. F.-E sowie der TierSchVersV-E einschlägig wäre, so würde dies **im Ergebnis nicht zu einer abweichenden Beurteilung** der Grundrechtskonformität führen. Schutzbereich und Einschränkbarkeit des Grundrechts sind in den hier interessierenden Aspekten im Wesentlichen deckungsgleich, wie im Folgenden im Einzelnen gezeigt werden wird[27].

Für den (unplausiblen) Fall, dass die «nationale» Garantie der Forschungsfreiheit als weitergehend als die parallele europäische Garantie anzusehen wäre, führte der Vorrang des Unionsrechts zur Nichtanwendung beziehungsweise zur Reduktion der Durchschlagskraft der (hypothetisch) weiterreichenden deutschen Garantie. Selbst bei Annahme eines Gestaltungsspielraums würde aus Sicht des Europäischen Gerichtshofs (EuGH) die nationale Grundrechtsgarantie dann zurücktreten, wenn sie eine bestimmte Art der Durchführung verlangen würde, in welcher der Gerichtshof eine praktische Vereitelung oder übermässige Erschwerung der Anwendung des Unionsrechts erblicken würde – so die ständige Rechtsprechung des EuGH[28].

Ausserdem dürfte, selbst wenn das «deutsche» Grundrecht prinzipiell anwendbar wäre, dieses nach Auffassung der Lehre wegen des Vorrangs des Unionsrechts und der Pflicht zur loyalen Zusammenarbeit mit der Union (Art. 4 Abs. 3 EUV) im Kollisionsfall stärker eingeschränkt werden, als es das nationale Verfassungsrecht in einem rein innerstaatlichen Fall ansonsten akzeptieren würde[29].

Fazit: Prüfungsmassstab für den deutschen Gesetzesentwurf ist primär die auf **europäischer** Ebene statuierte **Forschungsfreiheit**. Eine Beurteilung nach Art. 5 Abs. 3 GG ergibt aber kein anderes Ergebnis. Im Folgenden wird deshalb

---

[27] Im Folgenden wird deshalb in den Fussnoten jeweils auch auf die Rechtsprechung des Bundesverfassungsgerichts zu Art. 5 Abs. 3 GG verwiesen.
[28] EuGH, Rs. C-312/93, Peterbroeck v. Belgien, 14.12.1995, Slg. 1995, I-4599, insbesondere Rn. 14.
[29] Ladenburger Rn. 31.

das Grundrecht unter Beachtung seiner Kodifizierung und Rechtsprechung auf beiden Rechtsebenen (national und europäisch) analysiert.

II. Der Inhalt der Forschungsfreiheit

Art. 5 Abs. 3 GG lautet: «Kunst und Wissenschaft, Forschung und Lehre sind frei. Die Freiheit der Lehre entbindet nicht von der Treue zur Verfassung.» **Art. 13 GRCh** (Freiheit von Kunst und Wissenschaft) lautet: «Kunst und Forschung sind frei. Die akademische Freiheit wird geachtet.» Die Europäische Menschenrechtskonvention gewährleistet die Forschungsfreiheit nicht ausdrücklich, sie ist jedoch durch **Art. 10 EMRK** als Teil der Meinungsäusserungsfreiheit mit geschützt[30].

1. Schutzbereich

Der Schutzbereich der Forschungsfreiheit ist bisher nur in der Rechtsprechung des Bundesverfassungsgerichts näher umschrieben worden. Das Gericht hat «wissenschaftliche Tätigkeit» als «alles, was nach Inhalt und Form als ernsthafter planmässiger Versuch zur Ermittlung der Wahrheit anzusehen ist» definiert[31]. Es führt aus: «Als Abwehrrecht sichert es [das Grundrecht aus Art. 5 Abs. 3 GG] jedem, der sich wissenschaftlich betätigt, Freiheit von staatlicher Beschränkung zu…. Gegenstand dieser Freiheit sind vor allem die auf wissenschaftlicher Eigengesetzlichkeit beruhenden Prozesse, Verhaltensweisen und Entscheidungen bei der Suche nach Erkenntnissen, ihrer Deutung und Weitergabe. Damit sich die Wissenschaft ungehindert an dem für sie kennzeichnenden Bemühen um Wahrheit ausrichten kann, ist sie zu einem von staatlicher Fremdbestimmung freien Bereich autonomer Verantwortung erklärt worden…. Jeder, der wissenschaftlich tätig ist, geniesst daher Schutz vor staatlichen Einwirkungen auf den Prozess der Gewinnung und Vermittlung wissenschaftlicher Erkenntnisse»[32].

---

[30] Art. 10 EMRK lautet: «1. Jede Person hat das Recht auf freie Meinungsäusserung. Dieses Recht schliesst die Meinungsfreiheit und die Freiheit ein, Informationen und Ideen ohne behördliche Eingriffe und ohne Rücksicht auf Staatsgrenzen zu empfangen und weiterzugeben. Dieser Artikel hindert die Staaten nicht, für Hörfunk-, Fernseh- oder Kinounternehmen eine Genehmigung vorzuschreiben. 2. Die Ausübung dieser Freiheiten ist mit Pflichten und Verantwortung verbunden; sie kann daher Formvorschriften, Bedingungen, Einschränkungen oder Strafdrohungen unterworfen werden, die gesetzlich vorgesehen und in einer demokratischen Gesellschaft notwendig sind für die nationale Sicherheit, die territoriale Unversehrtheit oder die öffentliche Sicherheit, zur Aufrechterhaltung der Ordnung oder zur Verhütung von Straftaten, zum Schutz der Gesundheit oder der Moral, zum Schutz des guten Rufes oder der Rechte anderer, zur Verhinderung der Verbreitung vertraulicher Informationen oder zur Wahrung der Autorität und der Unparteilichkeit der Rechtsprechung.»

[31] BVerfGE 35, 79 (1 BvR 424/71 und 1 BvR 325/72), Rn. 128 (29.5.1973).

[32] BVerfGE 90, 1 (1 BvR 434/87), Rn. 48 (11.1.1994). Ebenso etwa BVerfGE 111, 333 (1 BvR 911/00, 1 BvR 927/00, 1 BvR 928/00), Rn. 155 (26.10.2004).

1.1. Enge Schutzbereichskonzeption in der Rechtsprechung des Bundesverfassungsgerichts und in der deutschen Lehre

Die Reichweite der Wissenschaftsfreiheit wird nach der Rechtsprechung jedoch nicht vom Grundrechtsprätendenten bestimmt, sondern von staatlichen Organen. Aus dem grundgesetzlich verbürgten Freiraum für Forschung «folgt» – so das Bundesverfassungsgericht – «nicht, dass eine Veröffentlichung schon deshalb als wissenschaftlich zu gelten hat, weil ihr Autor sie als wissenschaftlich ansieht oder bezeichnet. Denn die Einordnung unter die Wissenschaftsfreiheit, die nicht dem Vorbehalt des Art. 5 Abs. 2 GG unterliegt…, kann nicht allein von der Beurteilung desjenigen abhängen, der das Grundrecht für sich in Anspruch nimmt. Soweit es auf die Zulässigkeit einer Beschränkung zum Zwecke des Jugendschutzes…oder eines anderen verfassungsrechtlich geschützten Gutes…ankommt, sind vielmehr auch Behörden und Gerichte zu der Prüfung befugt, ob ein Werk die Merkmale des – weit zu verstehenden – Wissenschaftsbegriffs erfüllt»[33]. Das Urteil hebt ausdrücklich die Befugnis zur **materiellen Prüfung durch** Behörden und Gerichte hervor, ob eine Tätigkeit «Wissenschaft» darstellt. Diese Aussage ist, wie das Bundesverfassungsgericht selbst ausführt, auf die Konstellation der Einschränkung zum Zweck eines «verfassungsrechtlich geschützten Gutes» anwendbar. Die Aussage ist somit unmittelbar einschlägig für Einschränkungen zum Zweck des Tierschutzes, der nach Art. 20a GG ein Verfassungsgut ist.

Die von der Behörde vorzunehmende materielle Prüfung kann, so das Bundesverfassungsgericht, zum Ergebnis gelangen, dass eine bestimmte Tätigkeit gar keine Wissenschaft darstellt und somit nicht in den Schutzbereich des Grundrechts fällt. Erst recht kann sich die Prüfung somit auf die Frage erstrecken, ob ein bestimmter Versuch wissenschaftlich berechtigt oder erforderlich ist und welcher wissenschaftliche Nutzen erwartbar ist.

Das Bundesverfassungsgericht erkennt hier den Grundsatz der intrinsischen **Begrenztheit des Schutzbereichs** der Forschungsfreiheit an, wie er in der Lehre ganz allgemein für die textlich vorbehaltlos gewährten Grundrechte des Grundgesetzes und insbesondere für die Wissenschaftsfreiheit vertreten wird. So stellt das deutsche Standardlehrbuch zu den Grundrechten «die Frage, ob eine wissenschaftliche Betätigung, die eigenmächtig fremde Rechte beeinträch-

---

[33] BVerfGE 90, 1 (1 BvR 434/87), Rn. 50 (11.1.1994).

tigt, noch in den Schutzbereich fällt.... Es spricht viel dafür, die Reichweite des Schutzbereichs bei der Wissenschaftsfreiheit nicht anders als bei der Kunstfreiheit zu bestimmen. Auch sie gilt der spezifischen wissenschaftlichen Betätigung *erlaubten* Verhaltens»[34]. Unter der Überschrift «Wissenschaft darf nicht alles!» führt Dieter Lorenz aus, dass die Wissenschaftsfreiheit von vornherein nicht die Beanspruchung fremder Rechtsgüter erfasse[35]. Der Schutzbereich erstreckt sich nach dieser Auffassung nicht auf eine Grundrechtsausübung auf Kosten Dritter und auch nicht auf «Grundrechtsausübung auf Kosten der Allgemeinheit»[36]. Dies gilt vor allem für Tierversuche. Wegen der rechtlichen Stellung des Tiers als Mitgeschöpf und wegen des verfassungsrechtlichen Status des Tierschutzes unterstehen Tiere «ganz unabhängig von eigentumsrechtlicher Zuordnung, nicht notwendig der freien Verfügung des einzelnen.... Werden sie dessen Rechts- und Herrschaftsbereich entzogen, so greift ihre Benutzung in gleicher Weise in fremde Rechtsbereiche über wie im Fall der Inanspruchnahme öffentlicher Sachen oder von Rechtsgütern Privater»[37]. «Weder Wissenschafts- noch Religionsfreiheit...berechtigen deshalb zur freien, allenfalls durch das Sittengesetz begrenzten Inanspruchnahme eines durch das Tierschutzgesetz geschützten Tieres. Demgemäss sind die spezifischen Bindungen für Grundrechtsbeschränkungen...für den...nicht verfassungsrechtlich garantierten (wissenschaftlichen) Tierversuch nicht anzuwenden»[38]. Anders gewendet: Der Tierversuch fällt nach dieser Ansicht von vornherein nicht in den Schutzbereich der Forschungsfreiheit.

Selbst wenn man dieser – in Rechtsprechung und Lehre vertretenen – engen Schutzbereichskonzeption nicht folgen sollte, sondern Tierversuche prinzipiell als im Schutzbereich der Forschungsfreiheit liegend ansieht, so bleibt zu prüfen, inwiefern die Forschungsfreiheit eingeschränkt werden darf (hierzu sogleich Seite 27 ff.).

---

[34] Pieroth/Schlink 164 (Hervorhebung im Original).
[35] Lorenz, insbesondere 269.
[36] Lorenz 275.
[37] Lorenz 277.
[38] Lorenz 278.

1.2. Schutzbereich nach Grundrechtecharta und EMRK bisher nicht definiert

In der Rechtsprechung des **EuGH** hat die Forschungs- oder Wissenschaftsfreiheit bisher praktisch keine Rolle gespielt. Sie kam lediglich am Rande vor[39]; weder Schutzbereich noch Einschränkungsmöglichkeiten wurden je vom EuGH analysiert. Einschränkungen der Forschungstätigkeit waren noch nie Thema der Rechtsprechung. Ein einziger Fall betraf eine Richtlinie zur Angleichung der Rechtsvorschriften der Mitgliedstaaten über kosmetische Mittel, die das Ziel verfolgte, Tierversuche für kosmetische Zwecke abzuschaffen[40]. Frankreich beantragte eine teilweise Nichtigerklärung dieser Richtlinie (hinsichtlich des Verbots der Vermarktung von kosmetischen Mitteln, deren Zusammensetzung durch Tierversuche bestimmt wurde). Frankreich brachte vor, dass diese Vorschrift das «Recht auf freie Berufsausübung» beeinträchtige und ausserdem unverhältnismässig sei[41]. Die Klage wurde aus prozessualen Gründen als unzulässig abgewiesen, ohne dass der EuGH auf die geltend gemachte Grundrechtsverletzung einging.

Auch der Europäische Gerichtshof für Menschenrechte (**EGMR**) hat in den meisten Fällen, die wissenschaftliche oder populärwissenschaftliche Äusserungen (Vorträge oder Publikationen) oder Tätigkeiten (Archivrecherche) betrafen, die Forschungsfreiheit nicht definiert, sondern die Beschwerden unter dem Gesichtspunkt der Meinungsäusserung oder der aktiven und passiven Informationsfreiheit erörtert[42]. Im Fall eines Philosophiedozenten, dessen Lehren mit Dogmen der katholischen Kirche kollidierten, definierte der EGMR die von Art. 10 EMRK

---

39 EuGH, Rs. 35/72, Kley v. Kommission, Slg. 1973, 679; EuGH, Rs. 53/72, Guillot v. Kommission, Slg. 1974, 791; EuGH, Rs. 9/74, Casagrande v. Landeshauptstadt München, Slg. 1974, 773; EuGH, Rs. 293/83, Gravier v. Ville de Liège, Slg. 1985, 593; EuGH, Rs. C-287/00, Kommission v. Deutschland, Slg. 2002, I-5811 («Mehrwertsteuerpflicht»).
40 EG-Richtlinie 2003/15/EG des Europäischen Parlaments und des Rates vom 27.2.2003.
41 EuGH, Rs. C-244/03, Frankreich v. Parlament und Rat, 24.5.2005, Slg. 2005, I-04021, Rn. 7.
42 EGMR, Hertel v. Schweiz, 25.8.1998, Beschw.Nr. 59/1997/843/1049 stellte eine Verletzung von Art. 10 EMRK fest, weil dem Beschwerdeführer aufgrund von Wettbewerbsrecht untersagt wurde, eine Studie zu den Gefahren von Mikrowellen (eine bestenfalls populärwissenschaftliche) Studie zu publizieren. Siehe ferner EGMR, Wille v. Liechtenstein, 28.10.1999, Beschw.Nr. 28396/95 (Art. 10 schützt auch die wissenschaftliche Lehre); EGMR; Kenedi v. Ungarn, 26.5.2009, Beschw. Nr. 31475/05 (Zugang zu amtlichen Schriftstücken zu Forschungszwecken); EGMR, Chauvy u. a. v. Frankreich, 29.6.2004, Beschw.Nr. 64915/01 (journalistische/populärwissenschaftliche Buchveröffentlichung zu einem historischen Thema). EGMR, Azevedo v. Portugal, Nr. 20620/04, 27.6.2008, Rn. 32 f. fasste den Schutz eines «wissenschaftlichen Werkes» und der «Freiheit des Forschers im Rahmen seiner wissenschaftlichen Arbeit als Teil» der Meinungsfreiheit auf; es ging um eine Populärpublikation über Gärten des Bischofspalastes, in welcher der Autor frühere Werke zum Thema kritisierte, und die darauffolgende Verurteilung zu einer Busse. Siehe ferner EGMR, Sorguç v. Türkei, Beschw.Nr. 17089/03, 23.6.2009, Rn. 35 (Kritik an akademischen Institutionen als Teil der akademischen Freiheit nach Art. 10 EMRK).

geschützte «akademische Freiheit» als Freiheit «Wissen und Wahrheit ohne Beschränkungen zu suchen und zu verbreiten»[43].

2. Möglichkeit zulässiger (gerechtfertigter) Einschränkungen der Forschungsfreiheit

Die Regulierung von Tierversuchen und die Unterstellung unter ein Genehmigungsverfahren stellt eine Beeinträchtigung der Ausübung der Forschungsfreiheit (nach deutscher Terminologie: einen Eingriff in den Schutzbereich des Grundrechts) dar, die rechtfertigungsbedürftig, aber auch rechtfertigungsfähig ist. Bisher wurde weder auf der nationalen (deutschen) noch auf der europäischen Ebene über die Zulässigkeit einer Einschränkung naturwissenschaftlicher Forschung durch die Regulierung von Tierversuchen höchstgerichtlich entschieden.

Eine solche Einschränkung muss den allgemeinen Grundsätzen folgen. Diese sind in allen drei hier einschlägigen Grundrechtsregimen (deutsches Verfassungsrecht, EU-Recht sowie EMRK) praktisch identisch (mit teilweise voneinander abweichender Terminologie). Nach diesen Grundsätzen ist die Forschungsfreiheit trotz des Wortlauts «frei» (in Art. 13 GRCh und in Art. 5 Abs. 3 GG) keinesfalls unbeschränkbar gewährleistet. Vielmehr ist eine Grundrechtsbeeinträchtigung (Einschränkung) gerechtfertigt und damit zulässig, wenn sie auf einer **ausreichenden rechtlichen Grundlage** beruht, wenn sie einem **legitimen Ziel**[44] **(aus deutscher Sicht: dem Schutz eines Rechtsgutes von Verfassungsrang) dient** und ausserdem **verhältnismässig** (geeignet, erforderlich und zumutbar) ist.

---

[43] EGMR, Lombardi Vallauri v. Italien, 20.10.2009, Beschw.Nr. 39128/05, Rn. 43. Hier sah der EGMR in der Nichtberücksichtigung der Bewerbung eines Forschers für eine Professur an einer vom Heiligen Stuhl getragenen Universität aufgrund seiner Veröffentlichungen (ohne weitere inhaltliche Prüfung seines Bewerbungsdossiers) eine Verletzung von Art. 10 EMRK.

[44] Nach Art. 10 Abs. 2 EMRK sind nur bestimmte öffentliche Interessen geeignet, um eine Einschränkung des Grundrechts zu rechtfertigen: «nationale Sicherheit, die territoriale Unversehrtheit oder die öffentliche Sicherheit, zur Aufrechterhaltung der Ordnung oder zur Verhütung von Straftaten, zum Schutz der Gesundheit oder der Moral, zum Schutz des guten Rufes oder der Rechte anderer, zur Verhinderung der Verbreitung vertraulicher Informationen oder zur Wahrung der Autorität und der Unparteilichkeit der Rechtsprechung.»

2.1. Gesetzliche Grundlage

Das TierSchG n. F. sowie die TierSchVersV stellen Rechtsgrundlagen für die Einschränkung der Forschungsfreiheit dar. Insbesondere aus Sicht der deutschen Grundrechtsdogmatik stellt die Normierung des Verfassungsgutes «Tierschutz» in Art. 20a GG in Form der Staatszielbestimmung nicht selbst eine gesetzliche Grundlage im Sinne der Grundrechtsschranken dar, sondern muss einfachrechtlich konkretisiert sein[45], was hier geschehen ist. Falls in Einklang mit der Wesentlichkeitstheorie ein absolutes Verbot in einem Parlamentsgesetz vorgesehen sein müsste, sollten entsprechende Einschränkungen der Forschungsfreiheit im TierSchG n. F. selbst und nicht in der TierSchVersV normiert werden[46].

2.2. Legitimes Ziel von Verfassungsrang

In der Rechtsordnung der **EU** ist der Tierschutz als Querschnittsklausel im primären Unionsrecht verankert (Art. 13 AEUV). Mit dem EuGH «ist daran zu erinnern, dass der Schutz des Wohlbefindens der Tiere ein im Allgemeininteresse liegendes legitimes Ziel darstellt»[47]. Ausserdem hielten das Europäische Parlament und der Rat in einem Beschluss fest: «Bei der Durchführung der Forschungstätigkeiten innerhalb des Sechsten Rahmenprogramms sind die ethischen Grundprinzipien, einschliesslich derjenigen, die in Artikel 6 des Vertrags über die Europäische Union und in der Charta der Grundrechte der Europäischen Union festgelegt sind, zu beachten»[48].

Als legitimes Ziel im Sinne der **EMRK** kommen nach Art. 10 Abs. 2 EMRK als öffentliche Interessen, welche die Einschränkung der Wissenschaftsfreiheit rechtfertigen können, die «**Aufrechterhaltung der Ordnung**» und der «**Schutz der Moral**» in Betracht. Der Tierschutz lässt sich hierunter subsumieren, da er

---

[45] Siehe Bethge Rn. 223.
[46] Siehe zum parlamentsgesetzlichen Vorbehalt Mann Rn. 21.
[47] EuGH, Rs. C-37/06 und C-58/06, Viamex Agrar Handels GmbH (C-37/06) und Zuchtvieh-Kontor GmbH (ZVK) (C-58/06) v. Hauptzollamt Hamburg-Jonas, 17.1.2008, Rn. 22.
[48] Beschluss Nr. 1513/2002/EG des Europäischen Parlaments und des Rates vom 27.6.2002 über das Sechste Rahmenprogramm der Europäischen Gemeinschaft im Bereich der Forschung, technologischen Entwicklung und Demonstration als Beitrag zur Verwirklichung des Europäischen Forschungsraums und zur Innovation, Erwägungsgrund 17 (http://cordis.europa.eu/documents/documentlibrary/66622281DE6.pdf). Aus der Literatur zur Beachtlichkeit ethischer Grundprinzipien Kempen Rn. 12.

eine in der Rechtsordnung des Europarats und damit auch eine von der EMRK anerkannte, dem Gemeinwohl dienende Zielsetzung ist[49]. Der EGMR hat den **Tierschutz bereits als öffentliches Interesse** im Sinne der Einschränkbarkeit der Rechte aus Art. 10 Abs. 2 EMRK **anerkannt**[50].

Das ebenfalls legitime Ziel «Schutz der Gesundheit» ist zwar ursprünglich auf den Schutz menschlicher Gesundheit gerichtet, es würde jedoch in dynamischer Auslegung erlauben, unter seinem offenen Wortlaut auch die tierliche Gesundheit zu subsumieren. Ausserdem enthält Art. 10 Abs. 2 EMRK folgenden speziellen Hinweis: «Die Ausübung dieser Freiheiten ist mit Pflichten und Verantwortung verbunden». Dieser Passus ist in der neueren Rechtsprechung des EGMR vielfach als **zusätzliche Rechtfertigung für Einschränkungen** des Grundrechts aus Art. 10 herangezogen worden, auch im Wissenschaftskontext[51].

Im Rahmen des **Grundgesetzes** ist nach Art. 20a GG der Tierschutz ein «Belang von Verfassungsrang», so das Bundesverfassungsgericht. Nach der Rechtsprechung des Bundesverfassungsgerichts kann er deshalb «geeignet sein, ein Zurücksetzen anderer Belange von verfassungsrechtlichem Gewicht – wie etwa die Einschränkung von Grundrechten – zu rechtfertigen (…) er setzt sich aber andererseits gegen konkurrierende Belange von verfassungsrechtlichem Gewicht nicht notwendigerweise durch»[52].

In allen drei Grundrechtsregimen ist der Tierschutz somit als legitimes Ziel anerkannt, das eine Einschränkung des Grundrechts der Forschungsfreiheit rechtfertigen kann.

---

[49] Siehe insbesondere das Europäische Übereinkommen zum Schutz der für Versuche und andere wissenschaftliche Zwecke verwendeten Wirbeltiere (ETS Nr. 123) vom 18.3.1986 mit dem Änderungsprotokoll zu dem Europäischen Übereinkommen zum Schutz der für Versuche und andere wissenschaftliche Zwecke verwendeten Wirbeltiere (ETS Nr. 170) vom 22.6.1998 sowie zahlreiche andere Tierschutzverträge, die im Rahmen des Europarats verabschiedet wurden (zu Tiertransporten, landwirtschaftlicher Tierhaltung, Artenschutz und Haustierschutz). Siehe aus der Literatur zu Tierschutz als Bestandteil der «öffentlichen Ordnung» im Sinne der EMRK-Einschränkungsgründe Pabel 225.

[50] EGMR, Verein gegen Tierfabriken v. Schweiz (Nr. 2), Beschw-Nr. 32772/02, 30.6.2009, Rn. 92.

[51] So in EGMR, Chauvy u.a. v. Frankreich, 29.6.2004, Beschw-Nr. 64915/01, Rn. 79, zu einer rufschädigenden Publikation eines Journalisten/Populärhistorikers zur Résistance im II. Weltkrieg. In diesem Urteil gelangte der EGMR zum Ergebnis, dass die Auferlegung einer mässigen Geldbusse wegen Verleumdung Art. 10 nicht verletzt hatte.

[52] BVerfG (2 BvF 1/07) (Beschluss vom 12.10.2010), Rn. 121.

2.3. Verhältnismässigkeit

In allen drei Grundrechtsregimen muss schliesslich eine Abwägung vorgenommen werden. Diese kann nach deutscher Grundrechtsdogmatik in eine detaillierte Verhältnismässigkeitsprüfung gekleidet werden. Nach der Terminologie des EGMR muss die Grundrechtseinschränkung «notwendig in einer demokratischen Gesellschaft» sein. Der Sache nach geht es immer um eine «Güterabwägung zwischen dem Rechtswert Tierschutz (konkret: Leiden der Tiere) und der Wissenschaftsfreiheit (konkret: zu erwartender Erkenntnisgewinn auch im Sinne von Grundlagenforschung)», so ein Standardkommentar zum GG[53].

Aufgrund der Anerkennung des Tierschutzes als Verfassungsgut kann sich, so eine weitere Grundgesetz-Kommentierung, die zuvor «wissenschaftsfreundliche Auslegung tierschutzrechtlicher Bestimmungen durch die Gerichte ... jetzt zugunsten des Tierschutzes verschieben»[54]. Zwar ist die Lösung des Konflikts in erster Linie Sache des Gesetzgebers, er muss jedoch die Wertentscheidungen des Art. 20a GG beachten. Die Vorschrift des Art. 20a GG verleiht dem Tierschutz insgesamt ein hohes Gewicht und verstärkt das Gewicht des Tierschutzes in der Abwägung mit der Grundrechtsposition, in die eingegriffen wird[55].

Zwischen den beiden kollidierenden Verfassungsgütern (Forschungsfreiheit und Tierschutz) existiert keine abstrakte Rangfolge, sie sind gleichrangig. Normalerweise muss eine Abwägung in der konkreten Konfliktsituation stattfinden. Dies gilt jedoch nur eingeschränkt für den Gesetz- und Verordnungsgeber. Er muss zwangsläufig eine abstrakt-generelle Vorgabe machen und damit auch abstrakte Abwägungen vornehmen.

---

[53] So für das deutsche Verfassungsrecht Starck Rn. 423.
[54] Murswiek Rn. 72.
[55] Schultze-Fielitz Rn. 70, 80. Vgl. BVerfG 102, 1 (1 BvR 242/91; 1 BvR 315/99), Rn. 50 (16.2.2000) – Altlasten, zum Staatsziel des Schutzes der natürlichen Lebensgrundlagen.

III. Ergebnis

Die Einzelvorschriften, die in diesem Gutachten analysiert werden, regulieren diverse Aspekte von Tierversuchen. Sie beeinträchtigen die Forschungsfreiheit und nehmen gleichzeitig einen Ausgleich zwischen der Forschungsfreiheit und dem Tierschutzinteresse vor. Je nachdem, ob die Richtlinie einen Umsetzungsspielraum gewährt oder zwingende Vorgaben macht, ist das Umsetzungsrecht nur am europäischen Grundrecht der Forschungsfreiheit zu messen oder auch am Grundgesetz. Die jeweilige grundrechtliche Angemessenheit dieses Ausgleichs und die Frage der Verhältnismässigkeit der darin liegenden Einschränkung der Forschungsfreiheit werden später im Einzelnen zu diskutieren sein.

B. Besonderer Teil: Unionsrechts- und verfassungskonforme Umsetzung der Richtlinie im Einzelnen

I. Die Genehmigung von Tierversuchen

1. Prüfungsgegenstand und Prüfungsmassstab im Überblick

Nach deutschem Tierschutzrecht ist die «Unerlässlichkeit» eine zentrale Voraussetzung der Genehmigung von Vorhaben für Versuche an Tieren (§ 7 Abs. 1 und 2 TierSchG a. F. gilt für alle Tiere, also auch für alle Wirbellosen; ebenso § 7 und § 7a Abs. 1, Abs. 2 Nr. 1, 2 und 4 – 6 TierSchG n. F.-E). Diese Voraussetzung wird unter anderem genannt in § 8 Abs. 1 Satz 2 Ziff. 1 lit. b des TierSchG n. F.-E. § 8 statuiert die Genehmigungsvoraussetzungen. Die Vorschrift des § 8 TierSchG n. F.-E verweist unter anderem wiederum auf die Voraussetzungen von § 7 und § 7a als zwingende Genehmigungsvoraussetzungen. In § 7 Abs. 1 Ziff. 1 TierSchG n. F.-E wird die Beschränkung der Tierversuche «auf das unerlässliche Mass» als Grundregel aufgestellt. In § 7a TierSchG n. F.-E wird das Erfordernis der «Unerlässlichkeit» als chapeau statuiert (in § 7a Abs. 1). In § 7a Abs. 2 TierSchG n. F.-E wird der Begriff der Unerlässlichkeit dann konkretisiert, indem Faktoren benannt werden, welche die Behörde bei ihrer Entscheidung über die «Unerlässlichkeit» berücksichtigen muss. Der Begriff «unerlässliches Mass» wird insbesondere in § 7a Abs. 2 TierSchG n. F.-E als Schmerz-/Leidens-/Schadens-Grenze genannt.

Die Vorschriften des Gesetzesentwurfs sind sowohl an unionsrechtlichen Vorgaben als auch (zumindest hilfsweise) am Massstab des deutschen Verfassungsrechts zu messen, um festzustellen, ob der vorliegende Entwurf diesen Vorgaben genügt. Im Unionsrecht bilden Art. 36 Abs. 2 RL[56] und Art. 38 Abs. 2 RL[57] den einfachrechtlichen Massstab. Als höherrangiges Unionsrecht muss ferner das

---

[56] Art. 36 Abs. 2 RL lautet: «Die Mitgliedstaaten gewährleisten, dass ein Projekt nur dann durchgeführt wird, wenn es eine positive Projektbeurteilung durch die zuständige Behörde gemäss Artikel 38 erhalten hat.»

[57] Art. 38 Abs. 2 RL lautet: «Die Projektbeurteilung umfasst insbesondere Folgendes: a) eine Beurteilung der Projektziele, des erwarteten wissenschaftlichen Nutzens oder des pädagogischen Werts; b) eine Bewertung des Projekts im Hinblick auf die Erfüllung der Anforderung der Vermeidung, Verminderung und Verbesserung; c) eine Bewertung und Zuordnung der Einstufung des Schweregrads der Verfahren; d) eine Schaden-Nutzen-Analyse des Projekts, in deren Rahmen bewertet wird, ob die Schäden für die Tiere in Form von Leiden, Schmerzen und Ängsten unter Berücksichtigung ethischer Erwägungen durch das erwartete Ergebnis gerechtfertigt sind und letztlich Menschen, Tieren oder der Umwelt zugutekommen können; e) eine Bewertung jeder der in den Artikeln 6 bis 12, 14, 16 und 33 genannten Begründungen; und f) eine Entscheidung darüber, ob und wann das Projekt rückblickend bewertet werden sollte.»

europäische Grundrecht der **Forschungsfreiheit** (Art. 13 GRCh[58] und Art. 10 EMRK[59]) beachtet werden. Als verfassungsrechtlicher Rahmen muss Art. 5 Abs. 3 GG beachtet werden.

2. Die behördliche Prüfung der Voraussetzungen «Unerlässlichkeit» und «ethische Vertretbarkeit» im Rahmen der Genehmigung eines Versuchsvorhabens

Es stellt sich die Frage, ob der Gesetzgeber der Genehmigungsbehörde eine materielle Prüfungsbefugnis oder sogar eine Prüfungspflicht insbesondere hinsichtlich der Genehmigungsvoraussetzungen «Unerlässlichkeit» und «ethische Vertretbarkeit» im Rahmen der Genehmigung eines Versuchsvorhabens nach § 8 Abs. 1 Satz 2 TierSchG n. F.-E einräumen beziehungsweise auferlegen muss.

2.1. Prüfungsgegenstand

2.1.1. Umsetzungsvorschlag im TierSchG n. F.-E im Einzelnen

Im Folgenden wird der Prüfungsgegenstand, der Umsetzungsvorschlag, im Einzelnen erläutert. Der von der Bundesregierung vorgelegte Entwurf regelt die Genehmigung von Tierversuchen in erster Linie in § 8 i. V. m. § 7 Abs. 1 Satz 2 Nr. 1 und § 7a Abs. 1 und 2 TierSchG n. F.-E[60]. Wer Versuche an Wirbeltieren oder Kopffüssern durchführen will, bedarf der Genehmigung des Versuchsvorhabens durch die zuständige Behörde (§ 8 Abs. 1 Satz 1 TierSchG n. F.-E). Davon ausgenommen sind Tierversuche nach § 8a Abs. 1 TierSchG n. F.-E, die lediglich einer Anzeigepflicht unterstehen (§ 8a Abs. 3 TierSchG n. F.-E). Die grundsätzliche Genehmigungspflicht wird überwiegend als präventives Verbot mit Erlaubnisvorbehalt gewertet[61]. Dies bedeutet, dass bei tatbestandlichem Vorliegen der gesetzlichen Genehmigungsvoraussetzungen eine Genehmigung erteilt werden muss – der Behörde steht diesbezüglich kein Ermessen zu[62].

---

58   Art. 13 GRCh: «Kunst und Forschung sind frei. Die akademische Freiheit wird geachtet.»
59   Siehe den Wortlaut der Vorschrift in Fn. 30.
60   Vgl. amtliche Begründung zu § 8 – neu –, Stand 9.1.2012, Seite 38.
61   Vgl. Lorz/Metzger § 8 Rn. 30; siehe den Streitstand bei Binder, Rahmenbedingungen 54.
62   VG Bremen, Urteil vom 28.5.2010, 5 K 1274/09, Erwägung II. 4.; vgl. auch Goetschel § 8 Rn. 7.

Die Genehmigung für ein Versuchsvorhaben darf nur erteilt werden, wenn die in § 8 Abs. 1 Satz 2 Nr. 1–8 TierSchG n. F.-E aufgezählten Genehmigungsvoraussetzungen erfüllt sind. Insbesondere muss **wissenschaftlich begründet dargelegt** sein, dass (§ 8 Abs. 1 Satz 2 **Nr. 1** TierSchG n. F.-E):
- die Voraussetzungen des § 7a Abs. 1 und Abs. 2 Nr. 1–3 TierSchG n. F.-E vorliegen (**lit. a**). Demgemäss dürfen Tierversuche nur durchgeführt werden, soweit sie zu einem der in § 7a Abs. 1 Satz 1 Nr. 1–8 TierSchG n. F.-E abschliessend aufgezählten zulässigen Zwecke unerlässlich sind[63]. Bei der Überprüfung des Vorliegens der Unerlässlichkeit des Tierversuchs beachtet die Genehmigungsbehörde die in § 7a Abs. 2 Nr. 1–3 TierSchG n. F.-E beschriebenen Grundsätze. Der jeweilige Stand der wissenschaftlichen Erkenntnisse ist zugrunde zu legen (Nr. 1). Ferner ist zu prüfen, ob der verfolgte Zweck nicht durch andere Methoden oder Verfahren erreicht werden kann (Nr. 2). Zuletzt dürfen Versuche an Wirbeltieren und Kopffüssern nur durchgeführt werden, wenn die zu erwartenden Schmerzen, Leiden oder Schäden der Tiere im Hinblick auf den Versuchszweck ethisch vertretbar sind (Nr. 3).
- Kumulativ zu den genannten Voraussetzungen muss nach § 8 Abs. 1 Ziff. 1 **lit. b** «wissenschaftlich begründet» dargelegt sein, dass das angestrebte Ergebnis trotz Ausschöpfens der zugänglichen Informationsmöglichkeiten nicht hinreichend bekannt ist oder die Überprüfung eines hinreichend bekannten Ergebnisses durch ein Doppel- oder Wiederholungsversuch unerlässlich ist.

Ferner darf die Genehmigung nur erteilt werden, wenn die Einhaltung der Vorschriften des § 7 Abs. 1 Satz 2 Nr. 1 und des § 7a Abs. 2 Nr. 4–6 TierSchG n. F.-E **erwartet werden kann** (§ 8 Abs. 1 Satz 2 **Nr. 6** TierSchG n. F.-E). Ein Tierversuch darf daher nur genehmigt werden, wenn erwartet werden kann, dass:
- er im Hinblick auf die den Tieren zuzufügenden Schmerzen, Leiden und Schäden (§ 7 Abs. 1 Satz 2 Nr. 1 lit. a TierSchG n. F.-E), die Zahl der verwendeten Tiere (lit. b) und die sinnesphysiologische Entwicklungsstufe der verwendeten Tiere (lit. c) auf das unerlässliche Mass beschränkt ist.
- Schmerzen, Leiden oder Schäden den Tieren nur in dem Masse zugefügt werden, als es für den verfolgten Zweck unerlässlich ist; insbesondere dürfen sie nicht aus Gründen der Arbeits-, Zeit- oder Kostenersparnis zugefügt werden (§ 7a Abs. 2 **Nr. 4** TierSchG n. F.-E). Auch muss erwartet werden können, dass ein Tierversuch an sinnesphysiologisch höher entwickelten Tieren nur durch-

---

[63] Zum ähnlich lautenden § 7 Abs. 2 Satz 1 TierSchG a. F. siehe VG Bremen, Urteil vom 28.5.2010, 5 K 1274/09, Erwägung II. 3.

geführt wird, soweit die Verwendung von sinnesphysiologisch niedriger entwickelten Tieren für den verfolgten Zweck nicht ausreicht (**Nr. 5**). Zuletzt muss auch die Einhaltung der Vorschrift, dass nur Personen Tierversuche planen und durchführen dürfen, welche die dafür erforderlichen Kenntnisse und Fähigkeiten haben (**Nr. 6**), erwartet werden können.

Der von der deutschen Bundesregierung vorgelegte Umsetzungsentwurf enthält somit als wesentliche Genehmigungsvoraussetzungen die **Unerlässlichkeit** und die **ethische Vertretbarkeit** des Tierversuchs.

2.1.2. Auslegungshorizont: Die Prüfungsbefugnis der Genehmigungsbehörde nach bisherigem deutschen Recht

Hinsichtlich des Umfangs der Prüfungsbefugnis der Genehmigungsbehörde kommt bei der Auslegung von § 8 Abs. 1 Satz 2 Nr. 1 TierSchG n. F.-E eine Unklarheit auf, die vor dem Hintergrund der Entwicklung der deutschen Rechtsprechung zum § 8 Abs. 3 Nr. 1 TierSchG a. F. zu betrachten ist. Die zuständige Behörde darf eine Genehmigung für ein Versuchsvorhaben nur erteilen, wenn die Gesuchsvoraussetzungen des § 8 Abs. 1 Satz 2 TierSchG n. F.-E vorliegen. § 8 Abs. 1 Satz 2 Nr. 1 TierSchG n. F.-E entspricht dabei inhaltlich § 8 Abs. 3 Nr. 1 TierSchG a.F.[64]. und verlangt hinsichtlich des Vorliegens der Voraussetzungen des § 7a Abs. 1 und 2 Nr. 1 bis 3 TierSchG n. F.-E deren **wissenschaftlich begründete Darlegung**. Die Beibehaltung der schon in § 8 Abs. 3 Nr. 1 TierSchG a. F. gleichlautenden Formulierung «... wissenschaftlich begründet dargelegt ...» begründet die Gefahr eines vermeidbaren Missverständnisses. In der Vergangenheit hat die in § 8 Abs. 3 Nr. 1 TierSchG a. F. geforderte wissenschaftlich begründete Darlegung der Genehmigungsvoraussetzungen von § 7 Abs. 2 und 3 TierSchG a. F. in Literatur und Rechtsprechung Anlass zu einer Kontroverse hinsichtlich des Umfangs der Prüfungsbefugnis der Genehmigungsbehörde gegeben[65].

---

64 Vgl. amtliche Begründung zu § 8 – neu –, Stand 9.1.2012, Seite 38.
65 Siehe VG Bremen, Urteil vom 28.5.2010, 5 K 1274/09, Erwägung II. 5.

Alte Rechtslage vor der Verankerung des Tierschutzes als Staatsziel (vor 2002): qualifizierte Plausibilitätskontrolle

Vor der Verankerung des Tierschutzes als Staatsziel in Art. 20a GG[66] wurde von der Rechtsprechung[67] und überwiegenden Lehre angenommen, dass sich die Genehmigungsbehörde auf eine formelle Prüfung beschränken müsse[68]. Ausgehend von einer Kammerentscheidung des Bundesverfassungsgerichts im Jahre 1994[69] wurde vertreten, dass das Vorliegen der Genehmigungsvoraussetzungen der Unerlässlichkeit und der ethischen Vertretbarkeit lediglich einer qualifizierten Plausibilitätskontrolle, das heisst einer Schlüssigkeitsprüfung der wissenschaftlichen Begründung des Antrags, unterliege[70]. Im Rahmen der qualifizierten Plausibilitätskontrolle durfte die zuständige Behörde dementsprechend einzig prüfen, ob der Antrag eine widerspruchsfreie, schlüssige und ausreichend substantiierte wissenschaftliche Begründung enthielt[71]. Nach dieser Auffassung stand der Behörde darüber hinaus nicht zu, weitere, eigenständige Ermittlungen anzustellen und eine eigene Bewertung der Unerlässlichkeit und der ethischen Vertretbarkeit vorzunehmen. Begründet wurde diese Rechtsauffassung mit der Pflicht zur verfassungskonformen Auslegung des § 8 Abs. 3 Nr. 1 TierSchG a. F. im Lichte des Grundrechts der Forschungsfreiheit. Mangels Verfassungsrang des Rechtsgutes Tierschutz durfte zum Zweck des Tierschutzes die vorbehaltlos gewährleistete Forschungsfreiheit nach Art. 5 Abs. 3 Satz 1 GG nicht eingeschränkt werden[72]. Somit waren die «Unerlässlichkeit» und die «ethische Vertretbarkeit» des Tierversuchs zwar materiell-rechtliche Genehmigungsvoraussetzungen, ihr Vorliegen wurde jedoch nach der wissenschaftlich begründeten Darlegung im Antrag unterstellt, nicht aber von der Behörde tatsächlich untersucht.

---

66 Änderungsgesetz vom 26.7.2002, in Kraft seit 1.8.2002.
67 BVerfG (1 BvL 12/94) (Beschluss vom 20.6.1994); VGH (Verwaltungsgerichtshof) Hessen, Beschluss vom 29.1.2003, 11 TG 3210/02, Rn. 8.
68 Vgl. Cornils 78; siehe auch Goetschel § 8 Rn. 9.
69 BVerfG (1 BvL 12/94) (Beschluss vom 20.6.1994).
70 Vgl. VG Bremen, Urteil vom 28.5.2010, 5 K 1274/09, Erwägung II. 5; VG Berlin, Beschluss vom 7.12.1994, 1 A 232.92, Rn. 47. Siehe auch Goetschel § 8 Rn. 9.
71 Siehe Hirt/Maisack/Moritz § 8 Rn. 6.
72 Hirt/Maisack/Moritz § 8 Rn. 6.

Rechtslage seit 2002: umfassendes, materielles Prüfungsrecht

Die Beschränkung der Prüfungsbefugnis auf eine qualifizierte Plausibilitätskontrolle wurde mit der Aufnahme des Tierschutzes ins Grundgesetz überholt[73]. Mit dem seither festgeschriebenen Verfassungsrang des Tierschutzes sind die verfassungsrechtlichen Bedenken hinsichtlich der Einschränkung der Forschungsfreiheit weitgehend obsolet geworden. Die zuvor nicht gegebene Verfassungsqualität des Rechtsgutes Tierschutz hat dazu geführt, dass Tierschutz und Forschungsfreiheit fortan auf gleicher Normstufe stehen[74]. Das dem Wortlaut des Grundgesetzes nach vorbehaltlos gewährte Grundrecht kann zum Schutz von Verfassungsgütern, die insbesondere in Staatszielen normiert sind, eingeschränkt werden, also auch zu Tierschutzzwecken[75]. Entsprechend geht die neuere Rechtsprechung und herrschende Lehre heute von einem umfassenden, materiellen Prüfungsrecht der Genehmigungsbehörde aus[76]. Das Vorliegen der Genehmigungsvoraussetzungen der Unerlässlichkeit und der ethischen Vertretbarkeit ist daher nicht mehr lediglich wissenschaftlich begründet darzulegen und von der Behörde unter formellen Gesichtspunkten zu kontrollieren. Vielmehr ist das tatsächliche Vorliegen der Genehmigungsvoraussetzungen von der zuständigen Behörde sachlich zu prüfen[77].

Umfassende Prüfungspflicht als Konsequenz des Untersuchungsgrundsatzes nach § 24 VwVfG

Nach den Landesverwaltungsverfahrensgesetzen, die üblicherweise Vorschriften wie diejenige des § 24 Abs. 1 Satz 1 VwVfG[78] enthalten, muss die Behörde den Sachverhalt von Amts wegen ermitteln. Der Untersuchungsgrundsatz des § 24 ist auf den indirekten Vollzug von Unionsrecht und auf das nationale Umsetzungsrecht anwendbar[79]. Der Untersuchungsgrundsatz verpflichtet die Behör-

---

[73] VGH Hessen, Beschluss vom 16.6.2004, 11 UZ 3040/03, Rn. 15.
[74] Siehe BVerfG (2 BvF 1/07) (Beschluss vom 12.10.2010), Rn. 121.
[75] Vgl. VG Bremen, Urteil vom 28.5.2010, 5 K 1274/09, Erwägung II. 1. Siehe auch vorne Seite 27 ff..
[76] Deutlich Hessischer Verwaltungsgerichtshof, Beschluss vom 16.6.2004, 11 UZ 3040/03, Rn. 14; auch VG Bremen, Urteil vom 28.5.2010, 5 K 1274/09, Erwägung II. 5.; auch VG Giessen, Urteil vom 13.8.2003, 10 E 1409/03, Rn. 39–40. Aus der Literatur Cirsovius 546.
[77] Vgl. VG Giessen, Urteil vom 13.8.2003, 10 E 1409/03, Rn. 39; auch Hirt/Maisack/Moritz § 8 Rn. 6.
[78] Verwaltungsverfahrensgesetz (VwVfG) vom 25.5.1976.
[79] Kopp/Ramsauer § 24 VwVfG, Rn. 3c.

de zu einer umfassenden Aufklärung des für ihre Entscheidung massgeblichen Sachverhalts[80]. Ziel und Umfang der Ermittlungen richten sich nach den Rechtssätzen, welche die materiellrechtlichen tatbestandlichen Voraussetzungen regeln, die erfüllt sein müssen, damit die vom Beteiligten beantragte Entscheidung ergehen kann[81]. Somit werden die materiellrechtlichen Voraussetzungen des Tierschutzgesetzes, also «Unerlässlichkeit» und «ethische Vertretbarkeit», vom Untersuchungsgrundsatz mit erfasst.

Die Genehmigungsbehörde trifft eine Pflicht zur «nachvollziehenden Amtsermittlung» und «die Verpflichtung zur nachvollziehenden Kontrolle». Das heisst, sie ist in Antragsverfahren «zur Überprüfung der vorgelegten Unterlagen bzw. abgegebenen Erklärungen auf Richtigkeit und Vollständigkeit verpflichtet»[82]. Weder in Bezug auf die Entscheidungserheblichkeit noch in Bezug auf die Überzeugungsbildung (Beweismass) ist die Behörde an die Einschätzung der Beteiligten gebunden[83]. Sie ist auch nicht an das Vorbringen der Antragsteller gebunden, sondern muss von sich aus sämtliche für die Genehmigung möglicherweise erheblichen Tatsachen ermitteln, prüfen und berücksichtigen – auch solche, die von den Beteiligten nicht vorgetragen wurden[84]. Die Behörde selbst muss sich ihre Überzeugung in eigener Verantwortung bilden; die Ansichten der Antragsteller oder sonstiger Dritter sind nicht massgeblich[85]. Wenn die Behörde die erforderliche Fachkenntnis nicht besitzt, so muss sie Sachverständige heranziehen[86]. Im Ergebnis gebietet das allgemeine Verwaltungsverfahrensrecht eine umfassende materielle Prüfung der Genehmigungsvoraussetzungen «Unerlässlichkeit» und «ethische Vertretbarkeit». Das Fachrecht fordert keine Abweichung vom allgemeinen Recht.

Rechtsvergleichend kann auf die neuere Praxis des schweizerischen Bundesgerichts hingewiesen werden. In zwei Urteilen aus dem Jahr 2009 untersagte jenes Gericht zwei Versuchsserien mit Rhesusaffen auf der Grundlage einer konkreten

---

80 Kopp/Ramsauer § 24 VwVfG, Rn. 7.
81 Kopp/Ramsauer § 24 VwVfG, Rn. 7.
82 Kopp/Ramsauer § 24 VwVfG, Rn. 9.
83 Kopp/Ramsauer § 24 VwVfG, Rn. 13–15.
84 Kopp/Ramsauer § 24 VwVfG, Rn. 14.
85 Kopp/Ramsauer § 24 VwVfG, Rn. 15a.
86 Kopp/Ramsauer § 24 VwVfG, Rn. 27.

Abwägung des erwarteten Nutzens und der Belastung[87]. Die Begründung lautete, dass der jeweilige «Tierversuch, gemessen am erwarteten Kenntnisgewinn, den Versuchstieren unverhältnismässige Schmerzen, Leiden, Schäden, Angst oder Beeinträchtigung ihres Allgemeinbefindens» bereiten würde[88]. Dabei prüfte das Gericht den von den Forschern geltend gemachten Nutzen eingehend inhaltlich, und es wurden im erstinstanzlichen Verfahren Gutachter beigezogen[89].

Als **Zwischenfazit** kann festgehalten werden, dass geltendes Tierschutz-, Verwaltungs- und Verfassungsrecht eine umfassende, auch materielle Überprüfung der Genehmigungsvoraussetzungen verlangt. Dies sollte im Gesetzestext klar zum Ausdruck kommen.

2.2. Die Unionsrechtskonformität des Umsetzungsvorschlags im TierSchG n. F.-E

In diesem Abschnitt wird geprüft, ob der Gesetzesentwurf im Hinblick auf den Umfang der Prüfungsbefugnis beziehungsweise der Prüfungspflicht der Genehmigungsbehörde hinsichtlich des Vorliegens der Genehmigungsvoraussetzungen den unionsrechtlichen Vorgaben genügt.

2.2.1. Bestimmungen der Richtlinie über die Genehmigung von Projekten

Im Folgenden wird der Prüfungsmassstab des einfachen Unionsrechts im Einzelnen analysiert. Die Bestimmungen für die Genehmigung von Projekten finden sich in **Art. 36 ff. RL**. Nach den Vorgaben der Richtlinie müssen die Mitgliedstaaten gewährleisten, «dass Projekte nicht ohne vorherige Genehmigung seitens der zuständigen Behörde durchgeführt werden» (Art. 36 Abs. 1 RL). Unbeschadet bleibt die Bestimmung des Art. 42 RL («vereinfachtes Verwaltungsverfahren»). Die Richtlinie erlaubt hiermit den Mitgliedstaaten neben dem regulären Genehmigungsverfahren ein blosses Anzeige- oder Meldeverfahren, jedoch

---

87 BGE 135 II 384, X. und Y. gegen Gesundheitsdirektion des Kantons Zürich und Mitb., 2C_422/2008 vom 7.10.2009; BGE 135 II 405, X. und Y. gegen Gesundheitsdirektion des Kantons Zürich und Mitb., 2C_421/2008 vom 7.10.2009.
88 BGE 135 II 384, Erwägung 6.6.1.
89 BGE 135 II 384, Erwägung 4.4.

nur für Terminalversuche oder Versuche der Schweregrade «gering» und «mittel», sofern keine Primaten verwendet werden und die Versuche zur Einhaltung regulatorischer Anforderungen erforderlich sind oder zu Produktionszwecken oder diagnostischen Zwecken nach bewährten Methoden durchgeführt werden (Art. 42 Abs. 1 RL)[90]. Regelfall soll demgegenüber das Genehmigungsverfahren nach Art. 36 RL sein[91]. Die Mitgliedstaaten müssen in beiden Fällen gewährleisten, dass ein Projekt nur dann durchgeführt wird, wenn es eine **positive Projektbeurteilung** durch die zuständige Behörde gemäss Art. 38 RL erhalten hat (**Art. 36 Abs. 2 RL und Art. 42 Abs. 2 lit. b RL**)[92].

Im Rahmen der Projektbeurteilung nach nationalem Recht muss überprüft werden, ob das Projekt die folgenden Kriterien kumulativ erfüllt (Art. 38 Abs. 1 RL):
- das Projekt ist aus wissenschaftlicher oder pädagogischer Sicht gerechtfertigt oder gesetzlich vorgeschrieben (lit. a);
- die Zwecke des Projekts rechtfertigen die Verwendung von Tieren (lit. b);
- das Projekt ist so gestaltet, dass die Verfahren auf möglichst schmerzlose und umweltverträgliche Weise durchgeführt werden (lit. c).

Die Projektbeurteilung muss insbesondere Folgendes umfassen (Art. 38 Abs. 2 RL):
- Beurteilung der Projektziele, des erwarteten wissenschaftlichen Nutzens oder des pädagogischen Werts (lit. a);
- Bewertung des Projekts im Hinblick auf die Erfüllung der Anforderung der Vermeidung, Verminderung und Verbesserung (lit. b);
- Bewertung und Zuordnung der Einstufung des Schweregrads der Verfahren (lit. c);
- Schaden-Nutzen-Analyse des Projekts, in deren Rahmen bewertet wird, ob die Schäden für die Tiere in Form von Leiden, Schmerzen und Ängsten unter Berücksichtigung ethischer Erwägungen durch das erwartete Ergebnis gerechtfertigt sind und letztlich Menschen, Tieren oder der Umwelt zugutekommen können (lit. d);
- Bewertung jeder der in Art. 6–12, 14, 16 und 33 genannten Begründungen (lit. e);

---

[90] Siehe Binder, Beiträge 215.
[91] Vgl. Binder, Neue Tierversuchs-Richtlinie 14.
[92] Sowohl das ordentliche Genehmigungs- als auch das vereinfachte Verfahren unterliegen somit demselben Prüfungsmassstab. Vgl. Binder, Neue Tierversuchs-Richtlinie 14.

- Entscheidung, ob und wann das Projekt rückblickend bewertet werden sollte (lit. f).

Den Erwägungen der Richtlinie ist zu entnehmen, dass die umfassende Projektbeurteilung den Kern der Projektgenehmigung bildet (Erwägung 38 RL). Dabei sollen sowohl ethische Überlegungen im Zusammenhang mit der Verwendung von Tieren berücksichtigt als auch die Anwendung der Prinzipien der Vermeidung, Verminderung und Verbesserung gewährleistet werden (Erwägung 38 RL). Die Prinzipien der Vermeidung, Verminderung und Verbesserung sollten bei der Durchführung der Richtlinie systematisch berücksichtigt werden (Erwägung 11 RL). Als Teil des Genehmigungsprozesses von Projekten soll entsprechend unabhängig von den an der Studie Beteiligten eine unparteiische Projektbewertung durchgeführt werden (Erwägung 39 RL).

In Bezug auf die Genehmigung von Projekten legt die Richtlinie folglich einige grundsätzliche Ziele fest:
- Grundsätzliche Genehmigungspflicht für alle Verfahren an Wirbeltieren und Kopffüssern (Ausnahmen nach Art. 42 RL).
- **Kern** des Genehmigungsprozesses ist die **Projektbeurteilung** durch die zuständige Genehmigungsbehörde, ohne deren positiven Ausgang eine Genehmigung nicht erteilt werden darf.
- Die Genehmigungsbehörde überprüft das Vorliegen der Genehmigungsvoraussetzungen. **Zentrale Genehmigungsvoraussetzungen** nach der Richtlinie sind die Erfüllung der **Anforderungen der Vermeidung, Verminderung und Verbesserung** sowie der **positive Ausgang der Schaden-Nutzen-Analyse**. Die unparteiische Projektbeurteilung muss daher insbesondere eine Bewertung des Projekts im Hinblick auf die Erfüllung der Anforderung der Vermeidung, Verminderung und Verbesserung, auf die Ziele und den Nutzen und auf den Schweregrad der Belastung für die Tiere sowie letztlich eine ethisch fundierte Schaden-Nutzen-Analyse umfassen.

2.2.2. Vorgaben der Richtlinie zu Prüfungsbefugnis und Prüfungspflicht der Genehmigungsbehörde

Die zentrale Frage ist, mit welcher Intensität die zuständige Behörde gemäss den Vorgaben der Richtlinie das Vorliegen der Genehmigungsvoraussetzungen prüfen kann beziehungsweise muss. Fraglich ist, ob eine Beschränkung der Prüfungsbefugnis der Genehmigungsbehörde auf eine qualifizierte Plausibilitätskontrolle, wie sie in der Vergangenheit bezüglich des §8 Abs. 3 Nr. 1 TierSchG a. F. angenommen wurde und vereinzelt noch immer wird, richtlinienkonform wäre. Würde man dieser Rechtsauffassung folgen, wäre die von der Richtlinie vorgeschriebene, im Rahmen der Projektbeurteilung vorzunehmende Beurteilung und Bewertung des Tierversuchs hinsichtlich der Erfüllung der Anforderung der Vermeidung, Verminderung und Verbesserung (Unerlässlichkeit) und der Schaden-Nutzen-Relation (ethische Vertretbarkeit) primär Sache des Antragstellers. Die Funktion der Genehmigungsbehörde würde auf eine formelle Prüfung reduziert.

Durch Auslegung der relevanten Bestimmungen der Richtlinie ist im Folgenden zu ermitteln, ob die Beschränkung der Prüfungsbefugnis auf eine qualifizierte Plausibilitätskontrolle mit den Zielen der Richtlinie vereinbar ist, oder ob diese nicht vielmehr eine umfassende, materielle Prüfungsbefugnis und Prüfungspflicht der Genehmigungsbehörde zwingend vorgibt. Ausgangspunkt der Auslegung bildet zunächst der Text der Richtlinie, das heisst die Feststellung des üblichen und natürlichen Sinns des Wortlauts[93]. Dabei sind alle Amtssprachen gleichwertig zu berücksichtigen.

Wortlaut der Richtlinie in mehreren Amtssprachen

Der Wortlaut des Art. 36 Abs. 2 RL legt nahe, dass die Projektbeurteilung, insbesondere also die Prüfung des Vorliegens der Genehmigungsvoraussetzungen der Vermeidung, Verminderung, Verbesserung und der Schaden-Nutzen-Analyse, in erster Linie in der Verantwortung der zuständigen Behörde und nicht in jener des Antragstellers liegt. So muss nach dem deutschen Wortlaut ein Projekt «eine positive Projektbeurteilung durch die zuständige Behörde» erhalten. Nach dem englischen Text ist von den Mitgliedstaaten sicherzustellen, dass «no project is carried out unless a favourable project evaluation by the competent authority has been received». Die französische Version der Richtlinie schreibt vor, dass «aucun projet n'est exécuté sans avoir reçu une évaluation favorable du projet par l'autorité compétente». Der italienische Wortlaut lautet diesbezüg-

---

[93] Vgl. Oppermann/Classen/Nettesheim 144.

lich: «una valutazione positiva del progetto da parte dell' autorità competente». Im spanischen Text heisst es: «Los Estados miembros velarán por que no se lleve a cabo ningún proyecto a menos la autoridad competente emita una evaluación favorable de acuerdo con el artículo 38». Am deutlichsten bringt der niederländische Richtlinientext zum Ausdruck, dass die Projektbeurteilung durch die Behörde auszuführen ist, wenn steht «dat een project alleen wordt uitgevoerd als de uitkomst van de overeenkomstig artikel 38 door de bevoegde instantie uitgevoerde projectevaluatie gunstig is».

Ferner ist auch der Wortlaut des Art. 38 Abs. 3 RL zu berücksichtigen, der «die für die Durchführung der Projektbeurteilung zuständige Behörde» erwähnt (Englisch: «The competent authority carrying out the project evaluation»; Französisch: «L'autorité compétente procédant à l'évaluation du projet»; Italienisch: «L'autorità competente che esegue la valutazione del progetto»; Spanisch: «La autoridad competente que realice la evaluación del proyecto»; Niederländisch: «De bevoegde instantie die de projectevaluatie uitvoert»).

Die Wortlautauslegung unter Berücksichtigung der Amtssprachen Deutsch, Englisch, Französisch, Italienisch, Spanisch und Niederländisch deutet darauf hin, dass die Projektbeurteilung durch die Behörde vorzunehmen ist. Jedoch geben die unterschiedlichen Wortlaute noch keinen eindeutigen Aufschluss darüber, ob die Genehmigungsbehörde selber die notwendigen Untersuchungen anzustellen und zu einer eigenen Beurteilung und Bewertung zu kommen befugt beziehungsweise verpflichtet ist (materielle Prüfungsbefugnis beziehungsweise Prüfungspflicht), oder ob sie lediglich die wissenschaftlich nachvollziehbaren Angaben des Antragstellers kontrollieren soll (formelle Prüfungskompetenz).

Auslegung nach Sinn und Zweck

Führt die Wortlautauslegung zu keinem eindeutigen Ergebnis, ist auf weitere Auslegungsprinzipien zurückzugreifen. Für die Beantwortung der Auslegungsfrage, ob die Richtlinie eine umfassende materielle Prüfungsbefugnis und Prüfungspflicht der Genehmigungsbehörde zwingend vorgibt, ist insbesondere die **teleologische Auslegung** ausschlaggebend, die nach Sinn und Zweck der relevanten Bestimmungen der Richtlinie fragt.

Fraglich ist, welches Ziel die Richtlinie verfolgt, wenn sie den positiven Ausgang der durch die zuständige Behörde vorzunehmenden Projektbeurteilung zur zwingenden Voraussetzung der Genehmigung eines Tierversuchs erhebt. Den Erwägungen der Richtlinie ist zu entnehmen, dass die «umfassende Projektbewertung» «den Kern der Projektgenehmigung bildet» (Erwägung 38 RL)[94]. Dabei sollen sowohl ethische Überlegungen im Zusammenhang mit der Verwendung von Tieren berücksichtigt als auch die Anwendung der Prinzipien der Vermeidung, Verminderung und Verbesserung gewährleistet werden (Erwägung 38 RL). Das Europäische Parlament äusserte in einer Entschliessung vom 5. Dezember 2002 seine Auffassung, «dass die Mitgliedstaaten verpflichtet sein sollten, ein ethisch begründetes Überprüfungsverfahren als Teil des Systems für die Genehmigung von Tierversuchen einzurichten»[95]. **Erwägung 39 RL** macht sodann deutlich, dass «als Teil des Genehmigungsprozesses von Projekten … unabhängig von den an der Studie Beteiligten eine unparteiische Projektbewertung durchgeführt werden» muss.

Entstehungsgeschichte

Der Kommissionsvorschlag für den Erwägungsgrund 39 RL (damals 38), der die Durchführung einer «unabhängigen ethischen Bewertung» verlangte, wurde vom Europäischen Parlament in der ersten Lesung abgeändert unter Betonung der Durchführung einer ethischen Bewertung, «an der die für die Untersuchung verantwortlichen Personen nicht beteiligt sind»[96]. Betont wurde die Notwendigkeit einer unabhängigen Prüfung von Tierversuchsvorhaben auch vom damaligen EU-Kommissionsmitglied Stavros Dimas in der Debatte zur Richtlinie vom 4. Mai 2009: «Under the Commission proposal, the licensing of research on animals who are still conscious will be accompanied by systematic independent ethical evaluation. This will put the principles of restoring, restricting and improving the use of animals into practice. These provisions are the fundamental objectives of the review. We shall be unable to achieve our objectives if we replace licensing by tacit agreement to every type of research or if we allow the

---

[94] Erwägung 38 RL: «Die umfassende Projektbewertung, bei der ethische Überlegungen im Zusammenhang mit der Verwendung von Tieren berücksichtigt werden, bildet den Kern der Projektgenehmigung».
[95] Europäisches Parlament, Entschliessung vom 5.12.2002 über die Richtlinie 86/609/EWG, P5_TA(2002)0594, Rn. 4.
[96] Europäisches Parlament, Bericht erste Lesung vom 3.4.2009, A6-0240/2009, Änderungsantrag 23.

ethical evaluation to be carried out by those with direct interest in the research project»[97].

Systematik

Das Ziel der Gewährleistung der **Unabhängigkeit und Unparteilichkeit** der Projektbeurteilung zeigt sich auch in weiteren Bestimmungen. So sieht die Richtlinie vor, dass «die Projektbeurteilung auf unparteiische Weise und gegebenenfalls unter Einbeziehung der Stellungnahmen unabhängiger Dritter» zu erfolgen hat (Art. 38 Abs. 4 Satz 2 RL). Ferner verlangt die Richtlinie, dass die Projektbeurteilung nur dann von einer anderen Stelle als einer öffentlichen Behörde durchgeführt werden darf, wenn nachgewiesen ist, dass diese «im Hinblick auf die Wahrnehmung der Aufgaben frei von jeglichem Interessenkonflikt» ist (Art. 59 Abs. 1 Satz 2 lit. b RL).

Grundsätze der Äquivalenz und Effektivität

Nach allgemeinen unionsrechtlichen Grundsätzen und der ständigen Rechtsprechung des EuGH geniessen die Mitgliedstaaten bei der Umsetzung des Unionsrechts, also dem mittelbaren Vollzug von Unionsrecht, der den Normalfall bildet, Verfahrensautonomie. Deutschland darf und muss bei der Umsetzung der Richtlinie das deutsche Verwaltungsverfahrensrecht anwenden. Dabei darf der Mitgliedstaat aber unionsrechtliche Rechtspositionen nicht weniger günstig behandeln als entsprechende innerstaatliche Positionen und darf die **Wirksamkeit** des Unionsrechts beziehungsweise die Realisierung der Ziele des Unionsrechts (etwa einer Richtlinie) **nicht praktisch unmöglich machen oder vereiteln**[98]. Der Grundsatz der Äquivalenz (auch als Diskriminierungsverbot bezeichnet) und der **Grundsatz der Effektivität** (auch als Effizienzgebot bezeichnet)[99] müssen die Ausgestaltung der Revision des Tierschutzgesetzes leiten.

---

[97] Stavros Dimas, Debate on the Protection of Animals Used for Scientific Purposes, 4.5.2009 (Strasbourg), CRE 04/05/2009 – 22.
[98] St. Rspr. seit EuGH, Rs. 205 bis 215/82, Slg. 1983, 2633 – «Deutsche Milchkontor».
[99] Siehe statt vieler Oppermann/Classen/Nettesheim 199.

Das Richtliniengebot der umfassenden materiellen Prüfung ist auch aus der Perspektive des deutschen Verwaltungsverfahrensrechts ein «europarechtlicher Vollzugsstandard», der vom deutschen Recht respektiert werden muss, da er die Einheitlichkeit der Kontrollintensität in den Mitgliedstaaten sicherstellt[100]. Insgesamt gebieten also die europaverwaltungsrechtlichen allgemeinen Grundsätze eine materielle Prüfung der Anträge.

2.3. Ergebnis: Die Richtlinie und der deutsche Rechtsrahmen fordern eine materielle Prüfung durch die Genehmigungsbehörde

Die **Durchführung einer unabhängigen, wissenschaftlich und ethisch fundierten, unparteiischen Projektbeurteilung durch die Genehmigungsbehörde** im Rahmen der Genehmigungs- und Anzeigepflicht von Tierversuchen kann somit als wesentliches Ziel und zwingende Vorgabe der Richtlinie präzisiert werden. «Unabhängigkeit» im Sinne der Richtlinie bedeutet folglich, dass die für die Projektbeurteilung zuständige Behörde diese selber durchführt. Der Behörde kommt eine umfassende inhaltliche Prüfungsbefugnis und -pflicht zu. Das heisst, sie ist einerseits zuständig für die Ermittlung und Zusammenstellung aller für die Projektbeurteilung relevanten Daten und andererseits für die Bewertung und Abwägung dieser erheblichen Sachlage unter ethischen Gesichtspunkten. Die Behörde muss somit für die Ermittlung des der Projektbeurteilung zugrunde liegenden Sachverhalts verantwortlich sein und die Genehmigungsvoraussetzungen ohne Bindung an die Ausführungen im Antrag beurteilen und bewerten. Hierfür soll die für die Durchführung der Projektbeurteilung zuständige Behörde auf Fachwissen zurückgreifen (Art. 38 Abs. 3 RL). Das Fachwissen ist nicht autoritativ dem Gesuchsteller vorbehalten, sondern muss von der Behörde gegebenenfalls unter Einbeziehung von Stellungnahmen unabhängiger Dritter (Art. 38 Abs. 4 Satz 2 RL), beispielsweise mittels Sachverständigengutachten, beschafft werden.

Im Rahmen der Projektbeurteilung muss die Behörde insbesondere eine unabhängige Prüfung und Bewertung des Versuchsvorhabens im Hinblick auf dessen Vereinbarkeit mit den Grundsätzen der Vermeidung, Verminderung und Verbesserung (Art. 38 Abs. 2 lit. b RL) und eine Schaden-Nutzen-Analyse unter Berück-

---

[100] Kopp/Ramsauer § 24 Rn. 10.

sichtigung ethischer Erwägungen (Art. 38 Abs. 2 lit. d RL) vornehmen. Die materielle Prüfungsbefugnis beziehungsweise -pflicht erstreckt sich auch auf die Beurteilung der Projektziele, des erwarteten wissenschaftlichen Nutzens oder des pädagogischen Werts (Art. 38 Abs. 2 lit. a RL) sowie auf die Bewertung des Belastungsgrads des Verfahrens (Art. 38 Abs. 2 lit. c RL), um eine unabhängige Schaden-Nutzen-Analyse sinnvoll zu gewährleisten. Die Behörde, nicht der Antragssteller, muss eine ethische Bewertung der Schaden-Nutzen-Relation vornehmen. Eine solche ethische Bewertung durch den Antragssteller ist im Übrigen auch nicht vorgesehen in Art. 37 i. V. m. Anhang VI RL.

Abschliessend kann festgehalten werden, dass an der Beschränkung der Prüfungsbefugnis der Genehmigungsbehörde spätestens mit der Anpassung des deutschen Tierversuchsrechts an die Richtlinie nicht mehr festgehalten werden kann, da dies gegen die klar bestimmbaren Ziele der Richtlinie verstossen würde. Es wäre daher wünschenswert, wenn der deutsche Umsetzungsentwurf unmissverständlicher zum Ausdruck bringen würde, dass der Genehmigungsbehörde eine umfassende, materielle Prüfungsbefugnis und Prüfungspflicht hinsichtlich sämtlicher Genehmigungsvoraussetzungen gemäss §8 Abs. 1 Satz 2 TierSchG n. F.-E zukommt. Das Festhalten am bisherigen Wortlaut «wissenschaftlich begründet darlegen» begründet die Gefahr einer **richtlinienwidrigen Beschränkung der Prüfungsbefugnis** der Genehmigungsbehörden auf eine formelle Prüfung im Sinne einer qualifizierten Plausibilitätskontrolle, wie sich dies in der Vergangenheit bei der gleichlautenden Formulierung des §8 Abs. 3 Nr. 1 TierSchG a. F. entwickelt hat. Im Übrigen entspräche eine solche Einschränkung der Prüfungsbefugnis auch nicht der aktuellen deutschen Rechtsprechung mit Bezug auf §8 Abs. 3 Nr. 1 TierSchG a. F. (das Beibehalten strengerer nationaler Tierschutzvorschriften wird durch Art. 2 Abs. 1 RL ausdrücklich erlaubt).

Im Hinblick auf die richtlinienkonforme Verankerung einer materiellen Prüfungsbefugnis beziehungsweise -pflicht der Genehmigungsbehörde im Einklang mit allgemeinem Verwaltungsverfahrensrecht und deutschem Verfassungsrecht ist es aus Gründen der Rechtssicherheit wünschenswert, in §8 Abs. 1 Satz 2 Nr. 1 TierSchG n. F.-E auf die Formulierung «wissenschaftlich begründet dargelegt ist, dass...» zu verzichten.

3. Die Genehmigungsvoraussetzungen der «Unerlässlichkeit» und der «ethischen Vertretbarkeit» im Licht der Richtlinie

3.1. Fragestellung

Es stellt sich die Frage, ob die Normierung der Genehmigungsvoraussetzungen der «Unerlässlichkeit» und der «ethischen Vertretbarkeit» im TierSchG n. F.-E richtlinienkonform ist. Die Richtlinie verlangt, dass die Genehmigungsbehörde die Projektbeurteilung insbesondere hinsichtlich des Vorliegens der Genehmigungsvoraussetzungen der Vermeidung, Verminderung und Verbesserung (Art. 38 Abs. 2 lit. b RL) und der Schaden-Nutzen-Analyse (Art. 38 Abs. 2 lit. d RL) durchführen muss.

Die Terminologie des deutschen Tierversuchsrechts unterscheidet sich teilweise von jener der Richtlinie. So operiert das deutsche Recht nicht mit den von der Richtlinie verwendeten Begriffen der Vermeidung, Verminderung und Verbesserung (Art. 4 und Art. 38 Abs. 2 lit. b RL). Stattdessen greift das Tierschutzgesetz auf den Oberbegriff der Unerlässlichkeit zurück (§ 7 Abs. 1 Satz 2 Nr. 1, § 7a Abs. 1 Satz 1 und Abs. 2 TierSchG n. F.-E; § 7 Abs. 2 Satz 1 und Satz 2). *Der in der Richtlinie vorgesehenen Schaden-Nutzen-Analyse* (Art. 38 Abs. 2 lit. d RL) *entspricht im deutschen Recht terminologisch die ethische Vertretbarkeit* (§ 7a Abs. 2 Nr. 3 TierSchG n. F.-E; § 7 Abs. 3 Satz 1 TierSchG a. F.).

Blosse Formulierungsunterschiede bei der Umsetzung einer Richtlinie sind zulässig, soweit sie sich nicht auf die inhaltliche Durchführung der Verpflichtungen aus der Richtlinie auswirken[101]. Im Folgenden ist daher zu klären, ob der deutsche Umsetzungsvorschlag im TierSchG n. F.-E die Genehmigungsvoraussetzungen der Erfüllung der Anforderung der Vermeidung, Verminderung und Verbesserung (Art. 38 Abs. 2 lit. b RL) und der Schaden-Nutzen-Analyse (Art. 38 Abs. 2 lit. d RL) genügend umsetzt.

---

[101] EuGH, Rs. 363/85, 9.4.1987, Kommission v. Italien, Rn. 15.

3.2. Die Genehmigungsvoraussetzung der «Unerlässlichkeit»

3.2.1. Vorgaben der Richtlinie

Explizites Ziel 3R

Ein wesentliches Ziel der Richtlinie ist die Implementierung des allgemein anerkannten 3R-Prinzips (**Replace**, **Reduce**, **Refine**, das heisst Vermeidung, Verminderung und Verbesserung)[102]. Dementsprechend «sollten die Prinzipien der Vermeidung, Verminderung und Verbesserung bei der Durchführung der Richtlinie systematisch berücksichtigt werden» (Erwägung 11 RL). **Art. 4 RL** («Grundsatz der Vermeidung, Verminderung und Verbesserung») verpflichtet die Mitgliedstaaten in programmatischer Weise zur Umsetzung und Anwendung des 3R-Prinzips. Folglich müssen die Mitgliedstaaten gewährleisten, dass:
- wo immer möglich, anstelle von Tierversuchen wissenschaftlich zufrieden stellende Methoden angewendet werden, bei denen keine lebenden Tiere verwendet werden (**Vermeidung**, Art. 4 Abs. 1 RL);

---

[102] Siehe nur Art. 1 Abs. 1 lit. a RL. Vgl. bereits Entwurf der Begründung des Rates vom 21.5.2010, 6106/10 ADD 1, Seite 2. Siehe ferner Erwägungsgrund Nr. 11 Satz 2: «...sollten die Prinzipien der Vermeidung, Verminderung und Verbesserung bei der Durchführung dieser Richtlinie systematisch berücksichtigt werden. Bei der Auswahl der Methoden sollten die Prinzipien der Vermeidung, Verminderung und Verbesserung mit Hilfe einer strengen Hierarchie der Anforderung, alternative Methoden zu verwenden, umgesetzt werden.» Erwägungsgrund Nr. 12 Satz 4: «Der Einsatz von Tieren zu wissenschaftlichen Zwecken oder zu Bildungszwecken sollte deshalb nur dann erwogen werden, wenn es keine tierversuchsfreie Alternative gibt.» Erwägungsgrund Nr. 27 Satz 2: «Zur Förderung des Prinzips der Verminderung sollten die Mitgliedstaaten gegebenenfalls die Einführung von Programmen für die gemeinsame Nutzung von Organen und Gewebe von Tieren, die getötet werden, erleichtern.» Erwägungsgrund Nr. 42 Satz 3: «Es müssen spezifische Massnahmen eingeführt werden, die eine Zunahme der Verwendung alternativer Ansätze fördern und die unnötige Duplizierung der Durchführung vorgeschriebener Versuche vermeiden.» Erwägungsgrund Nr. 46 Satz 3: «Die Kommission und die Mitgliedstaaten sollten durch Forschung und andere Mittel zur Entwicklung und Validierung alternativer Ansätze beitragen, um die Wettbewerbsfähigkeit der Forschung und Industrie in der Union zu steigern und die Verwendung von Tieren in Verfahren zu vermeiden, zu vermindern und zu verbessern.» Erwägungsgrund Nr. 48 Satz 2: «Die Mitgliedstaaten sollten nationale Ausschüsse für den Schutz der für wissenschaftliche Zwecke verwendeten Tiere einrichten, die die zuständigen Behörden und Tierschutzgremien beraten, um die Anwendung der Prinzipien der Vermeidung, Verminderung und Verbesserung zu fördern.» Vorschlag der EU-Kommission vom 5.11.2008, Seite 4: «Die Massnahmen zur Förderung alternativer Ansätze reichen von der allgemeinen Verpflichtung zur Anwendung alternativer Methoden, sobald diese zur Verfügung stehen, bis hin zu weiteren konkreten Massnahmen zur Förderung ihrer Entwicklung, Validierung und Anerkennung, auch auf internationaler Ebene.» Nach der Mitteilung der Europäischen Kommission vom 15.6.2010 an das Europäische Parlament zum Standpunkt des Rates in erster Lesung, Ziffer 4, gehört zu den «wichtigsten Zielsetzungen» der Richtlinie «die uneingeschränkte Anwendung des ‹Drei-R-Prinzips› einschliesslich der Förderung alternativer Methoden mit Verzicht auf Tierversuche». Entschliessung des Europäischen Parlaments 2006/2046 zum Aktionsplan der Gemeinschaft für den Schutz und das Wohlbefinden von Tieren 2006–2010, Ziffer 35: Das Parlament «vertritt die Auffassung, dass die Entwicklung, Validierung und Akzeptanz von Methoden ohne Versuche an Tieren beschleunigt werden müssen und dass verstärkt Mittel, Personal und administrative Unterstützung in jedem Stadium bereitgestellt werden müssen, um eine möglichst rasche Ersetzung von Tierversuchen sicherzustellen».

- die Anzahl der in einem Versuch verwendeten Tiere auf ein Minimum reduziert wird, ohne dabei die Versuchsziele zu beeinträchtigen (**Verminderung**, Art. 4 Abs. 2 RL);
- bei der Zucht, Unterbringung, Pflege sowie bei der Durchführung der Tierversuche die (möglichen) Schmerzen, Leiden, Ängste und dauerhaften Schäden der Tiere auf ein Minimum reduziert werden (**Verbesserung**, Art. 4 Abs. 3 RL).

Die Erfüllung der Anforderungen der Vermeidung, Verminderung und Verbesserung ist im Rahmen der Projektbeurteilung zu prüfen und stellt eine **materielle Zulässigkeitsvoraussetzung** eines Tierversuchs dar (Art. 36 Abs. 2 i. V. m. Art. 38 Abs. 2 lit. b und Art. 42 Abs. 2 lit. b RL).

Hintergrund: Der Inhalt des 3R-Prinzips

Das **Prinzip der 3R** wurde 1959 von William Russel und Rex Burch als Konzept zur Reduktion von Tierversuchen und zur Priorisierung von Alternativmethoden vorgeschlagen[103]. Die 3R – replacement, reduction, refinement – haben seither weite Verbreitung und auch rechtliche Anerkennung gefunden[104]. Dieses für Tierversuche wegleitende Konzept zielt in erster Linie darauf ab, Tierversuche durch Alternativmethoden zu ersetzen (**Vermeidung/replacement**). Eine solche alternative Methode verzichtet entweder komplett auf Tierverbrauch oder beschränkt sich auf den Einsatz von «niedrigeren Tierarten» oder «niedrigen Organismen»[105]. Der Einsatz niedrigerer Tiere lässt sich mit den vermuteten sinnesphysiologischen Differenzen insbesondere zwischen Wirbeltieren und wirbellosen Tieren begründen, wobei letztere weithin als nicht empfindungsfähig gelten[106]. Vor dem Hintergrund der Zielsetzung der Schmerzvermeidung können solche Tiere, die keine Schmerzen empfinden können, nicht sinnvollerweise in den Anwendungsbereich des Ersetzungsgebots einbezogen werden.

Kann ein Tierversuch nicht angemessen ersetzt werden, soll zumindest die Anzahl der verwendeten Tiere auf ein Minimum reduziert werden (**Verminde-**

---

[103] Russell/Burch.
[104] Siehe Arndt/Lotz/Lüdecke 199.
[105] So zum Beispiel wirbellose Tiere, Pilze oder Bakterien. Vgl. Goetschel § 7 Rn. 38.
[106] Vgl. Hirt/Maisack/Moritz § 9 Rn. 8.

rung/reduction). Dies ist etwa durch eine statistische Fallzahlplanung in der Planungsphase des Versuchs zu erreichen[107].

Schliesslich müssen auch die Belastungen, denen die einzelnen tierlichen Individuen bei der Zucht, Unterbringung, Pflege während der Durchführung des Versuchs sowie bei der Nachbehandlung ausgesetzt sind, auf ein Minimum reduziert werden (**Verbesserung/refinement**). Zur Erreichung dieses Ziels sind insbesondere die Optimierung der Versuchs- und Tötungsmethoden, der Einsatz von Betäubungs- und Schmerzmitteln und die Verbesserung der Haltungsbedingungen zu prüfen (Haltungs- und Versuchsrefinement)[108].

3.2.2. «Unerlässlichkeit» im Umsetzungsentwurf der Bundesregierung

Ziel der Implementierung von 3R

Der Umsetzungsentwurf zur Richtlinie implementiert das 3R-Prinzip sinngemäss mit dem für das deutsche Tierversuchsrecht zentralen Grundsatz der Unerlässlichkeit. Tierversuche sind auf das unerlässliche Mass zu beschränken (**§ 7 Abs. 1 Satz 2 Nr. 1 TierSchG n. F.-E**), und zwar im Hinblick auf:
– die den Tieren zuzufügenden Schmerzen, Leiden und Schäden (**Verbesserung**, lit. a),
– die Zahl der verwendeten Tiere (**Verminderung**, lit. b),
– die sinnesphysiologische Entwicklungsstufe der verwendeten Tiere (**Teilaspekt der Vermeidung**, lit. c).

Die **amtliche Begründung** zu § 7 TierSchG n. F.-E führt aus, dass diese Vorschriften auf dem Prinzip der Vermeidung, Verminderung und Verbesserung beruhen[109].

---

[107] Hirt/Maisack/Moritz § 7 Rn. 13.
[108] Siehe Binder, Neue Tierversuchs-Richtlinie 17–18.
[109] Entwurf eines dritten Gesetzes zur Änderung des Tierschutzgesetzes, Stand: 9.1.2012, Begründung zu Nummer 7, Seite 36.

Analyse des Konzepts der «Unerlässlichkeit»

Verstreute Normierung im Gesetzesentwurf

Die verschiedenen Elemente und Kriterien der Unerlässlichkeit werden in den Vorschriften § 7a und § 8 TierSchG n. F.-E weiter konkretisiert. Zunächst müssen Tierversuche einem abstrakt als zulässig definierten Zweck dienen. Tierversuche zu Versuchszwecken nach § 7a Abs. 3 TierSchG n. F.-E sind per se, nach § 7a Abs. 4 TierSchG n. F.-E grundsätzlich verboten. Tierversuche dürfen nur durchgeführt werden, soweit sie zu einem der in § 7a Abs. 1 TierSchG n. F.-E aufgeführten, zulässigen Versuchszwecken unerlässlich sind. Für die Frage, ob ein Tierversuch für einen erlaubten Zweck unerlässlich ist, ist insbesondere zu prüfen (§ 7a Abs. 2 TierSchG n. F.-E):

- ob der verfolgte Zweck nicht durch andere Methoden oder Verfahren erreicht werden kann (**Teilaspekt der Vermeidung**, Nr. 2);
- ob die zu erwartenden Schmerzen, Leiden oder Schäden der Tiere im Hinblick auf den Versuchszweck ethisch vertretbar sind (Nr. 3);
- ob Schmerzen, Leiden oder Schäden den Tieren nur in dem Mass zugefügt werden, die für den verfolgten Zweck unerlässlich sind (**Verbesserung**, Nr. 4);
- ob die Verwendung von sinnesphysiologisch höher entwickelten Tieren unerlässlich ist (**Teilaspekt der Vermeidung**, Nr. 5).

Das Vorliegen der Voraussetzung des § 7a Abs. 2 Nr. 2 TierSchG n. F.-E (Teilaspekt der Vermeidung) ist materielle Genehmigungsvoraussetzung für ein Versuchsvorhaben (§ 8 Abs. 1 Satz 2 Nr. 1 lit. a TierSchG). Alle anderen Unerlässlichkeitselemente (§ 7 Abs. 1 Satz 2 Nr. 1 und § 7a Abs. 2 Nr. 4–6 TierSchG n. F.-E) sind zwar auch Genehmigungsvoraussetzungen; deren Einhaltung muss jedoch lediglich erwartet werden können (§ 8 Abs. 1 Satz 2 Nr. 6 TierSchG n. F.-E).

Finale und instrumentale Unerlässlichkeit

Begrifflich kann man weiter die instrumentale von der finalen Unerlässlichkeit unterscheiden. Die finale Unerlässlichkeit bezieht sich auf die Unentbehrlichkeit des Versuchszwecks, die instrumentale Unerlässlichkeit auf die Notwendigkeit des Tierversuchs als Mittel zur Erreichung dieses Versuchszwecks.

Die **instrumentale** Unerlässlichkeit setzt voraus, dass der angestrebte Versuchszweck nicht mit anderen Methoden oder Verfahren erreicht werden kann. Die instrumentale Unerlässlichkeit bezieht sich auch auf die Modalitäten des Tierversuchs, sodass es keine gleichwertige Alternative ohne beziehungsweise mit einem geringeren Tierverbrauch oder mit weniger Tierbelastung geben darf[110]. Die Anforderungen der Vermeidung, Verminderung und Verbesserung können somit als Teilgehalte der instrumentalen Unerlässlichkeit präzisiert werden.

Die **finale** Unerlässlichkeit verlangt eine Beschränkung auf Versuche, die unerlässlichen Zwecken dienen. Die Unerlässlichkeit des Versuchszwecks ergibt sich nicht bereits daraus, dass er einem der in § 7a Abs. 1 TierSchG n. F.-E abstrakt genannten zulässigen Zweck entspricht. Vielmehr ist die Unerlässlichkeit des Versuchszwecks im konkreten Fall zu ermitteln. Das angestrebte Versuchsziel und der daraus resultierende Nutzen müssen die Verwendung von Tieren rechtfertigen, das heisst der wissenschaftliche Nutzen muss die den Versuchstieren zugefügten Schmerzen, Leiden oder Ängste überwiegen. Die finale Unerlässlichkeit ist somit Teil der Nutzen-Schaden-Abwägung und im Rahmen der ethischen Vertretbarkeit gemäss § 7a Abs. 2 Nr. 3 TierSchG n. F.-E zu prüfen[111]. Die finale Unerlässlichkeit weist im Übrigen keine Überschneidungen mit dem 3R-Grundsatz der Vermeidung, Verminderung und Verbesserung auf.

Konkretisierung des Verhältnismässigkeitsprinzips

Der Grundsatz der Unerlässlichkeit konkretisiert ferner das allgemeine Verhältnismässigkeitsprinzip im Tierversuchsrecht[112]. Der einfachrechtliche Grundsatz der Verhältnismässigkeit ist Grundlage für den Massstab der Unerlässlichkeit eines Tierversuchs[113]. Dementsprechend muss ein das unerlässliche Mass nicht überschreitender Tierversuch geeignet und erforderlich sein, um den gesetzten Versuchszweck zu erreichen und im Rahmen der Nutzen-Schaden-Abwägung verhältnismässig im engeren Sinne sein.

---

[110] Siehe Hirt/Maisack/Moritz § 7 Rn. 11, 14.

[111] Hirt/Maisack/Moritz § 7 Rn. 11.

[112] Das Tierschutzgesetz «strebt nicht an, Tieren jegliche Beeinträchtigung ihres Wohlbefindens zu ersparen, sondern wird beherrscht von der dem Verhältnismässigkeitsprinzip entsprechenden Forderung, Tieren nicht ‹ohne vernünftigen Grund› ‹vermeidbare›, das ‹unerlässliche Mass› übersteigende ‹Schmerzen, Leiden oder Schäden› zuzufügen», so BVerfGE 36, 47 (1 BvR 459/72; 1 BvR 477/72), Erwägung B. I. (2.10.1973).

[113] Siehe Goetschel § 7 Rn. 31.

Geeignetheit und Erforderlichkeit sind nur zu bejahen, wenn kein milderes (das heisst tierfreies, weniger tierverbrauchendes oder weniger tierbelastendes), gleich geeignetes Verfahren zur Erreichung des Versuchszwecks angewandt werden kann. Im Sinne der Unerlässlichkeit wird die Erforderlichkeit zum Ultima ratio-Erfordernis verstärkt. Entsprechend muss ein Tierversuch mitsamt seinen Modalitäten nicht nur erforderlich, sondern «zwingend geboten», «unbedingt nötig» oder «unumgänglich» sein[114].

Der Geeignetheit und Erforderlichkeit entspricht die instrumentale Unerlässlichkeit (Vermeidung, Verminderung, Verbesserung), der Verhältnismässigkeit im engeren Sinne die finale Unerlässlichkeit. Letztere ist daher im Rahmen der ethischen Vertretbarkeit zu prüfen[115].

Abdeckung des 3R-Prinzips durch den «Unerlässlichkeitsgrundsatz» im Allgemeinen

Das Erfordernis der Unerlässlichkeit eines Tierversuchs (§ 7a Abs. 1 Satz 1 TierSchG n. F.-E) enthält sämtliche Aspekte der Vermeidung, Verminderung und Verbesserung, jedoch in einer komplizierten und somit Rechtsunsicherheit erzeugenden Weise. Der Anforderung der **Vermeidung** entspricht der Gesetzesentwurf, indem er vorschreibt, dass Tierversuche «im Hinblick auf ... die sinnesphysiologische Entwicklungsstufe der verwendeten Tiere auf das unerlässliche Mass zu beschränken» sind (§ 7 Abs. 1 Satz 2 Nr. 1 lit. c TierSchG n. F.-E). Dies bedeutet, erstens, dass Tierversuche an sinnesphysiologisch höher entwickelten Tieren nur durchgeführt werden dürfen, «soweit Versuche an sinnesphysiologisch niedriger entwickelten Tieren für den verfolgten Zweck nicht ausreichen» (§ 7a Abs. 2 Nr. 5 TierSchG n. F.-E). Das in dieser Vorschrift enthaltene Vermeidungsgebot besagt, zweitens, dass Tierversuche nur durchgeführt werden dürfen, soweit der verfolgte Zweck nicht durch tierversuchsfreie Verfahren erreicht werden kann (§ 7a Abs. 2 Nr. 2 TierSchG n. F.-E). Richtlinienkonform dürfte eine Implementation des Konzepts der «Vermeidung», die (anstelle des Verzichts auf den Versuch) den Einsatz niedrigerer Tierarten einschliesst, allerdings nur sein, wenn die als Ersatz verwendeten Tiere nicht in den Schutzbereich der Richtlinie

---

[114] Siehe Hirt/Maisack/Moritz § 7 Rn. 11.
[115] Hirt/Maisack/Moritz § 7 Rn. 11.

fallen (Art. 1 Abs. 3 RL). Somit darf sich der Einsatz niedrigerer Tierarten zwecks «Vermeidung» des Verbrauchs höherer Tiere **nicht auf Wirbeltiere oder Kopffüsser** erstrecken.

Die der Richtlinie innewohnende Anforderung der **Verminderung** findet sich im Gebot der Beschränkung von Tierversuchen auf das unerlässliche Mass im Hinblick auf die Zahl der verwendeten Tiere (§ 7 Abs. 1 Satz 2 Nr. 1 lit. b TierSchG n. F.-E).

Es entspricht schliesslich der Anforderung der **Verbesserung**, dass Tierversuche im Hinblick auf die den Tieren zuzufügenden Schmerzen, Leiden und Schäden auf das unerlässliche Mass zu beschränken sind (§ 7 Abs. 1 Satz 2 Nr. 1 lit. a TierSchG n. F.-E) und dass Schmerzen, Leiden oder Schäden Tieren nur in dem Mass zugefügt werden dürfen, als es für den verfolgten Zweck unerlässlich ist (§ 7a Abs. 2 Nr. 4 TierSchG n. F.-E).

Tierversuche sind hinsichtlich aller genannten Aspekte auf die unerlässlichen Versuche zu beschränken. Das **«Ob»** der Unerlässlichkeit betrifft die Frage, ob es statt des beantragten Tierversuchs ein äquivalentes alternatives Verfahren gibt, das keine Tiere, sinnesphysiologisch niedrigere Tiere oder weniger Tiere verwendet[116]. Beim **«Wie»** und **«wieviel»** des unerlässlichen Masses geht es darum, die Möglichkeiten auszuschöpfen, den Tierversuch so zu gestalten, dass damit weniger Schmerzen, Leiden oder Schäden der einzelnen Tiere verbunden sind.

Begriffsraster «Unerlässlichkeit» und 3R-Prinzip

Eine graphische Darstellung der Relation der verschiedenen Konzepte zueinander sieht wie folgt aus:

---

[116] Hirt/Maisack/Moritz § 9 Rn. 6.

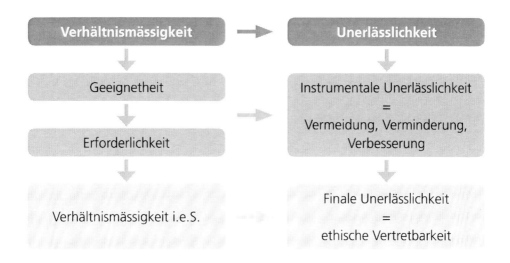

Der Unerlässlichkeitsbegriff des deutschen Tierversuchsrechts umfasst mehrere Konzepte, die sich überschneiden und ergänzen. Das 3R-Prinzip (Vermeidung, Verminderung, Verbesserung) ist im Erfordernis der Beschränkung von Tierversuchen auf das unerlässliche Mass vollständig enthalten. Inhaltlich stimmt das 3R-Prinzip mit der instrumentalen Unerlässlichkeit überein, die ferner in der Verhältnismässigkeitsprüfung den Elementen der Geeignetheit und Erforderlichkeit entspricht. Die finale Unerlässlichkeit stellt ein über das 3R-Prinzip hinausgehendes Erfordernis auf, das auf die Verhältnismässigkeitskomponente der Nutzen-Schaden-Relation zurückgeht.

Aus dem Gesagten ergibt sich, dass ein Tierversuch zunächst einem abstrakt definierten, legitimen Zweck (§ 7a Abs. 1 TierSchG n. F.-E) dienen muss. Sodann muss der Tierversuch dem tierversuchsrechtlichen Verhältnismässigkeitsgrundsatz – dem Unerlässlichkeitsgrundsatz – genügen, das heisst zur Erreichung des zulässigen Versuchszwecks unerlässlich sein. Instrumental unerlässlich ist er, soweit die Verwendung von Tieren, die Anzahl der verwendeten Tiere und die den Tieren zugefügten Belastungen geeignet und erforderlich sind zur Erreichung des angestrebten Ziels. Final unerlässlich ist der Versuch überdies nur, wenn die Belastung der Tiere in einem angemessenen Verhältnis zum Nutzen steht, mithin der Versuchszweck konkret als unerlässlich erscheint.

Zwischenfazit: Bedauerliche Rechtsunklarheit

Die von der Richtlinie vorgegebene Anforderung der Vermeidung, Verminderung und Verbesserung ist im deutschen Umsetzungsentwurf vollumfänglich enthalten. Der (instrumentale) Unerlässlichkeitsbegriff des deutschen Rechts ist inhaltlich deckungsgleich mit dem Begriff der Vermeidung, Verminderung und Verbesserung der Richtlinie.

Jedoch ist die **diffuse Art und Weise**, in welcher der Umsetzungsentwurf die einzelnen Elemente und Kriterien der Unerlässlichkeit beziehungsweise der Vermeidung, Verminderung und Verbesserung im Tierschutzgesetz verankert, bedauerlich. Während die Richtlinie die Erfüllung der Anforderung der Vermeidung, Verminderung und Verbesserung als Genehmigungsvoraussetzung einheitlich (Art. 38 Abs. 2 lit. b RL) und deren Inhalt (Art. 4 RL) konzis festlegt, sind die Unerlässlichkeitsvoraussetzungen im Tierschutzgesetz an verschiedenen Stellen vereinzelt aufgeführt. So enthält erst die Zusammenschau von § 7 Abs. 1 Satz 2 Nr. 1 und § 7a Abs. 2 Nr. 2, 4 und 5 TierSchG n. F.-E alle Voraussetzungen der instrumentalen Unerlässlichkeit und somit i. V. m. § 8 Abs. 1 Satz 2 Nr. 1 und 6 TierSchG n. F.-E die von der Richtlinie vorgesehenen Genehmigungsvoraussetzungen der Vermeidung, Verminderung und Verbesserung.

Ungenügende Umsetzung aufgrund einer richtlinienwidrigen Differenzierung bei der «Unerlässlichkeit» – blosse «Erwartbarkeit» reicht nicht aus

Problematisch ist die Trennung und Verstreuung der einzelnen Elemente der Unerlässlichkeit ferner aufgrund der Abstufung des Grades der faktischen Sicherheit. Nach dem Entwurf muss das Vorliegen der Voraussetzung der Vermeidung im Sinne eines Tierverzichts wissenschaftlich begründet dargelegt und – wie vorne erörtert (siehe Seite 38 ff.) – von der Behörde materiell geprüft werden (§ 8 Abs. 1 Satz 2 Nr. 1 lit. a i. V. m. § 7a Abs. 2 Nr. 2 TierSchG n. F.-E). Demgegenüber muss die Einhaltung der Voraussetzungen der Vermeidung im Sinne der Verwendung sinnesphysiologisch niedrigerer, wirbelloser Tierarten[117] der Verminderung und der Verbesserung hingegen lediglich auf ihre Erwartbarkeit hin über-

---

[117] Davon ausgenommen sind Kopffüsser, vgl. Art. 1 Abs. 3 lit. b RL.

prüft werden (§ 8 Abs. 1 Satz 2 Nr. 6 i. V. m. § 7 Abs. 1 Satz 2 Nr. 1 lit. a – c und § 7a Abs. 2 Nr. 4 und 5 TierSchG n. F.-E). Diese Disparität ist näher auf ihre Richtlinienkonformität zu untersuchen.

Vorgaben der Richtlinie

Die Vorgaben der Richtlinie sind diesbezüglich eindeutig. Nach dem Wortlaut ist im Rahmen der Projektbeurteilung eine «Bewertung des Projekts im Hinblick auf die Erfüllung der Anforderung der Vermeidung, Verminderung und Verbesserung» vorzunehmen (Art. 38 Abs. 2 lit. b RL). Im englischen Wortlaut wird «compliance of the project with the requirement of replacement, reduction and refinement» verlangt. Im französischen, italienischen und spanischen Text ist die Rede von Konformität («conformité du projet avec les exigences de…», «conformità del progetto ai requisiti di…», «conformidad del proyecto con el requisito de…»). Im niederländischen Wortlaut wird schliesslich Übereinstimmung verlangt («of het project in overeenstemming is met…»). Erfüllung, compliance, Konformität und Übereinstimmung sind Worte, die auf einen vorliegenden Zustand Bezug nehmen. **Der Richtlinienwortlaut verlangt die Prüfung der tatsächlichen Erfüllung, nicht lediglich der Erwartbarkeit der Einhaltung.** Entweder das Versuchsvorhaben erfüllt die Anforderung der Vermeidung, Verminderung und Verbesserung oder nicht – dies ist im Rahmen des Genehmigungsverfahrens objektiv zu überprüfen.

Dies entspricht auch der Zielsetzung der Richtlinie, deren zentrales Anliegen die systematische Berücksichtigung des 3R-Prinzips ist (Erwägungen 11–13). Für die effektive Durchsetzung der Anforderung der Vermeidung, Verminderung und Verbesserung ist es unabdingbar, dass bereits zum Zeitpunkt der Prüfung des Antrags die tatsächliche Berücksichtigung des 3R-Prinzips durch das Versuchsvorhaben beurteilt wird. Denn nicht die Durchführung des Tierversuchs selbst, sondern nur das geplante Versuchsvorhaben ist der Überprüfung durch die Genehmigungsbehörde zugänglich. Damit die Durchsetzung des 3R-Prinzips nicht leerläuft, muss daher bereits das Versuchsvorhaben alle Anforderungen der Vermeidung, Verminderung und Verbesserung objektiv erfüllen. Dies erfordert vom Antragsteller eine optimierte Versuchsplanung. Denn um das Ziel der Vermeidung, Verminderung und Verbesserung zu erreichen, muss einem Versuch zwingend eine sorgfältige Planung im Hinblick auf diese Vorgaben vorausgehen[118].

Nach den zwingenden Vorgaben der Richtlinie muss folglich die tatsächliche Erfüllung der Anforderung der Vermeidung, Verminderung und Verbesserung im Rahmen des Genehmigungsverfahrens geprüft werden. Die Erfüllung der Anforderung der Vermeidung, Verminderung und Verbesserung muss somit bereits bei der Planung des Tierversuchs berücksichtigt werden, sodass zum Zeitpunkt des Antrags diese zwingende Genehmigungsvoraussetzung entweder überprüfbar vorliegt oder nicht.

Ungenügende Umsetzung im TierSchG n. F.-E

Der deutsche Umsetzungsentwurf kommt dieser **Pflicht zur materiellen Prüfung der Erfüllung der Anforderung der Vermeidung, Verminderung und Verbesserung** durch das Versuchsvorhaben nur ungenügend nach, weil den Genehmigungsvoraussetzungen nach § 8 Abs. 1 Satz 2 Nr. 1 lit. a und Nr. 6 TierSchG n. F.-E eine **unterschiedliche Überprüfungsdichte** zugrunde liegt. Während die Erfüllung der Anforderung der Vermeidung im Sinne des § 7a Abs. 2 Nr. 2 TierSchG n. F.-E vorliegen muss, wird die Einhaltung der Unerlässlichkeitselemente nach § 7 Abs. 1 Satz 2 Nr. 1 und § 7a Abs. 2 Nr. 4 und 5 TierSchG n. F.-E lediglich auf ihre Erwartbarkeit hin geprüft, deren Vorliegen aber nicht zum Gegenstand der Prüfung gemacht (§ 8 Abs. 1 Satz 2 Nr. 6 TierSchG n. F.-E)[119].

Damit wird das Richtlinienerfordernis, bereits die Planung des Tierversuchs so auszurichten, dass die Zahl der verwendeten Tiere, die Belastung der Tiere und die Verwendung von sinnesphysiologisch höher entwickelten Tieren auf ein unerlässliches Mass beschränkt sind (womit die Erfüllung dieser Anforderung bereits zum Zeitpunkt des Genehmigungsverfahrens überprüft werden kann), nicht erfüllt. Wird zum Zeitpunkt der Antragstellung lediglich die **Erwartbarkeit** der zukünftigen Einhaltung dieser Unerlässlichkeitsvoraussetzungen **geprüft**, geht ein wesentliches Instrument zur systematischen **Durchsetzung des 3R-Prinzips verloren**.

---

[118] Vgl. Arndt/Lotz/Lüdecke 200.
[119] Zum § 8 Abs. 3 Nr. 5 TierSchG a. F. mit gleichlautender Formulierung «die Einhaltung der Vorschriften ... erwartet werden kann» siehe Lorz/Metzger § 8 Rn. 26: «Bei Nr. 5 scheidet ein Nachweis aus, weil es um Erwartungen geht».

Die Trennung und unterschiedliche Gewichtung der konzeptionell zusammengehörigen Anforderungen der Vermeidung, Verminderung und Verbesserung ist nicht nachvollziehbar und verletzt die Vorgaben der Richtlinie. Die Sicherstellung der Einhaltung der Anforderungen der Vermeidung und Verbesserung müssen bereits zum Zeitpunkt der Versuchsplanung vorliegen oder erkennbar sein und nicht erst zu einem zukünftigen Zeitpunkt, bei der Durchführung des Versuchs, berücksichtigt werden. Die vom Umsetzungsentwurf verlangte «Erwartbarkeit» der Einhaltung der Anforderungen der Verminderung und Verbesserung (§ 8 Abs. 1 Satz 2 Nr. 6 i. V. m. § 7 Abs. 1 Satz 2 Nr. 1 und § 7a Abs. 2 Nr. 4 und 5 TierSchG n. F.-E) im Gegensatz zur wissenschaftlich begründeten Darlegung des «Vorliegens» der Unerlässlichkeit im Hinblick auf die Vermeidung (§ 8 Abs. 1 Satz 2 Nr. 1 lit. a i. V. m. § 7a Abs. 2 Nr. 2 TierSchG n. F.-E) stellt somit nicht bloss einen Formulierungsunterschied[120] dar, sondern unterscheidet sich inhaltlich von dem von der Richtlinie vorgegebenen Ziel, die Einhaltung der Anforderung der Vermeidung, Verminderung und Verbesserung zum Gegenstand einer sorgfältigen Überprüfung im Rahmen der Projektbeurteilung zu machen (Art. 38 Abs. 2 lit. b RL). Die Richtlinie betont an mehreren Stellen die zentrale Bedeutung des Prinzips der Vermeidung, Verminderung und Verbesserung – damit vereinbar ist einzig dessen vollumfängliche und gleichwertige Berücksichtigung im Rahmen der Überprüfung des Vorliegens der Genehmigungsvoraussetzungen.

Vorschlag für eine richtlinienkonforme Umsetzung

Die Gesetzesrevision sollte unmissverständlich zum Ausdruck bringen, dass die Erfüllung der Anforderungen der Vermeidung, Verminderung und Verbesserung Genehmigungsvoraussetzungen darstellen, deren Vorliegen bei der Beurteilung des Versuchsvorhabens materiell überprüft wird. Zu diesem Zweck ist die Einbeziehung von § 7 Abs. 1 Satz 2 Nr. 1 und § 7a Abs. 2 Nr. 4–6 TierSchG n. F.-E in die nach § 8 Abs. 1 Satz 2 Nr. 1 lit. a TierSchG n. F.-E hinsichtlich ihres **Vorliegens** zu prüfenden Genehmigungsvoraussetzungen erforderlich.

---

[120] Siehe zur Zulässigkeit blosser Formulierungsunterschiede bei der Durchführung von zwingenden Vorgaben einer Richtlinie EuGH, Rs. 363/85, Kommission v. Italien, 9.4.1987, Rn. 15.

3.3. Die Genehmigungsvoraussetzung der «ethischen Vertretbarkeit» (Schaden-Nutzen-Relation)

3.3.1. Vorgabe der Richtlinie: «Schaden-Nutzen-Analyse»

Neben der Erfüllung des 3R-Prinzips ist die Schaden-Nutzen-Relation eine weitere zentrale, von der Richtlinie vorgesehene Genehmigungsvoraussetzung für einen Tierversuch. In der Projektbeurteilung muss daher insbesondere eine Schaden-Nutzen-Analyse vorgenommen werden, in deren Rahmen bewertet wird, ob die Schäden für die Tiere (in Form von Schmerzen, Leiden oder Ängsten) unter Berücksichtigung ethischer Erwägungen durch das erwartete Ergebnis **gerechtfertigt** sind und letztlich Menschen, Tieren oder der Umwelt zugute kommen können (**Art. 38 Abs. 2 lit. d RL**). Der Durchführung der Schaden-Nutzen-Analyse immanent und notwendig vorgelagert sind die Beurteilung und **Bewertung des Versuchszwecks**, also der Projektziele, des erwarteten wissenschaftlichen Nutzens oder des pädagogischen Werts (Art. 38 Abs. 2 **lit. a** RL) sowie die **Bewertung der Schäden** für die Tiere und die Einordnung in einen Schweregrad gemäss Anhang VIII RL (Art. 38 Abs. 2 **lit. c** RL).

3.3.2. Normierung im TierSchG n. F.-E: «Ethische Vertretbarkeit»

Auf die Schaden-Nutzen-Relation wird im deutschen Tierversuchsrecht im Rahmen der Prüfung der ethischen Vertretbarkeit Bezug genommen. Tierversuche an Wirbeltieren oder Kopffüssern dürfen nur durchgeführt werden, wenn die zu erwartenden Schmerzen, Leiden oder Schäden der Tiere im Hinblick auf den Versuchszweck «ethisch vertretbar» sind (§ 7a Abs. 2 Nr. 3 TierSchG n. F.-E sowie bereits § 7 Abs. 3 Satz 1 TierSchG a. F.). Die ethische Vertretbarkeit ist eine wesentliche, materielle Genehmigungsvoraussetzung, deren Vorliegen wissenschaftlich begründet dargelegt und materiell überprüft werden muss (§ 8 Abs. 1 Satz 2 Nr. 1 lit. a i. V. m. § 7a Abs. 2 Nr. 3 TierSchG n. F.-E).

3.3.3. Zwischenergebnis: Prinzipielle Übereinstimmung

Die Prüfung der ethischen Vertretbarkeit eines Tierversuchs verlangt die Vornahme einer Nutzen-Schaden-Abwägung[121]. Der eigentlichen Abwägung geht die vollständige Ermittlung des Abwägungsmaterials logisch voraus. Abwägungsmaterial sind die Tatsachen, die eine Beurteilung und Gewichtung sowohl der Belastungen der Versuchstiere als auch des erwartbaren Nutzens des Versuchszwecks ermöglichen[122]. Somit muss die Behörde zunächst die **Belastungen**, also die Schmerzen, Leiden und Schäden der Tiere **ermitteln** und einem **Schweregrad nach Anhang VIII RL zuzuordnen**. Dabei ist die Behörde nicht an den Vorschlag zur Einstufung des Schweregrads im Antrag (§ 31 Abs. 1 Satz 2 Nr. 1 lit. g TierSchVersV-E) gebunden. Sodann ist der erwartete **Nutzen zu ermitteln und zu gewichten**[123]. Insbesondere zu berücksichtigen sind hier die Bedeutung und die Wahrscheinlichkeit der Erreichung des angestrebten Versuchsziels sowie der praktische Nutzen der Ergebnisse[124]. Zuletzt muss die zuständige Behörde eine Abwägung zwischen dem zuvor ermittelten Schaden und Nutzen vornehmen. Im Rahmen dieser Nutzen-Schaden-Abwägung muss der angestrebte Nutzen die Belastungen der Tiere unter ethischen Gesichtspunkten rechtfertigen[125].

Als Zwischenergebnis ist festzuhalten, dass die von der Richtlinie vorgesehene Genehmigungsvoraussetzung des positiven Ausgangs der Schaden-Nutzen-Analyse im deutschen Recht inhaltlich übereinstimmend mit der Überprüfung der ethischen Vertretbarkeit (§ 8 Abs. 1 Satz 2 Nr. 1 lit. a i.V.m. § 7a Abs. 2 Nr. 3 TierSchG n.F.-E) umgesetzt wird. Der terminologische Unterschied tangiert daher nicht die inhaltliche Durchführung der Richtlinie und ist somit richtlinienkonform.

3.3.4. «Ängste» als eigenständige Belastungsform

Einen weiteren begrifflichen Unterschied enthält der Katalog der relevanten Beeinträchtigungen des tierlichen Wohlbefindens, die im Rahmen der Schaden-

---

[121] Siehe Hirt/Maisack/Moritz § 7 Rn. 49.
[122] Vgl. Hirt/Maisack/Moritz § 7 Rn. 51.
[123] Zur Einordnung des Nutzens in mit den Schweregraden korrespondierende Grade siehe Seite 123 ff.
[124] Ausführlich Hirt/Maisack/Moritz § 7 Rn. 57.
[125] Siehe Seite 130.

Nutzen-Analyse beziehungsweise der ethischen Vertretbarkeit zu berücksichtigen sind. Während die Richtlinie Belastungen für die Tiere in Form von «Leiden, Schmerzen und Ängsten» in die Abwägung einbezieht (Art. 38 Abs. 2 lit. d RL), stellt der deutsche Umsetzungsentwurf die «Schmerzen, Leiden oder Schäden» von Tieren dem Versuchszweck gegenüber (§ 7a Abs. 2 Nr. 3 TierSchG n. F.-E).

Es ist nicht verwunderlich, dass der Begriff «Schaden» im deutschen Recht, nicht jedoch in der Richtlinie Erwähnung findet. Denn dieser («deutsche») Begriff bezeichnet Belastungen, die in keinem notwendigen Zusammenhang mit der Schmerz- und Leidensfähigkeit eines Tieres stehen[126]. Dies entspricht der Zielsetzung des deutschen Tierschutzgesetzes, sämtliche Tiere unabhängig von ihrer Empfindungsfähigkeit zu schützen[127]. Im Gegensatz dazu beziehen sich Schmerzen und Leiden auf ein subjektives Empfinden, das den betroffenen Tieren notwendig Schmerz- und Leidensfähigkeit abverlangt. Gerade diese Fähigkeit begründet jedoch den Schutz der Versuchstiere durch die Richtlinie. Ihr Anwendungsbereich erstreckt sich nur auf die nach heutigem Stand der wissenschaftlichen Erkenntnisse als empfindungsfähig anerkannten Wirbeltiere und Kopffüsser[128].

Neben Schmerzen und Leiden stellt auch Angst eine relevante Kategorie zur Beurteilung der Belastung dar[129]. Auch die Verursachung von Ängsten ist als Belastung beziehungsweise als Beeinträchtigung des tierlichen Wohlbefindens zu verstehen. Deswegen spricht die Richtlinie durchgehend von «Schmerzen, Leiden oder Ängsten». Der Belastungsform «Angst» kommt im deutschen Tierschutzrecht bisher keine eigenständige rechtliche Bedeutung zu, sondern sie wird unter den Leidensbegriff subsumiert[130]. Im Zuge der Anpassung des deutschen Tierversuchsrechts an die Vorgaben der Richtlinie und aus Gründen der Rechtssicherheit wäre es wünschenswert, **Ängste** ausdrücklich und als **eigenständige Belastungsform** in den Katalog der relevanten Beeinträchtigungen aufzunehmen. Damit würde klargestellt, dass die Verursachung von Ängsten denselben Voraussetzungen unterliegt wie jene von Schmerzen und Leiden. Die

---

[126] Siehe Binder, Beiträge 238.
[127] Vgl. Hirt/Maisack/Moritz § 1 Rn. 11.
[128] Vgl. Art. 1 Abs. 3 RL.
[129] Vgl. Binder, Beiträge 234–235.
[130] Binder, Beiträge 234; auch Ort/Reckewell Rn. 64 ff.; vgl. auch OLG Frankfurt, Beschluss vom 4.6.1991, 2 Ws (B) 242/91 OWiG.

Begriffstrias «Schmerzen, Leiden oder Schäden» sollte im Umsetzungsentwurf daher durchgehend durch den Zusatz «Ängste» ergänzt werden. Im Rahmen der Schaden-Nutzen-Analyse beziehungsweise der Prüfung der ethischen Vertretbarkeit sind folglich auch Ängste auf der Schadenseite in die Abwägung einzubeziehen.

3.4. Ergebnis: Teilweise Richtlinienwidrigkeit des Gesetzesentwurfs zu den Genehmigungsvoraussetzungen «Unerlässlichkeit» und «ethische Vertretbarkeit» und deren materieller Prüfung

Der von der Bundesregierung vorgelegte Gesetzesentwurf kommt der Pflicht zur richtlinienkonformen Umsetzung nach Art. 61 Abs. 1 RL und Art. 288 Abs. 3 AEUV nur ungenügend nach. Er setzt die in der Richtlinie enthaltenen Bestimmungen und Ziele in zweifacher Hinsicht unbefriedigend um:

– Die umfassende, unabhängige Prüfungsbefugnis der Genehmigungsbehörde wird durch die vorbelastete Formulierung «wissenschaftlich begründet dargelegt» nicht unmissverständlich zum Ausdruck gebracht.

– Die Genehmigungsvoraussetzungen der Vermeidung, Verminderung und Verbesserung unterliegen einem unterschiedlich strengen Prüfungsmass, wobei die letzten beiden Punkte in richtlinienwidriger Weise nur ungenügend berücksichtigt werden.

Zur Behebung dieser Umsetzungsmängel werden folgende Textänderungen vorgeschlagen:

§ 8 Abs. 1 Satz 2 Nr. 1 und Nr. 6 TierSchG n. F.-E sollten folgendermassen formuliert werden:

«Wer Versuche an Wirbeltieren oder Kopffüssern durchführen will, bedarf der Genehmigung des Versuchsvorhabens durch die zuständige Behörde. Die Genehmigung eines Versuchsvorhabens darf nur erteilt werden, wenn

1. die Voraussetzungen des § 7 Abs. 1 Satz 2 Nr. 1 und des § 7a Abs. 1 und Abs. 2 Nr. 1–6 vorliegen und das angestrebte Ergebnis trotz Ausschöpfens der zugänglichen Informationsmöglichkeiten nicht hinreichend bekannt ist oder die Überprüfung eines hinreichend bekannten Ergebnisses durch einen Doppel- oder Wiederholungsversuch unerlässlich ist,

(…)

6. die Einhaltung der Vorschriften des § 7 Abs. 1 Satz 2 Nr. 1 und des § 7a Abs. 2 Nr. 2–6 auch künftig erwartet werden kann, … ».

§ 7a Abs. 2 Nr. 3 TierSchG n. F.-E sollte folgendermassen formuliert werden: «Versuche an Wirbeltieren oder Kopffüssern dürfen nur durchgeführt werden, wenn die zu erwartenden Schmerzen, Leiden, Ängste oder Schäden der Tiere im Hinblick auf den Versuchszweck ethisch vertretbar sind.»

Im Übrigen sollte die Begriffstrias «Schmerzen, Leiden oder Schäden» in allen tierversuchsrelevanten Bestimmungen des TierSchG und der TierSchVersV durch den Zusatz «Ängste» ergänzt werden (insbesondere in § 7 Abs. 1 Satz 2 Nr. 1 lit. a und § 7a Abs. 2 Nr. 3 TierSchG n. F.-E).

II. Das Verbot schwerst belastender Tierversuche

1. Überblick über Prüfungsmassstab und Prüfungsgegenstand

§ 26 TierSchVersV-E regelt die «Durchführung besonders belastender Tierversuche»[131]. Sie unterteilt diese in zwei Unterkategorien. Die erste, «leichtere» Kategorie kann unter verschärften Voraussetzungen genehmigt werden (Abs. 1). Die zweite, «schwere» Kategorie ist grundsätzlich verboten, ausnahmsweise kann jedoch eine Befreiung vom Verbot erteilt werden (Abs. 2).

Diese Vorschrift ist zu messen an Art. 15 Abs. 2 RL (Grundsatzverbot besonders belastender Verfahren)[132] und Art. 55 Abs. 3 RL (Schutzklausel, das heisst ausnahmsweise Genehmigungsmöglichkeit)[133]. Als höherrangiges Unionsprimärrecht muss das Grundrecht der Forschungsfreiheit (Art. 13 GRCh, Art. 10 EMRK) beachtet werden. Soweit ein Umsetzungs- und Gestaltungsspielraum von der Richtlinie gewährt wird, muss der deutsche Umsetzungsrechtsetzer ausserdem die Vorgaben des deutschen Grundgesetzes, also Art. 20a GG sowie Art. 5 Abs. 3 GG respektieren.

1.1. Vorgaben der Richtlinie zur Belastungsgrenze bei Tierversuchen

Es stellt sich die Frage, ob die in § 26 TierSchVersV-E normierte Belastungsgrenze für besonders belastende Tierversuche richtlinienkonform ist. Nach der Richtlinie müssen die Mitgliedstaaten gewährleisten, dass Tierversuche nicht durchge-

---

[131] § 26 TierSchVersV-E: «(1) Tierversuche an Wirbeltieren oder Kopffüssern, die bei den verwendeten Tieren zu voraussichtlich länger anhaltenden oder sich wiederholenden erheblichen Schmerzen oder Leiden führen, dürfen nur durchgeführt werden, wenn die angestrebten Ergebnisse vermuten lassen, dass sie für wesentliche Bedürfnisse von Mensch oder Tier einschliesslich der Lösung wissenschaftlicher Probleme von hervorragender Bedeutung sein werden. (2) Tierversuche nach Absatz 1 dürfen nicht durchgeführt werden, wenn die erheblichen Schmerzen oder Leiden dauerhaft anhalten und nicht gelindert werden können. Abweichend von Satz 1 kann die zuständige Behörde die Durchführung eines Tierversuchs nach Satz 1 genehmigen, soweit die Voraussetzungen des Absatzes 1 vorliegen und wissenschaftlich begründet dargelegt ist, dass die Durchführung des Tierversuchs wegen der Bedeutung der angestrebten Erkenntnisse unerlässlich ist.»
[132] Art. 15 Abs. 2 RL: «Vorbehaltlich der Anwendung der Schutzklausel nach Artikel 55 Abs. 3 gewährleisten die Mitgliedstaaten, dass ein Verfahren nicht durchgeführt wird, wenn es starke Schmerzen, schwere Leiden oder schwere Ängste verursacht, die voraussichtlich lang anhalten und nicht gelindert werden können.»
[133] Art. 55 Abs. 3 RL: «Hält es ein Mitgliedstaat in Ausnahmefällen aus wissenschaftlich berechtigten Gründen für erforderlich, die Verwendung eines Verfahrens zu genehmigen, das im Sinne von Artikel 15 Abs. 2 starke Schmerzen, schwere Leiden oder Ängste verursacht, die voraussichtlich lang anhalten und nicht gelindert werden können, so kann er eine vorläufige Massnahme zur Genehmigung dieses Verfahrens beschliessen. Die Mitgliedstaaten können beschliessen, die Verwendung nichtmenschlicher Primaten in solchen Verfahren nicht zuzulassen.»

führt werden, wenn sie starke Schmerzen, schwere Leiden oder schwere Ängste verursachen, die voraussichtlich lang anhalten und nicht gelindert werden können (**Art. 15 Abs. 2 RL**). Dieser Bestimmung liegt die ethische Erwägung zugrunde, dass es eine Obergrenze für Schmerzen, Leiden und Ängste (Belastungsobergrenze) geben sollte, die in Tierversuchen nicht überschritten werden darf (**Erwägung 23 RL**). Diese **Belastungsobergrenze** ist innerhalb des höchsten, von Anhang VIII Abschnitt I RL vorgesehenen Schweregrads «schwer» zu verorten. **Anhang VIII («Klassifizierung des Schweregrads der Verfahren») Abschnitt I RL**[134] sieht zur Einstufung von Tierversuchen hinsichtlich der Belastungen insgesamt vier Schweregrade vor: «keine Wiederherstellung der Lebensfunktion», «gering», «mittel» und «schwer». Die Schweregradskala orientiert sich an **Intensität** und **Dauer** der Belastung, sodass zur Bestimmung des Belastungsgrads die Kombination dieser beiden Elemente massgeblich ist[135].

Der Schweregrad «schwer» umfasst Tierversuche, bei denen zu erwarten ist, dass sie den Tieren:
– starke Schmerzen, schwere Leiden oder Ängste (nach dem Wortlaut ist hierbei die Dauer unerheblich) oder
– lang anhaltende (Parameter der Dauer) mittelstarke Schmerzen, mittelschwere Leiden oder Ängste (Parameter der Intensität) verursachen.

Der Schweregrad «mittel» umfasst:
– kurzzeitige (Parameter der Dauer) mittelstarke Schmerzen oder mittelschwere Leiden/Ängste (Parameter der Intensität) und
– lang anhaltende geringe Schmerzen, Leiden oder Ängste.

Der Schweregrad «mittel» setzt also die Kombinationen «kurze Dauer – mittlere Intensität» und «lange Dauer – geringe Intensität» bezüglich der Belastungsschwere gleich. Ähnlich ist auch beim Schweregrad «schwer» davon auszugehen, dass die Kombinationen «kurze Dauer – starke Intensität» (also kurzzeitige starke/schwere Schmerzen/Leiden/Ängste) und «lange Dauer – mittlere Intensität» (lang anhaltende mittelstarke/mittelschwere Schmerzen/Leiden/Ängste) einem vergleichbaren Belastungsniveau entsprechen.

---

[134] ABl. 2010 L 276, Seite 76.
[135] Siehe Binder, Neue Tierversuchs-Richtlinie 16.

Die Kombination **«lange Dauer – starke Intensität»** (lang anhaltende starke/schwere Schmerzen/Leiden/Ängste) stellt eine darüber hinausgehende, «sehr schwere» Belastung dar und könnte eigentlich als eigenständiger Belastungsgrad «sehr schwer» ausgewiesen werden[136]. Angesichts des Wortlauts des Anhangs VIII Abschnitt I RL ist jedoch anzunehmen, dass der Schweregrad **«schwer» nach oben offen** ist und – mangels ausdrücklicher Begrenzung – sowohl kurzzeitige als auch lang anhaltende starke Schmerzen oder schwere Leiden/Ängste beinhaltet. Dennoch lässt sich aus der Systematik der Richtlinie aufgrund der durch Art. 15 Abs. 2 RL festgelegten Belastungsgrenze, die innerhalb des Schweregrads «schwer» zwischen den kurzzeitigen starken Schmerzen/schweren Leiden/Ängsten und lang anhaltenden mittelstarken Schmerzen/mittelschweren Leiden/Ängsten einerseits und den lang anhaltenden starken Schmerzen/schweren Leiden/Ängsten andererseits verläuft, **eine Subkategorisierung** entnehmen. Entsprechend konstituieren die nach Art. 15 Abs. 2 RL verbotenen, die unter ethischen Gesichtspunkten bestimmte Belastungsobergrenze überschreitenden, Tierversuche innerhalb des Schweregrads «schwer» eine abgegrenzte **Unterkategorie** der **«schwerst belastenden»** Tierversuche.

Schweregrad «schwer»:	
– Kurzzeitige starke Schmerzen und/oder kurzzeitige schwere Leiden/Ängste	➡ Zulässigkeit unter den regulären Genehmigungsvoraussetzungen (Art. 36 ff. RL)
– Lang anhaltende mittelstarke Schmerzen und/oder lang anhaltende mittelschwere Leiden/Ängste	

--- **Belastungsgrenze**

Schwerst belastend	
Lang anhaltende starke Schmerzen und/oder lang anhaltende schwere Leiden/Ängste	➡ Verbot (Art. 15 Abs. 2 RL) ➡ Ausnahmevorbehalt (Art. 55 Abs. 3 RL)

---

[136] Binder, Neue Tierversuchs-Richtlinie 16.

Während die unterhalb der Belastungsgrenze liegenden Tierversuche zwar schwere Belastungen in sich bergen aber unter den regulären Voraussetzungen (Art. 36 ff. RL) genehmigungsfähig sind, werden «schwerst belastende» Tierversuche mit einem **grundsätzlichen Verbot** belegt und von der Genehmigungsfähigkeit ausgenommen.

Vorbehalten bleibt die **Schutzklausel** in **Art. 55 Abs. 3 Satz 1 RL**, wonach ein Mitgliedstaat in Ausnahmefällen einen über die Höchstbelastungsgrenze hinausgehenden Versuch im Rahmen einer vorläufigen Massnahme genehmigen kann, wenn er dies «aus wissenschaftlich berechtigten Gründen für erforderlich» hält. Der betreffende Mitgliedstaat hat in solchen Fällen unverzüglich die Kommission und die anderen Mitgliedstaaten über die vorläufige Massnahme zu unterrichten (Art. 55 Abs. 4 Satz 1 RL). Nach Befassung eines die Kommission unterstützenden Ausschusses entscheidet die Kommission, ob die vorläufige Massnahme für einen bestimmten Zeitraum zuzulassen oder aufzuheben ist (Art. 55 Abs. 4 Satz 2 RL).

1.2. Umsetzungsvorschlag der TierSchVersV-E: Zweistufige Regelung für besonders belastende Tierversuche

§ 9 Abs. 3 Nr. 3 TierSchG n. F.-E ermächtigt den Verordnungsgeber, besonders belastende Tierversuche zu verbieten. Von dieser Ermächtigung wurde in § 26 TierSchVersV-E Gebrauch gemacht. Nach dem Umsetzungsentwurf und in Übereinstimmung mit § 7 Abs. 3 Satz 2 TierSchG a. F. dürfen Tierversuche an Wirbeltieren oder Kopffüssern, die bei den verwendeten Tieren zu «voraussichtlich länger anhaltenden oder sich wiederholenden erheblichen Schmerzen oder Leiden» führen, nur durchgeführt werden, wenn die angestrebten Ergebnisse vermuten lassen, dass sie für wesentliche Bedürfnisse von Mensch oder Tier einschliesslich der Lösung wissenschaftlicher Probleme von hervorragender Bedeutung sein werden (**§ 26 Abs. 1 TierSchVersV-E**). Grundsätzlich verboten sind diese Art von Tierversuchen, wenn die erheblichen Schmerzen oder Leiden dauerhaft anhalten und nicht gelindert werden können (**§ 26 Abs. 2 Satz 1 TierSchVersV-E**). Abweichend von diesem grundsätzlichen Verbot kann ein solcher Tierversuch jedoch genehmigt werden, soweit die Voraussetzungen des § 26 Abs. 1 TierSchVersV-E vorliegen und wissenschaftlich begründet dargelegt ist, dass die Durchführung des Tierversuchs wegen der Bedeutung der angestrebten Erkenntnisse unerlässlich ist (**§ 26 Abs. 2 Satz 2 TierSchVersV-E**). § 26 Abs. 2 Satz 1 TierSchVersV-E dient laut amtlicher Begründung der Umsetzung des Verbots schwerst belastender Tierversuche nach Art. 15 Abs. 2 RL. Satz 2 der Vorschrift dient der Umsetzung der Schutzklausel gemäss Art. 55 Abs. 3 RL[137].

§ 26 TierSchVersV-E muss sowohl hinsichtlich der Umsetzung des grundsätzlichen Verbots schwerst belastender Tierversuche (hierzu sogleich Seite 71 ff.) als auch in Bezug auf die Umsetzung der in der Schutzklausel enthaltenen Ausnahmebestimmung (siehe hierzu Seite 81 ff.) auf seine Vereinbarkeit mit der Richtlinie, mit den Unionsgrundrechten und – soweit ein Spielraum ausgeschöpft wird – mit dem Grundgesetz überprüft werden.

2. Die Umsetzung des grundsätzlichen Verbots schwerst belastender Tierversuche in § 26 TierSchVersV-E

2.1. Richtlinienwidrigkeit von § 26 TierSchVersV-E in Bezug auf die Umsetzung des grundsätzlichen Verbots schwerst belastender Tierversuche

2.1.1. Überblick über § 26 TierSchVersV-E im Vergleich zur Richtlinie

§ 26 Abs. 2 Satz 1 TierSchVersV-E statuiert ein grundsätzliches Verbot von Tierversuchen, die zu «erheblichen» Schmerzen oder Leiden (Parameter der Intensität) führen, welche «dauerhaft anhalten» (Parameter der Zeit) und nicht gelindert werden können. Tierversuche, die zu voraussichtlich (nur) «länger anhaltenden» oder «sich wiederholenden» (zeitliches Element) «erheblichen» Schmerzen oder Leiden (Parameter der Intensität) führen, sind hingegen unter den genannten Voraussetzungen erlaubt (§ 26 Abs. 1 TierSchVersV-E). Der deutsche Umsetzungsentwurf verwendet zur Festlegung der Belastungsobergrenze folglich den Begriff «erheblich» für das Element des Ausmasses und den Begriff «dauerhaft anhaltend» für das zeitliche Element. Mit dem anderen Zeitmoment – (nur) «länger anhaltende» oder «sich wiederholende» – verbundene Schmerzen und Leiden, auch wenn diese in ihrer Intensität erheblich sind, liegen demge-

---

[137] Siehe amtliche Begründung zu § 26 TierSchVersV-E, Stand 9.1.2012, Seite 61.

genüber unterhalb der Belastungsgrenze, die zu einem Verbot nach deutschem Recht führt.

Die bereits vorne (Seite 67 ff.) im Einzelnen erläuterten Vorgaben der Richtlinie sind wie folgt zu rekapitulieren: Schwerst belastende Tierversuche, die bei den Tieren voraussichtlich lang anhaltende starke Schmerzen, schwere Leiden oder Ängste verursachen, die nicht gelindert werden können, sind ethisch nicht verantwortbar (Erwägung 23 RL) und daher grundsätzlich zu verbieten (Art. 15 Abs. 2 RL). Massgeblich für die **Bestimmung der Belastungsobergrenze** ist die Kombination von **Intensität** («stark»/«schwer» (Art. 15 Abs. 2 RL)) und **Dauer** («länger andauernd» (Erwägung 23 RL)/«lang anhaltend» (Art. 15 Abs. 2 RL)) der Belastungen. Grundsätzlich verboten sind Tierversuche, welche Belastungen verursachen, die sowohl von hoher Intensität («starke Schmerzen»/«schwere Leiden»/«schwere Ängste») als auch von längerer Dauer (voraussichtlich «länger andauernd» oder «voraussichtlich lang anhalten») sind[138]. Im Folgenden ist zu untersuchen, ob die verschiedenen Begriffe der Richtlinie und des § 26 TierSchVersV-E blosse Formulierungsunterschiede darstellen oder ob sie auch inhaltlich divergieren.

2.1.2. Intensität der Belastung: «erheblich» im Sinne des § 26 TierSchVersV-E

Der Begriff «erheblich» wird in § 26 Abs. 1 und in Abs. 2 TierSchVersV-E verwendet. Fraglich ist zunächst, ob «erheblich» im Sinne des § 26 TierSchVersV-E und «stark» beziehungsweise «schwer» im Sinne des Art. 15 Abs. 2 RL die gleiche Bedeutung aufweisen. Der Sinn des Begriffs «erheblich» ist unter Berücksichtigung des geltenden deutschen Tierschutzgesetzes zu ermitteln, da dieses mehrfach auf die «Erheblichkeit» von Schmerzen und Leiden rekurriert. «Erheblichkeit» ist ein gebräuchlicher Begriff des deutschen **allgemeinen Tierschutzrechts**. Auf «erhebliche Schmerzen, Leiden oder Schäden» der Tiere wird in mehreren Bestimmungen Bezug genommen (etwa § 3 Nr. 1b, 5 und 10, § 7 Abs. 3 Satz 2, § 9 Abs. 2 Nr. 4 Satz 3, § 17 Nr. 2 lit. a und b TierSchG a. F.).

---

[138] Siehe im Einzelnen vorne Seite 67 ff.

Insbesondere im Tierschutzstrafrecht

«Erheblich» ist ferner ein **tierschutzstrafrechtlich** relevanter Begriff gemäss § 17 Nr. 2 TierSchG a. F. Nach dieser Vorschrift wird bestraft, wer einem Wirbeltier aus Rohheit erhebliche Schmerzen oder Leiden (rohe Tiermisshandlung, lit. a) oder länger anhaltende oder sich wiederholende (erhebliche) Schmerzen oder Leiden (quälerische Tiermisshandlung, lit. b) zufügt. Bei der Auslegung des Tatbestandsmerkmals der Erheblichkeit in § 17 Nr. 2 lit. a TierSchG a. F. darf die Dauer der Beeinträchtigung berücksichtigt werden. Im Gegensatz dazu ist eine solche Berücksichtigung nach der Rechtsprechung und herrschender Meinung bei der Prüfung der «Erheblichkeit» nach § 17 Nr. 2 lit. b TierSchG a. F. nicht zulässig, da ansonsten das bereits im Tatbestandsmerkmal «länger anhaltend» beziehungsweise «sich wiederholend» abschliessend erfasste Zeitmoment doppelt verwertet würde[139].

Das **Tatbestandsmerkmal «erheblich»** bezieht sich im Sinne des § 17 Nr. 2 **lit. b** TierSchG a. F. folglich **nur auf Art/Intensität** der Beeinträchtigung des tierlichen Wohlbefindens. Inhaltlich ist die Erheblichkeit synonym mit «gravierend», «beträchtlich» oder «gewichtig»[140]. Erheblich und somit strafwürdig sind nur gewichtige/gravierende/beträchtliche Beeinträchtigungen des tierlichen Wohlbefindens[141]. Das Merkmal der Erheblichkeit dient der Abgrenzung von Bagatellfällen und geringfügigen Beeinträchtigungen; dementsprechend müssen dem Tier mehr als geringfügige Schmerzen oder Leiden zugefügt werden. An die Erheblichkeitsschwelle sind dabei keine übertrieben hohen Anforderungen zu stellen[142]. Demnach ist davon auszugehen, dass eine **«erhebliche»** Belastung **bei allen über geringe Schmerzen und Leiden hinausgehenden** Beeinträchtigungen vorliegt[143].

---

[139] Vgl. BGH, 18.2.1987, NJW 40 (1987), Seite 1833 ff. (Seite 1835). Siehe aus der Literatur Ort/Reckewell Rn. 83; auch Hirt/Maisack/Moritz § 17 Rn. 65.
[140] Vgl. Ort/Reckewell Rn. 81.
[141] Siehe Lorz/Metzger § 17 Rn. 30.
[142] Vgl. Hirt/Maisack/Moritz § 17 Rn. 61.
[143] Eine solche negative Bestimmung («es darf sich nicht lediglich um geringfügige Belastungen handeln») findet sich auch bei Lorz/Metzger § 17 Rn. 30.

Im Tierversuchsrecht

Die Vorschrift des § 7 Abs. 3 Satz 2 TierSchG a. F. überführt die tierschutzstrafrechtlich relevanten Tatbestandsmerkmale «länger anhaltend» beziehungsweise «sich wiederholend» und «erheblich» ins **Tierversuchsrecht**. § 7 Abs. 3 Satz 2 TierSchG a. F. bezieht sich auf den besonders problematischen Fall, dass ein Tierversuch den objektiven Tatbestand der quälerischen Tiermisshandlung erfüllt[144]. Insoweit liegt hier ein spezieller Rechtfertigungsgrund für die Tatbestandserfüllung des § 17 Nr. 2 lit. b TierSchG a. F. vor[145]. Aufgrund der Gesetzessystematik und der gesetzgeberischen Intention ist unzweifelhaft, dass das Wort «erheblich» in beiden Vorschriften, also in § 17 Nr. 2 lit. b und in § 7 Abs. 3 Satz 2 TierSchG a. F. **gleich auszulegen** ist und insbesondere **nur das Element der Intensität** enthält. Als Tierversuche, die zu länger anhaltenden oder sich wiederholenden erheblichen Schmerzen oder Leiden führen, gelten demnach solche, die hinsichtlich des Merkmals «erheblich» das Wohlbefinden der Tiere mehr als geringfügig beeinträchtigen. Eine abweichende Bedeutung kann für «erheblich» im Sinne des § 26 Abs. 1 TierSchVersV-E kaum angenommen werden, da hier exakt der gleiche Wortlaut des § 7 Abs. 3 Satz 2 TierSchG a. F. übernommen wurde[146].

Nach dem bisher Gesagten ist «erheblich» im Sinne des § 26 Abs. 1 TierSchVersV-E also dahingehend auszulegen, dass der Begriff **alle mehr als geringfügigen Schmerzen und Leiden** umfasst. Soll die Erheblichkeitsschwelle der Abgrenzung von Bagatellfällen und geringfügigen Beeinträchtigungen dienen, sind unter «erheblichen» Schmerzen und Leiden wohl jene zu verstehen, die nicht bloss geringfügig sind.

Detailvergleich mit der Richtlinie: Doppeldeutigkeit des Begriffs «erheblich»

Es ist nicht ohne weiteres ersichtlich, wie sich die Belastungsintensitäten auf der traditionellen **deutschen Zweierskala** (erheblich – nicht erheblich) und auf der

---

[144] Siehe Lorz/Metzger § 7 Rn. 61.
[145] Siehe Hirt/Maisack/Moritz § 17 Rn. 84.
[146] Vgl. dazu amtliche Begründung zu § 26 Abs. 1 TierSchVersV-E, Stand 9.1.2012, Seite 61.

europäischen Dreierskala[147] (gering – mittelstark/mittelschwer – stark/schwer) zueinander verhalten. Eine direkte Übertragung ist kaum möglich, sodass nicht zweifelsfrei klar ist, ob «erheblich» im Sinne des deutschen Rechts auf der europäischen Dreierskala der Richtlinie bereits bei «mittelstark/mittelschwer» oder erst bei «stark/schwer» anzusetzen ist. Es gibt zwei Deutungsmöglichkeiten:

(1) Im Abgleich mit den in Anhang VIII Abschnitt I der RL vorgesehenen Intensitätskriterien «gering», «mittelstark/mittelschwer» und «stark/schwer» ist prima facie davon auszugehen, dass der deutsche Rechtsbegriff «erheblich» nicht nur «starke»/«schwere» Schmerzen und Leiden im Sinne der Richtlinie, sondern auch «mittelstarke»/«mittelschwere» Schmerzen/Leiden im Sinne der Richtlinie, umfasst.

(2) Denkbar ist jedoch, dass der Verordnungsgeber (nur) die Intensitätsbegriffe «stark» und «schwer» der Richtlinie in § 26 TierSchVersV-E mit dem Begriff «erheblich» umsetzen wollte. Weil § 26 **Abs. 2 Satz 1** TierSchVersV-E laut amtlicher Begründung der Umsetzung von Art. 15 Abs. 2 RL dient, muss davon ausgegangen werden, dass das im deutschen Recht verwendete Intensitätselement «erheblich» (in Abs. 2) jenem der Richtlinie («stark» beziehungsweise «schwer») entsprechen soll. Da die in § 26 Abs. 1 und Abs. 2 Satz 1 TierSchVersV-E angesprochenen Belastungen hinsichtlich der Intensität von gleichem Ausmass (beide Male «erheblich») sind, wäre folglich auch «erheblich» im Sinne des **Abs. 1** mit starken/schweren Schmerzen/Leiden gleichzusetzen. Eine solche, restriktivere Auslegung des tierversuchsrechtlichen Erheblichkeitsbegriffs stünde auch im Einklang mit den von der Allgemeinen Verwaltungsvorschrift (AVV) zur Bestimmung des Belastungsgrads aufgestellten Kategorien «keine», «gering», «mässig» und «erheblich»[148]. Dort grenzt sich die «erhebliche» Belastung nicht nur von der «geringen», sondern auch von der «mässigen» Belastung ab.

Im Ergebnis kann **«Erheblichkeit»** im Sinne des § 26 Abs. 1 und Abs. 2 Satz 1 TierSchVersV-E somit **eine weitere und eine engere Bedeutung** haben. Es kann nicht eindeutig bestimmt werden, ob der im § 26 Abs. 1 und Abs. 2 Satz 1 TierSchVersV-E verwendete Begriff «erheblich» nur starke/schwere Schmerzen/

---

[147] Anhang VIII Abschnitt I RL sieht zwar vier Schweregrade vor. Dabei entspricht «keine Wiederherstellung der Lebensfunktion» jedoch keiner Belastung, weshalb als Belastungsgrade nur «gering», «mittel» und «schwer» gelten. Zur Bestimmung der Belastungsintensität verwendet die Richtlinie «gering», «mittelstark/mittelschwer» und «stark/schwer».

[148] Siehe Anhang zu Anlage 1 der AVV (Nr. 1.6.7).

Leiden oder auch mittelstarke/mittelschwere Schmerzen/Leiden im Sinne des Anhangs VIII Abschnitt I RL enthält.

Unmöglichkeit einer richtlinienkonformen Auslegung und Anwendung von § 26 TierSchVersV-E

Die genannte Doppeldeutigkeit des Begriffs «erheblich» ist jedoch im Ergebnis weniger bedeutsam als es auf den ersten Blick scheint. Denn letztlich sind beide Auslegungsvarianten unbefriedigend, da sie entweder zu sinnwidrigen oder zu richtlinienwidrigen Resultaten führen.

(1) Angenommen, «erhebliche Schmerzen und Leiden» bezöge sich sowohl auf mittelstarke/mittelschwere als auch auf starke/schwere Schmerzen/Leiden/Ängste im Sinne der Richtlinie, dann müsste «erheblich» im Sinne des § 26 **Abs. 2 Satz 1** TierSchVersV-E zugleich wieder eingeschränkt werden auf starke/schwere Schmerzen und Leiden, da nur dieser Intensitätsgrad vom Verbot nach Art. 15 Abs. 2 RL umfasst ist. Im Zuge einer richtlinienkonformen Auslegung wäre ferner die Erheblichkeit im Sinne des § 26 **Abs. 1** TierSchVersV-E auf mittelstarke/mittelschwere Schmerzen und Leiden zu beschränken, **da ansonsten** (voraussichtlich lang anhaltende starke/schwere Schmerzen/Leiden/Ängste verursachende) **Tierversuche, die nach der Richtlinie klar verboten sind, nach deutschem Recht grundsätzlich erlaubt wären**. Ein Erheblichkeitsbegriff, der sowohl mittlere als auch starke/schwere Schmerzen und Leiden beinhaltet, würde also in Verbindung mit einer richtlinienkonformen Auslegung der TierSchVersV-E zu dem sinnwidrigen Ergebnis führen, dass «erheblich» in § 26 Abs. 1 und Abs. 2 Satz 1 TierSchVersV-E eine jeweils eingeschränkte und notwendig entgegengesetzte Bedeutung zukäme. Eine Auslegung, die zu einer solchen (wohl unbeabsichtigten und gegen den Wortlaut verstossenden) Dichotomisierung des Erheblichkeitsbegriffs in § 26 Abs. 1 und Abs. 2 Satz 1 TierSchVersV-E führt, ist aus Gründen der Rechtssicherheit abzulehnen.

(2) Wird demgegenüber von einem **engeren Erheblichkeitsbegriff** ausgegangen, der nur starke/schwere Schmerzen/Leiden/Ängste im Sinne der Richtlinie umfasst, wäre § 26 Abs. 1 TierSchVersV-E **gänzlich richtlinienwidrig**, da er schwerst belastende Tierversuche grundsätzlich zuliesse – anstatt diese entsprechend den Vorgaben der Richtlinie zu verbieten.

Im Ergebnis ist daher eine richtlinienkonforme Auslegung des § 26 Abs. 1 und Abs. 2 Satz 1 TierSchVersV-E nicht möglich. Deshalb sollte diese Regelung überarbeitet werden (siehe hinten Seite 80 f. und vor allem Seite 99 f.).

2.1.3. Dauer der Belastung: «länger anhaltend» und «dauerhaft anhaltend» im Sinne des § 26 TierSchVersV-E

Stufung in § 26 Abs. 1 und Abs. 2 Satz 1 TierSchVersV-E

Zur Einstufung der Belastung hinsichtlich der Dauer führt das deutsche Recht in § 26 Abs. 1 und Abs. 2 Satz 1 TierSchVersV-E eine Differenzierung zwischen «länger anhaltend oder sich wiederholend» (Abs. 1) und «dauerhaft anhaltend» (Abs. 2) ein. Gegen die Gleichsetzung[149] von länger anhaltenden und sich wiederholenden erheblichen Schmerzen, wie sie bereits im gegenwärtigen deutschen Tierschutzrecht vorgenommen wird (vgl. § 17 Nr. 2 lit. b TierSchG a. F.), ist nichts einzuwenden. Jedoch gibt der Verordnungsgeber durch die Systematik (Aufteilung in Abs. 1 und Abs. 2) ausdrücklich zu verstehen, dass er – entgegen dem Wortlaut der Richtlinie («lang anhaltend» in Art. 15 Abs. 2 RL) – nicht bereits länger anhaltende, sondern nur dauerhaft anhaltende erhebliche Schmerzen und Leiden grundsätzlich unterbinden will (mittels des Grundsatzverbots in Abs. 2). So führt die amtliche Begründung aus: «Im Gegensatz zu den in § 26 Abs. 1 genannten Fällen besonders belastender Tierversuche greift das Verbot des Absatzes 2 Satz 1 erst dann, wenn die erheblichen Schmerzen oder Leiden nicht nur länger anhalten, sondern dauerhafter Natur sind»[150]. Zulässig wäre die enge Fassung des Merkmals der Belastungsdauer gemäss § 26 Abs. 2 Satz 1 TierSchVersV-E nur, wenn der «deutsche» Begriff «dauerhaft anhaltend» den europäischen Begriffen «länger andauernd» (Erwägung 23 RL) beziehungsweise «lang anhaltend» (Art. 15 Abs. 2 RL) entspräche. Dies ist im Folgenden zu prüfen.

---

[149] Das «oder» in § 26 Abs. 1 zeigt hier eine Gleichsetzung an.
[150] Amtliche Begründung zu § 26 Abs. 2 Satz 1 TierSchVersV-E, Stand 9.1.2012, Seite 61.

«Länger anhaltend» im Sinne von § 26 Abs. 1 TierSchVersV-E

Der Ausdruck **«länger anhaltend»** wird bereits in § 17 Nr. 2 lit. b TierSchG a. F. verwendet. Es ist deshalb dessen gleiche Bedeutung in § 7 Abs. 3 Satz 2 TierSchG a. F. und § 26 Abs. 1 TierSchVersV-E zu vermuten. «Länger anhaltend» verlangt, dass erhebliche Schmerzen nicht nur kurzfristig, sondern eine gewisse Zeitspanne anhalten[151]. Wie lang diese Dauer sein muss, kann nicht abstrakt bestimmt werden. Je schlimmer die Schmerzen oder Leiden sind, desto kürzer ist die Zeitdauer, die genügt, um das Merkmal «länger anhaltend» zu erfüllen[152]. Dabei ist nicht auf das Zeitempfinden des Menschen abzustellen, sondern auf das wesentlich geringere Vermögen der Tiere, physischem und psychischem Druck standhalten zu können[153]. Bereits eine mässige Zeitspanne, unter Umständen Minuten oder wenige Stunden, erfüllt das Tatbestandsmerkmal «länger anhaltend»[154].

«Dauerhaft anhaltend» im Sinne von § 26 Abs. 2 Satz 1 TierSchVersV-E

Erhebliche Schmerzen oder Leiden, die **dauerhaft anhalten**, bedeuten offensichtlich eine noch schwerere Belastung als erhebliche Schmerzen und Leiden, die voraussichtlich länger anhalten. Während ein dauerhafter Zustand lebenslang, oder zumindest sehr lange, anhält, reicht für einen länger anhaltenden Zustand bereits eine signifikant kürzere Zeitspanne aus. Nach Art. 15 Abs. 2 RL überschreiten bereits voraussichtlich «lang anhaltende» erhebliche Schmerzen/Leiden/Ängste die zulässige Belastungsgrenze. Dauerhaft anhaltende erhebliche Schmerzen/Leiden in Sinne von § 26 Abs. 2 Satz 1 TierSchVersV-E stellen eine noch höhere Belastungsstufe dar.

---

[151] Vgl. Lorz/Metzger § 17 Rn. 40.
[152] Lorz/Metzger § 17 Rn. 40.
[153] Siehe OLG Hamm, 27.2.1985, NStZ 5 (1985), 275.
[154] Siehe Hirt/Maisack/Moritz § 17 Rn. 65.

Auslegung des Begriffs «lang anhaltend» der Richtlinie und Detailvergleich

Die Differenzierung der ohnehin schwerst belastenden Tierversuche in zwei Unterkategorien im deutschen Recht entbehrt der Grundlage in der Richtlinie. Die Richtlinie verbietet nach ihrem Wortlaut ausdrücklich bereits die Verursachung «voraussichtlich lang anhaltender» starker/schwerer Schmerzen/Leiden/Ängste (Art. 15 Abs. 2 RL).

Richtlinienkonform wäre die sprachliche Diskrepanz zwischen TierSchVersV-E und der Richtlinie nur dann, wenn die Auslegung der Richtlinie ergeben würde, dass «lang anhaltend» im Sinne des Grundsatzverbots in Art. 15 Abs. 2 RL nicht bereits «länger anhaltend» im Sinne des § 26 Abs. 1 TierSchVersV-E meint, sondern nur «dauerhaft anhaltend» im Sinne des § 26 Abs. 2 Satz 1 (dem deutschen Grundsatzverbot) entspräche. In der Richtlinie lassen sich jedoch keine Anhaltspunkte finden, die darauf hinweisen, dass die **«lang»** anhaltenden starken/schweren Schmerzen/Leiden/Ängste einem **dauerhaften** Zustand entsprechen müssen. Der englische Wortlaut des Art. 15 Abs. 2 RL verwendet zwar den Begriff «long-lasting», der ebenso wie der spanische Wortlaut «duradero» sowohl mit «lang anhaltend» als auch mit «dauerhaft» übersetzt werden kann. Der im französischen Text verwendete Begriff «se prolonger» meint hingegen «sich verlängern/hinziehen», was keinen dauerhaften, sondern lediglich einen mehr als kurzzeitig währenden Zustand voraussetzt. Auch im italienischen Wortlaut wird mit dem Verb «protrarsi» ein sich hinziehender/andauernder Zustand beschrieben. Der im niederländischen Wortlaut verwendete Begriff «langdurig» meint wiederum «lang anhaltend» oder «lange dauernd». Somit ist anzunehmen, dass die Richtlinie mit «lang anhaltend» alle Zeitspannen umfassen will, die über einen kurzen Zustand hinausgehen.

Diese Auslegung steht im Einklang mit Anhang VIII Abschnitt I RL, der zur Klassifizierung der Schweregrade die Belastungsdauer «kurzzeitig» («short-term», «courte durée», «breve durata», «corta duración», «gedurende korte tijd») und «lang anhaltend» («long-lasting», «longue durée», «lunga durata», «duraderos», «langdurig») vorsieht. Die grammatikalische und systematische Auslegung ergibt somit, dass «lang anhaltend» zwecks Bestimmung des Belastungsgrads alle Schmerzen/Leiden/Ängste sind, die nicht kurzzeitig sind. «Lang anhaltend» ist somit ein **Gegenbegriff zu «kurzzeitig».** Der Bedeutungsgehalt des Begriffs ist daher **keineswegs auf «dauerhaft» im Sinne des TierSchVersV-E zu beschränken**, sondern umfasst alle Zeitspannen, die länger als kurz andauern.

Für die Umsetzung der Richtlinie in das deutsche Recht ist letztlich der deutsche Wortlaut der Richtlinie massgeblich. Es ist nicht ersichtlich, inwiefern den deutschen Begriffen «länger andauernd»/«lang anhaltend» in der Richtlinie eine andere Bedeutung zukommen sollte als dem Begriff «länger anhaltend» in §26 Abs.1 TierSchVersV-E. Naheliegender ist es, mit dem üblichen Wortsinn anzunehmen, dass «lang anhaltend» beziehungsweise «länger anhaltend» in beiden Rechtstexten dasselbe meint. Demgegenüber umschreibt «dauerhaft anhaltend» in **§26 Abs.2 Satz 1** TierSchVersV-E eine nicht deckungsgleiche, längere Zeitspanne (länger als «lang», nämlich für immer oder sehr lang anhaltend).

§26 Abs.2 Satz 1 TierSchVersV-E normiert damit ausdrücklich ein engeres Verbot schwerst belastender Tierversuche als es durch Art.15 Abs.2 RL vorgegeben wird. Diese Formulierung ist folglich **richtlinienwidrig**. Eine richtlinienkonforme Auslegung wäre zwar theoretisch denkbar, aber nur unter Inkaufnahme von Widersprüchen mit der herkömmlichen deutschen Gesetzesterminologie. Dies würde zu erheblicher Rechtsunsicherheit führen. Darüber hinaus verletzt auch §26 Abs.1 TierSchVersV-E das grundsätzliche Verbot schwerst belastender Tierversuche gemäss Art.15 Abs.2 RL zumindest insoweit, als dadurch voraussichtlich länger anhaltende starke/schwere (erhebliche) Schmerzen/Leiden/Ängste grundsätzlich erlaubt werden.

2.2. Ergebnis und Vorschlag für eine richtlinienkonforme Umsetzung des grundsätzlichen Verbots der die Belastungsgrenze überschreitenden Tierversuche

Zwischen §26 Abs.1 und Abs.2 Satz 1 TierSchVersV-E und Art.15 Abs.2 RL sind nach dem Gesagten erhebliche begriffliche Unterschiede festzustellen, die sich zumindest teilweise auch inhaltlich auf die Realisierung der Ziele der Richtlinie auswirken. **§26 Abs.2 Satz 1 TierSchVersV-E kommt der Pflicht zur Umsetzung eines grundsätzlichen Verbots schwerst belastender Tierversuche nur ungenügend nach**, indem die dafür erforderliche Belastungsdauer in richtlinienwidriger Weise auf «dauerhaft anhaltend» begrenzt wird. §26 Abs.1

TierSchVersV-E verletzt – je nach Definition der Erheblichkeit – Art. 15 Abs. 2 RL zumindest teilweise, da er (auch) schwerst belastende Tierversuche grundsätzlich erlaubt.

Bezüglich der **Intensität der Belastung** verbotener Tierversuche sollte aus Gründen der Rechtssicherheit auf den Begriff «erheblich» verzichtet werden und stattdessen die von der Richtlinie vorgesehenen differenzierten Begriffe «stark» beziehungsweise «schwer» verwendet werden. Soll am Begriff «erheblich» festgehalten werden, muss deutlich gemacht werden, dass die Verursachung starker/schwerer, erheblicher Schmerzen/Leiden anderen Zulassungsvoraussetzungen unterliegen als Versuche, die nur mittlere erhebliche Schmerzen und Leiden zufügen.

Bezüglich der **Dauer der Belastung** ist zu beachten, dass sich das Verbot schwerst belastender Tierversuche in § 26 Abs. 2 Satz 1 TierSchVersV-E nicht auf das Zeitmoment «dauerhaft anhaltend» beschränken darf, sondern bereits bei voraussichtlich länger anhaltenden (starken/schweren) erheblichen Schmerzen oder Leiden greifen muss. Auf die Differenzierung zwischen «länger anhaltenden» und «dauerhaft anhaltenden» erheblichen Schmerzen oder Leiden sollte verzichtet werden, da diese in Anbetracht der Vorgaben der Richtlinie irrelevant ist und im Falle einer daran festgemachten unterschiedlichen Zulässigkeit dieser schwerst belastenden Tierversuche zu richtlinienwidrigen Ergebnissen führt. Da eine richtlinienkonforme Auslegung von § 26 Abs. 1 TierSchVersV-E nach geltender Fassung nicht möglich ist und § 26 Abs. 2 Satz 1 TierSchVersV-E per se richtlinienwidrig ist, sollte § 26 TierSchVersV-E insgesamt abgeändert werden (siehe dazu Seite 99 f.).

3. Die Ausnutzung der staatlichen Schutzklausel

Es stellt sich die Frage, ob der deutsche Verordnungsgeber Tierversuche, welche die Belastungsobergrenze überschreiten, nicht nur grundsätzlich, sondern absolut verbieten sollte. Zu prüfen ist die Richtlinien- und Verfassungskonformität der Ausnahmebestimmung des § 26 Abs. 2 Satz 2 TierSchVersV-E (ausnahmsweise Befreiung vom Verbot besonders belastender Versuche) im Hinblick auf die Umsetzung der nationalen Schutzklausel in Art. 55 Abs. 3 RL als erlaubte Durchbrechung des Grundsatzverbots des Art. 15 Abs. 2 RL.

3.1. Vorgaben der Richtlinie: Auslegung von Art. 15 Abs. 2 und Art. 55 Abs. 3 der Richtlinie

3.1.1. Ratio des Verbots schwerst belastender Tierversuche

Das Verbot schwerst belastender Tierversuche (Art. 15 Abs. 2 RL) steht für eine ethische Grundentscheidung des Unionsgesetzgebers, Tieren zumindest die als unerträglich erachteten, schwersten Belastungen unter allen Umständen zu ersparen. Diese ethisch fundierte Grenzziehung dient unter anderem dem Schutz des **Eigenwerts der Tiere**, der gemäss **Erwägung 12**[155] **respektiert werden muss und auch vom primären Unionsrecht (Art. 13 AEUV)**[156] anerkannt ist.

3.1.2. Entstehungsgeschichte von Art. 55 Abs. 3 der Richtlinie

Das Verbot schwerst belastender Tierversuche war anfänglich von Kommission und Parlament als **absolutes Verbot intendiert**[157]. Die Möglichkeit seiner Durchbrechung mittels einer Schutzklausel wurde erst durch die vom Rat in erster Lesung eingefügte Schutzklausel in Art. 55 Abs. 3 RL geschaffen[158]. Sie entspricht also einem Interesse der Mitgliedstaaten, vermutungsweise zum Schutz von Handlungsspielräumen, nicht zum Schutz eines spezifischen materiellen Rechtsgutes jenseits dem der mitgliedstaatlichen Autonomie. In der Folge wurde die Schutzklausel von der Kommission als Kompromiss akzeptiert, jedoch nur «zur Anwendung in hinreichend begründeten Ausnahmesituationen»[159]. Die Richtlinie ermächtigt die Mitgliedstaaten, wenn sie es «*in Ausnahmefällen* aus wissenschaftlich berechtigten Gründen für erforderlich» halten, eine vorläufige

---

155 Erwägung 12 RL: «Tiere haben einen intrinsischen Wert, der respektiert werden muss.»

156 Art. 13 AEUV: «Bei der Festlegung und Durchführung der Politik der Union in den Bereichen Landwirtschaft, Fischerei, Verkehr, Binnenmarkt, Forschung, technologische Entwicklung und Raumfahrt tragen die Union und die Mitgliedstaaten den Erfordernissen des Wohlergehens der Tiere als fühlende Wesen in vollem Umfang Rechnung; ...».

157 Eine Relativierung des Verbots war im Vorschlag der Kommission (KOM(2008)0543 – C6-0391/2008 – 2008/0211(COD), 5.11.2008) nicht vorgesehen und wurde auch vom Parlament in der ersten Lesung (A6-0240/2009, 3.4.2009) nicht eingefordert.

158 Standpunkt des Rates in erster Lesung im Hinblick auf den Erlass einer Richtlinie des Europäischen Parlaments und des Rates zum Schutz der für wissenschaftliche Zwecke verwendeten Tiere, 6106/10, 26.5.2010.

159 Mitteilung der Kommission an das Europäische Parlament zum Standpunkt des Rates in erster Lesung bezüglich der Verabschiedung einer Richtlinie des Europäischen Parlaments und des Rates zum Schutz der für wissenschaftliche Zwecke verwendeten Tiere, 2008/0211 (COD), 15.6.2010, Seite 6.

Massnahme zur Genehmigung eines grundsätzlich verbotenen, schwerst belastenden Tierversuchs zu beschliessen (Art. 55 Abs. 3 Satz 1 RL[160]).

3.1.3. Systematik: Charakter der Durchbrechung eines Verbots

Art. 55 Abs. 3 RL nennt als erstes «wissenschaftlich berechtigte Gründe». Da ein Tierversuch jedoch immer wissenschaftlich gerechtfertigt sein muss (Art. 38 RL), weil also die wissenschaftliche Begründetheit und Unerlässlichkeit eines Tierversuchs ohnehin unter allen Umständen vorliegen muss, stellt die Forderung «wissenschaftlich berechtigte Gründe» keine zusätzliche Voraussetzung für die Durchbrechung des Versuchsverbots dar.

Als echte materielle **zusätzliche Voraussetzung** für die Inanspruchnahme der Schutzklausel fungiert also nur das Vorliegen von aussergewöhnlichen Umständen beziehungsweise – so der Wortlaut – von «Ausnahmefällen»[161]. Fraglich ist, welche **Vorgaben** die Richtlinie für die Inanspruchnahme der Schutzklausel macht. Wie eben (Seite 70) festgestellt, sind schwerst belastende Tierversuche grundsätzlich von der Genehmigungsfähigkeit ausgenommen, das heisst unter keinen Umständen unter den regulären Genehmigungsvoraussetzungen zulässig. Mit anderen Worten geht die Richtlinie davon aus, dass die äusserst schwerwiegende Belastung der Tiere den wissenschaftlichen Nutzen in einer Schaden-Nutzen-Abwägung immer überwiegen würde. Aufgrund der Unerträglichkeit der Belastung wird die Abwägbarkeit grundsätzlich ausgeschlossen und ein **quasi-absoluter Schutz** der Tiere vor schwerst belastenden Versuchen normiert.

Vor diesem Hintergrund müssen die Anforderungen an den Ausnahmefall zwingend **über die regulären Genehmigungsvoraussetzungen hinausgehen**. Zur Verwirklichung des Ziels, schwerst belastende Tierversuche grundsätzlich zu unterbinden, kann die Existenz aussergewöhnlicher Umstände, die eine Ausnahme rechtfertigen, daher nur unter äusserst **restriktiven Voraussetzungen** angenommen werden. Ausnahmefälle im rechtlichen Sinne können nicht schon

---

[160] Hervorhebung d. Verf.
[161] Siehe Binder, Neue Tierversuchs-Richtlinie 17.

dann angenommen werden, wenn ein schwerst belastender Tierversuch unerlässlich erscheint, um ein legitimes Versuchsziel zu erreichen.

Die mögliche Rechtfertigung einer Ausnahmegenehmigung kann letztlich nur in der **ausserordentlichen Bedeutung des erwartbaren Nutzens** begründet sein, der das grundsätzliche Verbot, das aus einer abstrakt zugunsten der Tiere entschiedenen Schaden-Nutzen-Abwägung folgt, im Einzelfall zugunsten des Nutzens umzukippen vermag. In Anbetracht der ethischen Grundentscheidung, schwerste Belastungen der Tiere generell von der Abwägbarkeit im Rahmen der Schaden-Nutzen-Abwägung auszunehmen, sollte diese Abwägbarkeit jedoch nicht leichtfertig wiederhergestellt werden können. Der erwartete, sehr hohe Nutzen muss sich **signifikant ausserhalb des üblichen Rahmens** befinden, um in Ausnahmefällen die Vornahme einer grundsätzlich verbotenen Schaden-Nutzen-Abwägung zu rechtfertigen.

3.1.4. Systematik: Vergleich mit Art. 8 Abs. 1 der Richtlinie

Eine generell-abstrakte Regelung der zusätzlichen Anforderungen an den die Ausnahme rechtfertigenden, ausserordentlich hohen Nutzen darf indessen nicht in der Gestalt erfolgen, wie sie die Richtlinie beim grundsätzlichen Verbot von Primatenversuchen vornimmt (Art. 8 Abs. 1 RL). In dieser Vorschrift sieht die Richtlinie selbst bereits weitgehende Relativierungen des grundsätzlichen Verbots zugunsten wesentlicher menschlicher Zielsetzungen vor. Demgegenüber verbietet Art. 15 Abs. 2 RL ausnahmslos alle schwerst belastenden Versuche ungeachtet ihrer etwaigen Bedeutung für wichtige menschliche Bedürfnisse[162]. Ausnahmen nach Art. 8 Abs. 1 RL sind somit von erheblich extensiverer und regulärerer Qualität als Ausnahmen gemäss Art. 55 Abs. 3 RL. Eine ähnlich **weitreichende Relativierung** des grundsätzlichen Verbots schwerst belastender Tierversuche ist von der Richtlinie offensichtlich **nicht erwünscht**, da ansonsten eine entsprechende Regelung systematisch im Anschluss an Art. 15 Abs. 2 RL zu finden wäre. So forderte auch das Europäische Parlament in einer Entschliessung, «dass, selbst wenn belegt werden kann, dass die Versuche zum Nutzen von Tieren oder Menschen sind, sie nicht genehmigt werden dürfen, wenn die

---

[162] Vgl. Cornils 160.

Belastung der Versuchstiere die Höchstbelastungsgrenze überschreitet»[163]. Eine Regelung, die Ausnahmen generell zugunsten abstrakt definierter, wichtiger Versuchszwecke zulässt, dürfte somit über die von der Richtlinie vorgesehene Ausnahme im Einzelfall hinausgehen.

3.1.5. Unionsrechtliches Vereitelungsverbot bei der Richtlinienumsetzung

Im Hinblick auf die mitgliedstaatliche Normierung von Ausnahmebestimmungen lassen sich der Richtlinie – neben dem zwingenden Vorliegen von ausserordentlichen Umständen – kaum konkrete Vorgaben entnehmen. Es liegt insofern ein gewisser Spielraum hinsichtlich der Umsetzung der Schutzklausel in Art. 55 Abs. 3 RL vor. Massgeblich ist allerdings die Pflicht zur Verwirklichung des grundsätzlichen Verbots von Art. 15 Abs. 2 RL. Die Mitgliedstaaten sind also verpflichtet, dieses Verbot nicht mittels einer exorbitanten Ausschöpfung des Umsetzungsspielraums wirkungslos zu machen. Nach der Rechtsprechung des EuGH müssen die Mitgliedstaaten alle Massnahmen treffen, die zur Erfüllung der Umsetzungspflicht geeignet sind, um die **volle Wirksamkeit der Richtlinie** entsprechend ihrer Zielsetzung zu gewährleisten[164]. In ständiger Rechtsprechung geht der EuGH auch davon aus, dass die Mitgliedstaaten verpflichtet sind, innerhalb der ihnen nach Art. 288 AEUV belassenen Entscheidungsfreiheit die Formen und Mittel zu wählen, die sich zur Gewährleistung der praktischen Wirksamkeit (effet utile) der Richtlinie unter Berücksichtigung des mit ihnen verfolgten Zwecks am besten eignen[165]. Die Umsetzung der Richtlinie unter Berücksichtigung ihrer praktischen Wirksamkeit muss beachten, dass die Richtlinie die gänzliche Abschaffung von Tierversuchen als Endziel (Erwägung 10 RL) hat[166].

---

[163] Entschliessung des Europäischen Parlaments zu der Richtlinie 86/609/EWG des Rates zum Schutz der für Versuche und andere wissenschaftlichen Zwecke verwendeten Tiere (2001/2259(INI)), P5_TA(2002)0594, Nr. 7.

[164] EuGH, 8.3.2001, Rs. C-97/00, Kommission v. Frankreich, Slg. 2001, I-02053, Rn. 9.

[165] EuGH, 8.4.1976, Rs. 48/75, Strafverfahren gegen Jean Noël Royer, Slg. 1976, 455, Rn. 69/73, bestätigt in statt vieler EuGH, 4.7.2006, Rs. C-212/04, Parteien, Rn. 93. Vgl. aus der Literatur Seyr 145.

[166] Erwägungsgrund Nr. 10 Satz 2: «…Diese Richtlinie stellt jedoch einen wichtigen Schritt zur Erreichung des letztendlichen Ziels dar, Verfahren mit lebenden Tieren für wissenschaftliche Zwecke und Bildungszwecke vollständig zu ersetzen, sobald dies wissenschaftlich möglich ist. Zu diesem Zweck zielt diese Richtlinie darauf ab, die Weiterentwicklung alternativer Ansätze zu erleichtern und zu fördern. Diese Richtlinie zielt auch darauf ab, für Tiere, die in Verfahren weiterhin verwendet werden müssen, ein möglichst hohes Schutzniveau zu gewährleisten.» Siehe bereits den Vorschlag der EU-Kommission vom 5.11.2008, Seite 3: «…die Verringerung unserer Abhängigkeit von Tierversuchen [ist] zwingend notwendig. Das endgültige Ziel sollte darin bestehen, Tierversuche vollständig durch andere Verfahren zu ersetzen.»

Die Grenzen des Spielraums der Mitgliedstaaten liegen folglich da, wo der Ausnahmefall durch eine zu weite Fassung der Ausnahmevoraussetzungen zum Regelfall verkommt und die Durchsetzung des grundsätzlichen Verbots schwerst belastender Tierversuche behindert oder vereitelt wird.

3.2. Richtlinienwidrige Umsetzung von Art. 55 Abs. 3 der Richtlinie in § 26 Abs. 2 Satz 2 TierSchVersV-E

3.2.1. Überblick über die Umsetzung der Schutzklausel

Die Schutzklausel des Art. 55 Abs. 3 RL erlaubt den Mitgliedstaaten, in Einzelfällen Ausnahmen vom Verbot schwerst belastender Tierversuche zu genehmigen. Diese Möglichkeit einer Ausnahmegenehmigung wird im deutschen Recht realisiert. In Umsetzung der Vorgabe ermächtigt § 9 Abs. 3 Nr. 3 TierSchG n. F.-E den Verordnungsgeber, besonders belastende Tierversuche entweder zu verbieten oder zu beschränken, oder aber «eine Genehmigung von der Erfüllung **weiterer, über § 8 Abs. 1 Satz 2 TierSchG n. F.-E hinausgehender Anforderungen** abhängig zu machen.» Letzteres ist mit § 26 Abs. 2 Satz 2 i. V. m. § 44 TierSchVersV-E erfolgt. Nach dieser Ausnahmeregelung «kann» die zuständige Behörde die Durchführung eines verbotenen, schwerst belastenden Tierversuchs genehmigen, wenn die angestrebten Ergebnisse vermuten lassen, dass sie für wesentliche Bedürfnisse von Mensch oder Tier einschliesslich der Lösung wissenschaftlicher Probleme von hervorragender Bedeutung sein werden (Voraussetzungen des § 26 Abs. 1 TierSchVersV-E) und ausserdem «wissenschaftlich begründet dargelegt ist, dass die Durchführung des Tierversuchs wegen der Bedeutung der angestrebten Erkenntnisse unerlässlich ist.»

3.2.2. Regelungstechnik des repressiven Verbots mit Befreiungsvorbehalt

Regelungstechnisch normiert § 26 Abs. 2 Satz 2 TierSchVersV-E ein repressives Verbot mit Befreiungsvorbehalt, das sich vom präventiven Verbot mit Erlaubnisvorbehalt in Gestalt der regulären Genehmigungspflicht nach § 8 Abs. 1 Satz 2 TierSchG n. F.-E unterscheidet. Beim präventiven Verbot wird ein Verhalten zunächst verboten, nicht um es grundsätzlich zu unterbinden, sondern um vorweg behördlich prüfen zu können, ob im Einzelfall gegen materiellrechtliche Rechtsvorschriften verstossen wird[167]. Liegen keine gesetzlichen Versagensgründe vor, ist die Genehmigung für das Vorhaben zu erteilen. Bei der regulären Genehmigungspflicht für Tierversuche muss die Genehmigung deshalb bei Vorliegen der in § 8 Abs. 1 Satz 2 TierSchG n. F.-E geregelten Voraussetzungen erteilt werden – es liegt diesbezüglich kein Entschliessungsermessen der zuständigen Behörde vor[168]. Demgegenüber soll mit einem repressiven Verbot ein sozial unerwünschtes Verhalten generell unterbunden werden. Das Verbot gilt jedoch nicht absolut, sondern steht unter dem Vorbehalt, in besonders gelagerten Einzelfällen Ausnahmebewilligungen zu erteilen, um in Härtefällen den Grundsatz der Verhältnismässigkeit zu wahren[169].

Wendet man dieses Raster auf das Tierschutzrecht an, zeigt sich: Die Durchführung schwerst belastender Tierversuche soll nach § 26 Abs. 2 Satz 1 TierSchVersV-E grundsätzlich verboten sein, weil diese gesellschaftlich nicht erwünscht sind. Ausnahmen vom Verbot kann die zuständige Behörde gemäss § 26 Abs. 2 Satz 2 TierSchVersV-E unter verschärften Voraussetzungen genehmigen. Der Behörde kommt dabei Entschliessungsermessen zu, das heisst Ermessen bei der Frage, ob bei Erfüllung der gesetzlichen Voraussetzungen eine Genehmigung erteilt werden soll[170]. Die Wahl der **Regelungstechnik des repressiven Verbots mit Befreiungsvorbehalt** ist grundsätzlich vom **Richtlinienspielraum gedeckt**. Bereits die Richtlinie sieht sinngemäss ein repressives grundsätzliches Verbot (Art. 15 Abs. 2 RL) mit der Zulassung einer mitgliedstaatlichen Normierung einer Befreiungsmöglichkeit (Art. 55 Abs. 3 RL) vor.

3.2.3. Überprüfung der inhaltlichen Richtlinienkonformität von § 26 Abs. 2 Satz 2 TierSchVersV-E

Fraglich ist hingegen, ob sich die Ausnahmebestimmung des § 26 Abs. 2 Satz 2 TierSchVersV-E auch inhaltlich mit den Vorgaben der Richtlinie vereinbaren lässt. Nach der vorne erörterten Zielsetzung der Richtlinie (siehe Seite 82 ff.) dürfen Ausnahmen nur unter zusätzlichen, restriktiven Voraussetzungen, bei

---

[167] Maurer 227 f.
[168] Vgl. VG Bremen, Urteil vom 28.5.2010, 5 K 1274/09, Erwägung II. 4.
[169] Vgl. Maurer 230 f.
[170] Zum Entschliessungsermessen vgl. Maurer 143 f.

Vorliegen ausserordentlicher Umstände genehmigt werden. Dementsprechend und prinzipiell im Einklang mit jener Zielsetzung sieht § 9 Abs. 3 Nr. 3 TierSchG n. F.-E vor, dass der Verordnungsgeber die Ausnahmebewilligung eines schwerst belastenden Tierversuchs von weiteren, über die regulären Genehmigungsvoraussetzungen des § 8 Abs. 1 Satz 2 TierSchG n. F.-E hinausgehenden Anforderungen abhängig machen darf. Zu untersuchen ist, ob die in § 26 Abs. 2 Satz 2 TierSchVersV-E normierten Ausnahmevoraussetzungen die Ziele der Richtlinie genügend umsetzen oder diese unterminieren.

«Wissenschaftlich begründete Darlegung der Unerlässlichkeit» gemäss § 26 Abs. 2 Satz 2 TierSchVersV-E

Zunächst ist festzuhalten, dass die in § 26 Abs. 2 Satz 2 TierSchVersV-E aufgestellte Anforderung, dass **«wissenschaftlich begründet dargelegt ist»**, dass die Durchführung des schwerst belastenden Tierversuchs «wegen der Bedeutung der angestrebten Erkenntnisse unerlässlich ist», in Wirklichkeit **inhaltlich keine zusätzliche Genehmigungsvoraussetzung** schafft. Jeder Tierversuch muss das hier aufgestellte Erfordernis der finalen Unerlässlichkeit[171] im Rahmen der ethischen Vertretbarkeit erfüllen (§ 8 Abs. 1 Satz 2 Nr. 1 lit. a i. V. m. § 7a Abs. 2 Nr. 3 TierSchG n. F.-E). Somit muss auch ein schwerst belastender Tierversuch, sofern eine Ausnahmegenehmigung überhaupt in Frage kommt, final unerlässlich, das heisst ethisch vertretbar sein. Wie jedoch bereits erörtert (siehe vorne Seite 70), zeichnet sich das grundsätzliche Verbot dieser Versuche gerade dadurch aus, dass die Abwägbarkeit der tierlichen Belastungen im Rahmen der ethischen Vertretbarkeit grundsätzlich ausgeschlossen ist. Dies bedeutet nichts anderes, als dass die finale Unerlässlichkeit als Genehmigungsvoraussetzung überhaupt erst geprüft werden kann, wenn die Abwägbarkeit durch das Vorliegen zusätzlicher Ausnahmevoraussetzungen wiederhergestellt worden ist. Erst das Vorliegen dieser Ausnahmevoraussetzungen eröffnet die Möglichkeit, ein Versuchsvorhaben am Massstab der regulären Genehmigungsvoraussetzungen zu prüfen. Die finale Unerlässlichkeit kann mit anderen Worten nicht als eine die Ausnahme begründende Zusatzvoraussetzung figurieren. Es wäre nämlich zirkelschlüssig, das Vorliegen der finalen Unerlässlichkeit als Voraussetzung der ausnahmsweisen Prüfung der Unerlässlichkeit gelten zu lassen. Das Vorlie-

---

[171] Siehe zum Begriff der finalen Unerlässlichkeit Seite 53 f.

gen der Ausnahmevoraussetzung muss daher in einem zusätzlich vorgelagerten, qualifizierten Umstand begründet sein. Die wissenschaftlich begründete Darlegung der Unerlässlichkeit ist **keine zulässige Zusatzanforderung** im Sinne der Richtlinie und des § 9 Abs. 3 Nr. 3 TierSchG n. F.-E.

Als weitere Zusatzvoraussetzung sieht § 26 Abs. 2 Satz 2 TierSchVersV-E das Vorliegen der Voraussetzungen des § 26 Abs. 1 TierSchVersV-E vor. Hier ist allgemein darauf hinzuweisen, dass § 26 Abs. 2 Satz 2 i. V. m. Abs. 1 TierSchVersV-E zu einer bedenklichen **De-facto-Neutralisierung** des in Abs. 2 Satz 1 enthaltenen Verbots führt. Da die wissenschaftlich begründete Darlegung der finalen Unerlässlichkeit als zusätzliche Anforderung an einen ausnahmsweise zu genehmigenden Tierversuch nach § 26 Abs. 2 Satz 2 TierSchVersV-E ausscheidet, kann ein nach Abs. 2 Satz 1 grundsätzlich verbotener Tierversuch im Ergebnis unter **denselben Voraussetzungen** wie ein grundsätzlich erlaubter Tierversuch nach Abs. 1 genehmigt werden. Das grundsätzliche Verbot nach Abs. 2 Satz 1 wird somit faktisch gegenstandslos. Bei Licht betrachtet normiert die Ausnahmebestimmung des Abs. 2 Satz 2 (wahrscheinlich unbeabsichtigt) eine eigentliche **Umgehung des Verbots**. Durch diese Aushebelung wird die Pflicht zur Umsetzung des zwingenden grundsätzlichen Verbots schwerst belastender Tierversuche nach **Art. 15 Abs. 2 RL verletzt**. Dieser Grundsatzeinwand kann allerdings insoweit dahinstehen, als die Vorschrift des § 26 Abs. 1 TierSchVersV-E aufgrund ihrer Richtlinienwidrigkeit ohnehin abgeändert werden sollte (siehe vorne Seite 80 f.).

«Hervorragende Bedeutung für wesentliche Bedürfnisse»
(§ 26 Abs. 1 TierSchVersV-E)

Zu prüfen bleibt jedoch, ob die Anforderungen der in § 26 TierSchVersV-E normierten Ausnahmevoraussetzungen inhaltlich mit den Vorgaben der Richtlinie vereinbar sind. Als einzige **Ausnahmevoraussetzung** wird gemäss § 26 Abs. 2 Satz 2 i. V. m. **Abs. 1** TierSchVersV-E verlangt, dass die angestrebten Ergebnisse vermuten lassen, dass sie für **wesentliche Bedürfnisse** von Mensch und Tier einschliesslich der Lösung wissenschaftlicher Probleme von **hervorragender Bedeutung** sein werden.

§ 26 Abs. 2 Satz 2 i. V. m. Abs. 1 TierSchVersV-E rekurriert dabei auf eine qualifizierte Genehmigungsvoraussetzung, wie sie bereits nach altem Recht für quälerische Tierversuche gilt (§ 7 Abs. 3 Satz 2 TierSchG a. F.). Gemäss § 7 Abs. 3 Satz 2 TierSchG a. F. musste bei quälerischen Tierversuchen eine qualifizierte Nutzen-Schaden-Abwägung vorgenommen werden, in welcher der Nutzen strenger definierten Vorgaben entsprechen muss[172]. «Wesentliche Bedürfnisse von Mensch und Tier» liegen vor, wenn die angestrebten Erkenntnisse der Bekämpfung einer schweren, bisher kaum oder nicht beeinflussbaren Krankheit oder einem ähnlich gewichtigen, vitalen Interesse von Mensch oder Tier dienen[173]. Die «hervorragende Bedeutung» des Versuchs ist anzunehmen, wenn er einen entscheidenden Fortschritt bei der Diagnose oder der Therapie der Krankheit oder bei der Realisierung des vergleichbar gewichtigen Interesses erwarten lässt[174].

Diese Tatbestandsmerkmale sind als Konkretisierung und Verschärfung des Erfordernisses der ethischen Vertretbarkeit bei quälerischen Tierversuchen als **strengere Genehmigungsvoraussetzungen, nicht** jedoch als **Ausnahmevoraussetzungen** konzipiert. Während nach altem Recht auch quälerische Tierversuche präventiv verboten, aber grundsätzlich erlaubbar sind, müssen sie fortan – unter Beachtung der Richtlinie – ausnahmslos (repressiv) verboten werden. Eine entsprechende Verschärfung sollte sich auch bei den Ausnahmevoraussetzungen bemerkbar machen. Die **fehlende strukturelle Unterscheidung der Abweichensvoraussetzungen beim präventiven und repressiven Verbot nach altem und neuem Recht** lässt vermuten, dass die Ausnahmevoraussetzungen des § 26 Abs. 2 Satz 2 i. V. m. Abs. 1 TierSchVersV-E zu weit gefasst sind und **nicht den erforderlichen Einzelfallcharakter** aufweisen. Wie oben angemerkt, ist eine weitreichende Relativierung des Verbots schwerst belastender Tierversuche zugunsten wesentlicher Bedürfnisse von Mensch und Tier von der Richtlinie nicht erwünscht, da eine ähnliche Regelung wie in Art. 8 Abs. 1 RL unterlassen wurde. Die Voraussetzungen zur Erteilung einer Ausnahmebewilligung müssten folglich wesentlich restriktiver gefasst sein als nach Art. 8 Abs. 1 RL. Demgegenüber sieht § 26 Abs. 2 Satz 2 TierSchVersV-E bereits generell bei Vorliegen eines grossen Nutzens für wesentliche menschliche oder tierliche Bedürfnisse die Tatbestandvoraussetzungen einer Ausnahmebewilligung als erfüllt an.

---

[172] Vgl. Lorz/Metzger § 7 Rn. 61.
[173] Siehe Hirt/Maisack/Moritz § 7 Rn. 67.
[174] Hirt/Maisack/Moritz § 7 Rn. 67.

Diese weitreichende Relativierungsmöglichkeit könnte einzig noch durch eine **restriktive Ausübung des Entschliessungsermessens** durch die Behörde korrigiert werden. Ausnahmebewilligungen könnten – je nach behördlicher Ermessensausübung – als Regelfall bei Vorliegen der weit gefassten Ausnahmevoraussetzung des § 26 Abs. 2 Satz 2 i. V. m. Abs. 1 TierSchVersV-E erteilt werden. Eine Beschränkung auf eigentliche Härtefälle beziehungsweise Ausnahmefälle im Sinne der Richtlinie ist zum gegenwärtigen Zeitpunkt nicht vorhersehbar. Steht und fällt der Ausnahmefallcharakter des Befreiungsvorbehalts mit der Ermessensausübung der Behörde und ist eine restriktive Praxis nicht zu vermuten oder absehbar, so besteht die Gefahr, dass die durch Art. 55 Abs. 3 RL intendierte **Ausnahme zur Regel verkommt.** Würden schwerst belastende Tierversuche regelmässig unter verschärften Genehmigungsvoraussetzungen zugelassen werden, so würde dies gegen Sinn und Zweck des Verbots in Art. 15 Abs. 2 RL und der Möglichkeit von Ausnahmen in Einzelfällen gemäss Art. 55 Abs. 3 RL verstossen.

Die Ausnahmebestimmung des § 26 Abs. 2 Satz 2 TierSchVersV-E ist daher aufgrund ihrer weiten Fassung zu wenig auf eine Ausnahme im Einzelfall zugeschnitten und begründet die Gefahr, dass das grundsätzliche Verbot schwerst belastender Tierversuche durch regelmässig zu erteilende Ausnahmebewilligungen ausgehöhlt wird.

3.3. Verzicht auf die Ausnutzung der Schutzklausel

Fraglich ist, ob der deutsche Rechtssetzer von der durch die Schutzklausel der Richtlinie eingeräumten Möglichkeit der Relativierung des Verbots schwerst belastender Tierversuche überhaupt Gebrauch machen muss. Darf beziehungsweise sollte durch Verzicht auf die Umsetzung der Schutzklausel nicht vielmehr ein absolutes Verbot schwerst belastender Tierversuche statuiert werden? Diese Frage ist sowohl unter unionsrechtlicher als auch unter verfassungsrechtlicher Perspektive zu erörtern. Als erstes muss geprüft werden, ob die Richtlinie diesbezüglich einen Spielraum gewährt. Falls dies bejaht wird, ist zu prüfen, ob ein absolutes Verbot schwerst belastender Tierversuche verfassungsrechtlich zulässig oder sogar geboten wäre.

3.3.1. Spielraum bei der Umsetzung des Art. 55 Abs. 3 der Richtlinie

Nach Art. 15 Abs. 2 RL muss der Mitgliedstaat das grundsätzliche Verbot schwerst belastender Tierversuche «gewährleisten». Demgegenüber «kann» er nach Art. 55 Abs. 3 **Satz 1** RL Ausnahmen von diesem Verbot vorsehen, indem er eine vorläufige Massnahme zur Genehmigung eines solchen Versuchs beschliesst. Die Schutzklausel räumt den Mitgliedstaaten lediglich die Möglichkeit ein, Ausnahmen vom Verbot vorzusehen und zu genehmigen. Der Wortlaut des Art. 55 Abs. 3 Satz 1 RL («kann»[175]) weist auf eine Ermächtigung, nicht auf eine Pflicht der Mitgliedstaaten hin, das von der Richtlinie als absolut vorgesehene Verbot schwerst belastender Tierversuche zu relativieren. Da die Schutzklausel den Mitgliedstaaten im Einzelfall ein Ermessen einräumt, ob vom Verbot ausnahmsweise abgewichen werden soll, muss es auch generell im Ermessen der Mitgliedstaaten stehen, ob sie von dieser Ermächtigung überhaupt Gebrauch machen wollen. Denn wenn die Entscheidung über die Zulässigkeit eines an sich verbotenen Versuchs im Einzelfall im Ermessen des Mitgliedstaats steht, muss sich diese Entscheidungskompetenz auch auf die Frage der grundsätzlichen Unzulässigkeit dieser Art von Versuchen und somit auf einen generell-abstrakten Ausschluss von Ausnahmen erstrecken.

Gegen eine Auslegung des Art. 55 Abs. 3 Satz 1 RL, die einen generellen Ausschluss von Ausnahmemöglichkeiten und somit ein absolutes Verbot zulässt, könnte die Bestimmung des Art. 55 Abs. 3 **Satz 2** RL angeführt werden. Nach dieser Regelung kann ein Mitgliedstaat beschliessen, die Verwendung von Primaten in schwerst belastenden Tierversuchen nicht zuzulassen. Er kann mit anderen Worten ein absolutes Verbot dieser Art von Tierversuchen an Primaten normieren. E contrario könnte daraus gefolgert werden, dass die Richtlinie ein absolutes Verbot schwerst belastender Tierversuche nicht generell, sondern nur in Bezug auf Primaten zulässt. Nach dieser Lesart würde die Richtlinie über die in Art. 55 Abs. 3 Satz 2 RL ausdrücklich genannte Option hinaus keinen sonstigen generell-abstrakten Ausschluss von Ausnahmen zulassen. Die Auffassung, dass die Richtlinie die Umsetzung des in der Schutzklausel gemachten Ausnahmevorbehalts zwingend vorschreibt, ist jedoch vor dem Hintergrund, dass die Richtlinie selbst gerade keine Ausnahmen vom Verbot vorsieht, wenig überzeugend.

---

[175] Eindeutig weist auch der englische («may»), französische («peut»), italienische («può adottare»), spanische («podrá adoptar») und niederländische («kan») Wortlaut auf eine Ermächtigung hin.

Sinnvoller scheint ein Verständnis der Schutzklausel als Instrument zur Relativierung des im System der Richtlinie ausnahmslosen Verbots, das jenen Mitgliedstaaten, denen ein absolutes Verbot zu weit geht, die Möglichkeit von Ausnahmen offen hält. In diesem Sinne lässt sich Art. 55 Abs. 3 Satz 2 RL dahingehend verstehen, dass die Richtlinie darin **exemplarisch** eine Möglichkeit aufzeigt, wie die Mitgliedstaaten Ausnahmen auch nur beschränkt zulassen könnten. Nach dieser Auslegung wäre ein darüber hinausgehender, gänzlicher Ausschluss von Ausnahmen nicht ausgeschlossen. Dies entspricht der allgemeinen Zielsetzung der Richtlinie, nämlich – ausweislich der Materialien – die Erhöhung des Schutzes der Tiere[176].

Hinzu kommt, dass die Richtlinie in Art. 14 Abs. 1 Satz 2 RL ein die Schmerzobergrenze bekräftigendes, absolutes Verbot vorsieht, das keinen Raum für mitgliedstaatliche Ausnahmen lässt: Betäubungslose Versuche, die zu schweren Verletzungen führen, die starke Schmerzen hervorrufen können, sind verboten und dürfen unter keinen Umständen erlaubt werden[177].

Nach Art. 55 Abs. 3 RL steht es folglich im Ermessen der Mitgliedstaaten, ob sie die Möglichkeit von Ausnahmen vom Verbot schwerst belastender Tierversuche durch Umsetzung der Schutzklausel in nationales Recht übernehmen wollen. Die Richtlinie gewährt den Mitgliedstaaten diesbezüglich einen Spielraum. Ein **absolutes Verbot** schwerst belastender Tierversuche wäre jedenfalls **richtlinienkonform** und im Sinne der ethischen Zielsetzung, welche die Richtlinie mit der Einführung einer Belastungsobergrenze verfolgt.

3.3.2. Verfassungsmässigkeit eines absoluten Verbots schwerst belastender Tierversuche

Ob der in Bezug auf Art. 55 Abs. 3 RL bestehende Umsetzungsspielraum im Sinne eines generellen Ausschlusses von Ausnahmen vom Verbot schwerst belastender Tierversuche ausgeschöpft werden könnte oder sollte, muss am **Massstab des Grundgesetzes** geprüft werden. Fraglich ist, ob ein absolutes Verbot

---

[176] Vorschlag der EU-Kommission vom 5.11.2008, Seite 2: «Zugleich soll der Schutz der Tiere, die noch in wissenschaftlichen Verfahren eingesetzt werden, gemäss dem Protokoll über den Tierschutz und das Wohlergehen der Tiere zum EG-Vertrag [jetzt: entsprechend der Tierschutz-Querschnittsklausel in Art. 13 AEUV, d. Verf.] erhöht werden.»

[177] Vgl. dazu Binder, Neue Tierversuchs-Richtlinie 18.

verfassungsrechtlich geboten oder zumindest zulässig ist. Dem **Optimierungsgebot des Art. 20a GG** (und auch dem von der Richtlinie angestrebten hohen Schutzniveau) entspricht es, dass der nationale Umsetzungsgesetzgeber überall dort, wo ihm die Richtlinie Spielräume für die Verwirklichung von mehr oder weniger Tierschutz belässt, den jeweiligen Spielraum «nach oben», also im Sinne der Verwirklichung eines möglichst hohen Tierschutzniveaus nutzt. Fraglich ist aber, inwieweit dies grundrechtlich zulässig wäre.

Vereinbarkeit mit der Forschungsfreiheit

Im Hinblick auf die **Forschungsfreiheit** (Art. 5 Abs. 3 GG) ist ein absolutes Verbot nicht unproblematisch. Ein Eingriff in den Schutzbereich ist zu bejahen. Die Forschungsfreiheit würde insofern **eingeschränkt**, als gewisse Tierversuche nicht mehr als Mittel der Forschung zur Verfügung stünden. Der Gesetzgeber würde den generellen Wertentscheid treffen, dass schwerste Belastungen der Tiere nie durch einen noch so grossen entgegenstehenden Nutzen aufgewogen werden können. Die Schaden-Nutzen-Abwägung in diesem Teilbereich und die Herstellung praktischer Konkordanz zwischen der Forschungsfreiheit und dem Tierschutz wären im Einzelfall nicht mehr möglich.

Eine solche Einschränkung der Forschungsfreiheit würde dem Schutz des Verfassungsrechtgutes Tierschutz dienen (Art. 20a GG), das als verfassungsimmanente Schranke der Forschungsfreiheit in Betracht kommt (siehe im Einzelnen vorne Seite 27 ff.). Eine Normierung im TierSchG selbst (nicht nur in der Verordnung) würde den Parlamentsvorbehalt wahren und ist insofern empfehlenswert.

Gerechtfertigt ist dieser Eingriff in die Forschungsfreiheit, wenn er **verhältnismässig**, also geeignet und erforderlich ist, um das einschlägige öffentliche Interesse zu realisieren und wenn ausserdem die Einschränkung der Forschungsfreiheit zumutbar ist. Hierzu muss als erstes die Gewichtigkeit des zu schützenden öffentlichen Interesses (hier des Verfassungsrechtsgutes «Tierschutz») ermittelt werden.

Der Normierung einer absoluten Belastungsobergrenze liegen in erster Linie ethische Erwägungen zugrunde. Abgeleitet wird das Erfordernis einer absoluten Schmerz-Leidens-Grenze etwa aus dem allgemein konsensfähigen Anliegen der Leidensminimierung[178], aus den überwiegenden Wert- und Gerechtigkeitsvorstellungen der Gesellschaft[179] oder spezifisch aus den dem Tierschutzgesetz zugrunde liegenden Werten des ethisch fundierten Tierschutzes und des Eigenwerts der Tiere (§ 1 Abs. 1 TierSchG)[180]. Letztere sind durch Art. 20a GG verfassungsrechtlich geschützte Rechtsgüter und somit nicht nur ethisch, sondern auch rechtlich massgebend. Eine **verfassungsrechtliche Schutzpflicht** besteht insbesondere gegenüber empfindungsfähigen Tieren, denen als Mitgeschöpfe ein Mindestmass an ethischem Umgang geschuldet ist[181]. Neben dem Schutz des Eigenwerts und der Bewahrung des Lebens und Wohlbefindens der Tiere um ihrer selbst willen ist der **Schutz vor Schmerzen und Leiden** ein zentraler Aspekt der Zweckbestimmung (§ 1 Abs. 1) des Tierschutzgesetzes[182]. Zu rechtfertigen wäre eine absolute Schmerz-Leidens-Grenze also mit dem moralisch, gesellschaftlich und rechtlich anerkannten Postulat des ethisch begründeten Tierschutzes, zu dessen Wesensgehalt der Schutz der Tiere vor vermeidbaren oder äusserst schweren Schmerzen und Leiden gehört. Das Verbot nach Art. 15 Abs. 2 RL und § 26 TierSchVersV-E betrifft Tierversuche, welche die verfassungsrechtlich geschützte Integrität der Tiere besonders schwerwiegend beeinträchtigen[183]. Die Zufügung schwerster Belastungen tangiert also einen Kernbereich des rechtlichen Tierschutzes, dessen Wahrung das Ziel des absoluten Verbots darstellt.

Um diesem Ziel näher zu kommen, ist die ausnahmslose Unterbindung schwerst belastender Tierversuche **geeignet**. Sie ist auch **erforderlich**, da keine die Forschungsfreiheit weniger einschränkende, gleich wirksame Massnahme ersichtlich ist.

Zur Prüfung der **Verhältnismässigkeit im engeren Sinne** (Zumutbarkeit) muss das Interesse der Forscher an der Durchführung schwerst belastender Tierversuche gegen das Interesse des Tierschutzes, Tiere vor äusserst quälerischen Belastungen zu bewahren, abgewogen werden.

---

178 Binder, Beiträge 227.
179 So Hirt/Maisack/Moritz § 7 Rn. 64.
180 So Goetschel § 7 Rn. 52.
181 Vgl. Murswiek Rn. 31b; vgl. auch BVerfG (2 BvF 1/07) (Beschluss vom 12.10.2010), Rn. 121.
182 Siehe Hirt/Maisack/Moritz § 1 Rn. 1.
183 So auch Cornils 158.

Fraglich ist, ob die Zufügung von lang anhaltenden starken Schmerzen/schweren Leiden, die nicht gelindert werden können, **per se eine nicht zu rechtfertigende Verletzung des tierlichen Eigenwerts** darstellt und daher im Einklang mit dem Grundgesetz zu verbieten wäre. Dass der rechtliche Tierschutz in erster Linie konsequentialistisch, das heisst als einer Abwägung zugänglich, konzipiert ist, spricht dabei nicht gegen die Annahme eines absoluten (deontologischen) Kernbereichs[184]. Eine solche deontologische Beschränkung würde dazu führen, dass Überschreitungen der Belastungsgrenze nicht als Mittel eines noch so wichtigen Zwecks eingesetzt werden dürfen, dass also eine Abwägung mit gegenläufigen Interessen gar nicht erst zugelassen wird[185]. Eine endlose Abwägbarkeit birgt in Grenzbereichen die Gefahr in sich, dass elementare Tierschutzinteressen im Zweifelsfall menschlichen Nutzungsinteressen untergeordnet und unter Umständen zur Erreichung des gesetzten Ziels gänzlich ausgeblendet werden. Sind gewisse menschliche Zwecke nur unter Preisgabe jeglicher Rücksichtnahme auf den Tierschutz zu erreichen, so würde deren Zulässigkeit in einer punktuellen Suspendierung der verfassungsrechtlichen Pflicht zum Schutz der Tiere resultieren. Soll in solchen Fällen der ethische Tierschutz und der Eigenwert der Tiere nicht seines Sinngehalts entleert werden, ist die Festlegung einer absoluten, das heisst der Abwägung entzogenen Schmerz-Leidens-Grenze unentbehrlich.

An dieser Stelle ist darauf hinzuweisen, dass das deutsche Recht **de lege lata bereits eine absolute Schmerzgrenze** und ein damit korrespondierendes Verbot vorsieht[186]. So darf an einem nicht betäubten Wirbeltier kein Eingriff vorgenommen werden, der zu schweren Verletzungen führt (§ 9 Abs. 2 Satz 3 Nr. 4 Satz 4 lit. a TierSchG a. F.). § 17 Abs. 2 Satz 2 Nr. 2 TierSchVersV-E sieht nunmehr, zur Umsetzung des Art. 14 Abs. 1 Satz 2 RL, vor, dass Versuche an Wirbeltieren und Kopffüssern nur unter Narkose oder Betäubung durchgeführt werden dürfen, wenn der Versuch bei dem jeweiligen Tier zu schweren Verletzungen führt, die starke Schmerzen hervorrufen können. Von der grundsätzlichen Betäubungspflicht darf in Fällen, in denen (aus schweren Verletzungen notwendig resultierende) starke Schmerzen für das Tier involviert sind, unter keinen Umständen abgewichen werden. Mit anderen Worten liegt hier ein absolutes Verbot dieser Art von Tierversuchen vor. Die Grenze der Zulässigkeit betäubungs-

---

[184] Vgl. Binder, Beiträge 227.
[185] Vgl. Rippe 10.
[186] Siehe Goetschel § 9 Rn. 6.

loser Tierversuche ist dort erreicht, wo entsprechende Eingriffe beim Menschen unerträgliche Schmerzen verursachen würden[187].

Wenn die Zufügung von starken Schmerzen am unbetäubten Tier als unerträglich erachtet und deswegen verboten wird, liegt ein analoges Verbot von schwerst belastenden Tierversuchen nahe. Dies sind solche, die den Tieren lang anhaltende starke Schmerzen/schwere Leiden verursachen, die nicht gelindert werden können. Letztere stellen für die Tiere mindestens genauso unerträgliche Belastungen dar und überschreiten gleichermassen die den Vorschriften der § 9 Abs. 2 Satz 3 Nr. 4 Satz 4 lit. a TierSchG a. F. beziehungsweise § 17 Abs. 2 Satz 2 Nr. 2 TierSchVersV-E zugrunde liegende Belastungsgrenze. Weiter ist davon auszugehen, dass diese schwersten Belastungen dermassen gravierend sind, dass sie einen unerträglichen Zustand verursachen, der nach den überwiegenden Wert- und Gerechtigkeitsvorstellungen schlicht unzumutbar ist. So wird etwa in den ethischen Grundsätzen und Richtlinien für Tierversuche der Schweizerischen Akademie der Medizinischen Wissenschaften (SAMW) und der Akademie der Naturwissenschaften Schweiz (SCNAT) bezüglich der zumutbaren Belastung eine Obergrenze gezogen, deren Überschreitung ethisch nicht gerechtfertigt werden kann[188]. Dazu heisst es in diesen Richtlinien: «Bestimmte Versuchsanordnungen sind für Tiere mit derart schwerem Leiden verbunden, dass eine Güterabwägung immer zugunsten der Tiere ausfallen wird. Wenn es nicht gelingt, durch Änderung der zu prüfenden Aussage andere, weniger belastende und ethisch vertretbare Versuchsanordnungen zu finden, muss auf den Versuch und damit auf den erhofften Erkenntnisgewinn verzichtet werden»[189]. Aus der Unzumutbarkeit folgt, dass der Versuch unabhängig vom Nutzen und den Interessen ethisch nicht vertretbar ist und eine Güterabwägung deshalb a priori ausgeschlossen sein muss[190].

Bei der Zufügung schwerster Belastungen ist ein Übermass erreicht, bei dem Tierschutzaspekte keine gehaltvolle Berücksichtigung mehr erfahren können[191].

---

[187] Siehe Lorz/Metzger § 9 Rn. 32.
[188] Vgl. Alzmann 146.
[189] Ethische Grundsätze und Richtlinien für Tierversuche der Schweizerischen Akademie der Medizinischen Wissenschaften SAMW und der Akademie der Naturwissenschaften Schweiz SCNAT, 3. Auflage 2005, Nr. 3.5.
[190] Siehe Bericht der Eidgenössischen Kommission für Tierversuche (EKTV) und der Eidgenössischen Ethikkommission für die Biotechnologie im Ausserhumanbereich (EKAH), Forschung an Primaten – eine ethische Bewertung, Bern 2006, Seite 14.
[191] So auch Cornils, der bei schwerst belastenden Tierversuchen ein Entweder – Oder menschlicher oder tierischer Integritätsinteressen ausmacht. Siehe Cornils 159.

Eine Norm, welche die Zufügung schwerster Belastungen zugunsten eines grossen Nutzens für Menschen erlaubt, drängt die Interessen des Tierschutzes dermassen zurück, dass sie im Grunde genommen nur noch der Durchsetzung des menschlichen Nutzungsanspruchs dient und somit mit dem verfassungsrechtlich verbürgten ethischen Tierschutz nicht mehr vereinbar ist[192]. Dieser würde verlangen, dass auf einen schwerst belastenden Tierversuch auch dann verzichtet wird, wenn er als unerlässlich und von grossem Nutzen erscheint, aber nur unter gänzlicher Zurückdrängung der Schutzbedürfnisse und des Eigenwerts der Tiere durchgeführt werden kann[193]. Wäre selbst diese Art von Tierversuchen zugelassen, käme dies einem **verfassungswidrigen, kategorischen Vorrang der Forschungsfreiheit** gegenüber dem Tierschutz gleich. Die übermässige Instrumentalisierung des Tieres als Versuchsobjekt, dem zur Erreichung des Versuchszwecks unerträgliche Schmerzen und Leiden zugefügt werden, ist ferner mit dem verfassungsrechtlich geschützten Eigenwert der Tiere unvereinbar.

Weiter ist zu beachten, dass der erwartete grosse **Nutzen eines Tierversuchs nur potenziell, die schwerwiegende Belastung hingegen aktuell** ist[194]. Das Gewicht des erwarteten Nutzens wird weiter dadurch gemindert, dass aus wissenschaftlicher Sicht starke Bedenken über die Aussagekraft schwerst belastender Tierversuche bestehen[195]. Schliesslich betrifft das absolute Verbot nur einen kleinen Bereich der Forschungsfreiheit, während schwerste Belastungen der Versuchstiere den Kern der tierlichen Integrität tangieren.

Insgesamt erscheint die **Beschränkung der Forschungsfreiheit** auf Tierversuche unterhalb der Belastungsgrenze **angesichts der Schwere der in Frage stehenden Eingriffe in Kerngehalte des ethischen Tierschutzes** als **verhältnismässig**. Eine solche Einschränkung der Forschungsfreiheit ist hinzunehmen, insbesondere mit Blick auf den Schutz des Eigenwerts und der Integrität der Tiere, die ohne den absoluten Schutz dieses Kernbereichs aufgrund der unbegrenzten Abwägbarkeit ausgehöhlt würden. Die grundsätzliche Vorrangstel-

---

[192] Bereits vor Aufnahme des Staatsziels Tierschutz in das Grundgesetz leitete das Bundesverfassungsgericht aus dem in § 1 TierSchG niedergelegten Grundsatz des ethischen Tierschutzes die Notwendigkeit eines Ausgleichs zwischen den rechtlich geschützten Interessen der Tierhalter einerseits und den Belangen des Tierschutzes andererseits ab. Eine Regelung (dort: die Hennenhaltungsverordnung), welche die Belange des ethischen Tierschutzes über die Grenze eines angemessenen Ausgleichs zurückdrängt, wurde für nichtig erklärt. Siehe BVerfG, Urteil vom 6.7.1999, 2 BvF 3/90, Rn. 139f.
[193] Vgl. Goetschel § 7 Rn. 52.
[194] Siehe Hirt/Maisack/Moritz § 7 Rn. 64.
[195] Vgl. Binder, Beiträge 227.

lung menschlicher Nutzungsbedürfnisse ändert nichts an der Zulässigkeit, den Höchstbereich der Schmerzen von der Abwägbarkeit auszuschliessen; im Gegenteil, der Schutz des Eigenwerts und der Integrität der Tiere gebietet es, dass der Instrumentalisierung gewisse Grenzen gesetzt werden. Die Normierung auf europäischer Ebene (Art. 13 GRCh und Art. 10 EMRK) verleihen der Forschungsfreiheit keinen anderen Gehalt und kein anderes Gewicht als das Grundgesetz. Die Forschungsfreiheit würde durch ein absolutes Verbot schwerst belastender Tierversuche nicht verletzt.

Keine Verletzung des Grundrechts auf körperliche Integrität und Gesundheit

Auch im Hinblick auf den Schutz der Gesundheit (Grundrecht der körperlichen Unversehrtheit nach Art. 2 Abs. 2 GG sowie Art. 2, 3 und 35 europäische GRCh; Art. 2, 8 EMRK) ist hinzunehmen, dass möglicherweise einige menschliche Krankheiten nicht erforscht oder behandelt werden können. Zwar fliesst aus dem Grundrecht auf Leben und körperliche Integrität eine staatliche Schutzpflicht, diese gebietet jedoch keine konkreten, spezifischen Massnahmen des Staates in Bezug auf die Regulierung von Tierversuchen. Ein hypothetisches Risiko wiegt nicht die realen schwersten Belastungen der Tiere auf[196].

Im Ergebnis ist ein absolutes Verbot schwerst belastender Tierversuche folglich verfassungsrechtlich geboten, zumindest aber zulässig.

3.4. Vorschlag für eine richtlinien- und verfassungskonforme Fassung des § 26 TierSchVersV-E zum Verbot von die Belastungsobergrenze überschreitenden Tierversuchen

§ 26 TierSchVersV-E sollte nach dem Gesagten lediglich ein (absolutes) Verbot normieren und könnte folgendermassen formuliert werden:

«Tierversuche an Wirbeltieren oder Kopffüssern, die bei den verwendeten Tieren zu voraussichtlich länger anhaltenden oder sich wiederholenden starken

---

[196] Vgl. aus moralphilosophischer Sicht Birnbacher, Ethische Grenzen 121.

Schmerzen, schweren Leiden oder schweren Ängsten führen, die nicht gelindert werden können, sind verboten.»

oder

«Tierversuche an Wirbeltieren oder Kopffüssern, die bei den verwendeten Tieren zu voraussichtlich länger anhaltenden oder sich wiederholenden erheblichen Schmerzen, Leiden oder Ängsten führen, die nicht gelindert werden können, sind verboten.»

Anzumerken ist ferner, dass – wie bereits vorne Seite 63 ff. ausgeführt – auch Ängste zu den relevanten Belastungen zu zählen sind. Das grundsätzliche Verbot schwerst belastender Tierversuche muss sich auch auf die Verursachung schwerer Ängste, die voraussichtlich lang anhalten, beziehen (Art. 15 Abs. 2 RL).

Das **grundsätzliche Verbot** von Tierversuchen, die voraussichtlich länger anhaltende erhebliche Schmerzen, Leiden oder Ängste verursachen, die nicht gelindert werden können, entspricht den **zwingenden Vorgaben** des Art. 15 Abs. 2 RL. Eine Überprüfung der Verfassungsmässigkeit der deutschen Umsetzungsgesetzgebung ist nach der Rechtsprechung des Bundesverfassungsgerichts nicht möglich (siehe im Einzelnen Seite 18 ff.). Ein **absolutes Verbot** ist nach dem eben Gesagten verfassungs- und unionsgrundrechtskonform.

III. Das Verbot von Versuchen an Menschenaffen

1. Prüfungsgegenstand und Prüfungsmassstab

§ 25 TierSchVersV-E («Verwendung von Menschenaffen») ist zu messen an Art. 8 Abs. 3 RL[197] und Art. 55 Abs. 2 RL[198] sowie an Art. 20a GG und am Grundrecht der Forschungsfreiheit (Art. 5 Abs. 3 GG, Art. 13 GRCh, Art. 10 EMRK).

2. Bestimmungen der Richtlinie zu Versuchen an Menschenaffen

2.1. Grundsätzliches Verbot mit Ausnahmevorbehalt

Ungeachtet der Bestimmungen über die Verwendung von Primaten (Art. 8 Abs. 1 und 2 RL) dürfen «Menschenaffen» «nicht in Verfahren» (das heisst in Tierversuchen) verwendet werden (**Art. 8 Abs. 3 RL**). Die Richtlinie normiert damit ein **grundsätzliches Verbot von Menschenaffenversuchen**.

Vorbehalten bleibt die Anwendung der Schutzklausel (**Art. 55 Abs. 2 RL**), sodass auf nationaler Ebene gewisse Ausnahmen vom Verbot zugelassen werden können. Im Rahmen einer vorläufigen Massnahme kann ein Mitgliedstaat die Verwendung von Menschenaffen für einen Versuch genehmigen, wenn er berechtigte Gründe zu der Annahme hat, dass dies für die Erhaltung einer Art oder im Zusammenhang mit dem unerwarteten Auftreten eines für Menschen lebensbedrohlichen oder zur Entkräftung führenden klinischen Zustands unbedingt erforderlich ist und der Versuchszweck nicht mit alternativen Methoden oder Tierarten erreicht werden kann (Art. 55 Abs. 2 Satz 1 RL).

---

[197] Art. 8 Abs. 3 RL: «Ungeachtet der Absätze 1 und 2 dürfen Menschenaffen vorbehaltlich der Anwendung der Schutzklausel nach Artikel 55 Absatz 2 nicht in Verfahren verwendet werden.»

[198] Art. 55 Abs. 2 RL: «Hat ein Mitgliedstaat berechtigte Gründe zu der Annahme, dass Massnahmen für die Erhaltung einer Art oder im Zusammenhang mit dem unerwarteten Auftreten eines für Menschen lebensbedrohlichen oder zur Entkräftung führenden klinischen Zustands unbedingt erforderlich sind, so kann er eine vorläufige Massnahme für die Zulassung der Verwendung von Menschenaffen bei Verfahren mit einem der in Artikel 5 Buchstaben b Ziffer i, und Buchstabe c oder e genannten Zwecke beschliessen, sofern der Zweck des Verfahrens nicht durch die Verwendung anderer Tierarten als Menschenaffen oder mit alternativen Methoden erreicht werden kann. Bei der Bezugnahme auf Artikel 5 Buchstabe b Ziffer i sind jedoch Tiere und Pflanzen ausgenommen.»

2.2. Regelungsgegenstand «Menschenaffen»

«Menschenaffe» ist kein wissenschaftlicher Begriff, sondern aus zoologischer Sicht ein Trivialname. Als solcher bezeichnet er eine taxonomische Überfamilie (Hominoidae) innerhalb der Primaten. Zu den Menschenaffen in jenem Sinne zählen die Familie der **Kleinen Menschenaffen** (Hylobatidae, Gibbons)[199] sowie die Familie der **Grossen Menschenaffen** (Hominidae, also Menschen, Schimpansen, Bonobos, Gorillas und Orang-Utans)[200].

Im Sinne der Richtlinie ist zunächst eine teleologische Reduktion auf nichtmenschliche Menschenaffen vorzunehmen. Fraglich ist, ob «Menschenaffen» im Sinne der Richtlinie darüber hinaus auf die Grossen Menschenaffen einzuschränken ist, oder ob auch Gibbons (Kleine Menschenaffen) unter diesen richtlinienrechtlichen Begriff zu subsumieren sind. Die Tatsache, dass «Menschenaffen» in der Richtlinie nicht definiert werden, deutet darauf hin, dass diesem Begriff bereits ausserhalb des Regelsystems der Richtlinie eine feste Bedeutung zukommt. Problematisch ist jedoch, dass der Begriff der Menschenaffen im biologischen Sinn und im umgangssprachlichen und rechtlichen Sinn teilweise nicht deckungsgleich ist. Während biologisch sowohl Kleine als auch Grosse Menschenaffen zu den Hominoidae zählen, werden «Menschenaffen» im allgemeinen Sprachgebrauch oft mit Grossen Menschenaffen (Hominidae), also ohne Gibbons, gleichgesetzt – jedoch wiederum unter Ausschluss der Menschen[201]. Gibbons sind auch in der rechtlichen Rezeption tendenziell von menschenaffenspezifischen Bestimmungen ausgenommen: In einigen Staaten werden in Rechtstexten unter Menschenaffen ausschliesslich Orang-Utans, Bonobos, Schimpansen und Gorillas verstanden (also nicht Gibbons)[202].

Der (umgangssprachliche) Begriff der Menschenaffen ist daher unscharf. Diese Ambiguität wurde leider auch im Wortlaut der Richtlinie (Art. 8 Abs. 3 und Art. 55 Abs. 2 RL) fortgeschrieben. So wird in der deutschen, italienischen und niederländischen Sprache der allgemeine Begriff «Menschenaffen» bezie-

---

[199] Gibbons werden unter anderem deshalb als Kleine Menschenaffen qualifiziert, weil sie keinen Schwanz haben.
[200] Vgl. Deutsches Primatenzentrum (DPZ), Der Primaten-Begriff in der europäischen Tierschutzrichtlinie, Göttingen, Stand 1.11.2010.
[201] Siehe Konrad/Geissmann 16.
[202] So zum Beispiel die Verbote von Tierversuchen mit Menschenaffen in den Niederlanden (Art. 10e Wet op de Dierproeven, Wet van 12.1.1977, BWB-ID: BWBR0003081) und Neuseeland (Art. 85 Animal Welfare Act 1999, 14.10.1999, 1999 No 142).

hungsweise «scimmie antropomorfe» beziehungsweise «mensapen» verwendet, sodass darunter sowohl Gibbons («Kleine Menschenaffen») als auch Grosse Menschenaffen fallen. Im englischen wie auch im französischen Wortlaut ist demgegenüber von «great apes» beziehungsweise «grands singes», das heisst nur von Grossen Menschenaffen, die Rede.

Aus dem **uneinheitlichen Wortlaut** der Richtlinie lässt sich also nicht eindeutig bestimmen, ob Gibbons auch unter den Begriff der Menschenaffen fallen. Somit ist insbesondere mittels teleologischer Auslegung zu ermitteln, ob sich der uneindeutige Begriff der Menschenaffen im Sinne der Richtlinie nur auf die taxonomische Familie des Menschen, also die Hominidae (Grosse Menschenaffen, das heisst ohne Gibbons), bezieht.

2.2.1. Argumente für eine enge Auslegung

(1) Versteht man unter den «nächsten Verwandten» des Menschen (Erwägung 18 RL) nur seine taxonomische Familie (Grosse Menschenaffen), so könnte dies in Abgrenzung zu den Kleinen Menschenaffen gemeint sein.

(2) Der spezielle Schutz Grosser Menschenaffen liegt im gegenwärtigen mainstream der Tierschützerinnen und Tierrechtler (vgl. das «Great Ape Project»).

(3) In Verordnung (EG) Nr. 338/97 über den Schutz von Exemplaren wildlebender Tier- und Pflanzenarten durch Überwachung des Handels (auf welche die Richtlinie in Art. 7 und 8 verweist) sind Hylobatidae mit dem Allgemeinnamen «Gibbons» und nur die Hominidae (Grossen Menschenaffen) mit dem Allgemeinnamen «Menschenaffen» belegt.

2.2.2. Argumente für eine weite Auslegung, die Gibbons einschliesst

(1) Die Richtlinie will Menschenaffen als die dem Menschen am nächsten verwandten Arten besonders schützen (**Erwägung 18 RL**). Auch die Gibbons könnten noch als nächste Verwandte des Menschen bezeichnet werden, da sie derselben Überfamilie (Hominoidae) angehören.

(2) Wenn der Begriff «Menschenaffe» biologisch-technisch gemeint wäre, müsste auch der Mensch hierzu gezählt werden, was offensichtlich nicht beabsichtigt ist. Dies könnte dafür sprechen, den Begriff umgangssprachlich zu verstehen. Jedenfalls in der Alltagssprache werden auch Gibbons manchmal zu den Menschenaffen gezählt (oft aber auch nicht).

(3) Wenn die Autoren der Richtlinie eine Beschränkung auf Grosse Menschenaffen gewollt hätten, hätten sie mit Leichtigkeit diese Beschränkung explizit in alle Sprachfassungen aufnehmen können, zum Beispiel in der deutschen Version «Grosse Menschenaffen».

(4) Eine Richtlinie muss teleologisch im Sinne des effet utile ausgelegt werden. Entsprechend ihrer Zielsetzung ist sie im Zweifel und insbesondere bei Divergenz der Sprachfassungen im Sinne ihres tierschutzrechtlichen Ziels zu interpretieren.

2.2.3. Ergebnis

Mangels näherer Bezeichnung der zu den Menschenaffen zu zählenden Arten oder erkennbarer Intention einer Begrenzung auf die Grossen Menschenaffen ist im Sinne der Richtlinie vorzugsweise von einem **weiten, biologischen Menschenaffenbegriff** auszugehen, sodass der Schutzbereich des Art. 8 Abs. 3 RL im Zweifel eher extensiv als restriktiv ausfällt. Diese tierschutzfreundliche Ansicht ist gut vertretbar.

3. Der Umsetzungsvorschlag in § 25 TierSchVersV-E

In diesem Abschnitt wird geprüft, ob § 25 TierSchVersV-E die Vorschrift des Art. 8 Abs. 3 und Art. 55 Abs. 2 RL richtlinienkonform umsetzt.

§ 9 Abs. 3 Nr. 1 TierSchG n. F.-E ermächtigt den Verordnungsgeber, Versuche an Menschenaffen, soweit dies aufgrund der hoch entwickelten Fähigkeiten dieser Tiere zu ihrem Schutz erforderlich ist, zu verbieten oder zu beschränken. In § 25 TierSchVersV-E wird von dieser Ermächtigung Gebrauch gemacht und Art. 8 Abs. 3 und Art. 55 Abs. 2 RL umgesetzt. Der Umsetzungsentwurf statuiert dementsprechend in § 25 Satz 1 TierSchVersV-E ein grundsätzliches Verbot von

Tierversuchen mit Menschenaffen: «Menschenaffen dürfen in Tierversuchen nicht verwendet werden». **§ 25 Satz 2 TierSchVersV-E** lässt unter bestimmten, mit Art. 55 Abs. 2 i. V. m. Art. 5 RL übereinstimmenden Voraussetzungen Ausnahmen vom Verbot zu.

Auch der Umsetzungsentwurf enthält keine Bestimmung des Begriffs «Menschenaffen». Es ist anzunehmen, dass eine identische Bedeutung wie für die Richtlinie beabsichtigt war. Diese ist jedoch nicht eindeutig (siehe Seite 102 ff.). Der Gesetz- und Verordnungsgeber sollte den Begriff im deutschen Recht präzisieren. Dabei darf er nicht unter den Standard der Richtlinie zurückfallen. Um der Gefahr einer richtlinienwidrigen Rechtssetzung und damit der Gefahr einer Vertragsverletzungsklage zu entgehen, sollte der deutsche Rechtssetzer den Begriff «Menschenaffen» im Sinne von Grossen und Kleinen Menschenaffen umsetzen und dies klar sagen.

4. Richtlinien-, Unionsgrundrechts- und Verfassungskonformität eines absoluten Verbots von Versuchen an Menschenaffen

In diesem Abschnitt wird geprüft, ob ein über den vorliegenden Umsetzungsentwurf hinausgehendes absolutes (das heisst ausnahmsloses) Verbot von Menschenaffenversuchen mit Unionsrecht und mit deutschem Verfassungsrecht vereinbar wäre.

4.1. Spielraum bei der Umsetzung des Art. 55 Abs. 2 der Richtlinie

Nach Art. 8 Abs. 3 RL muss der Mitgliedstaat das grundsätzliche Verbot von Tierversuchen an Menschenaffen gewährleisten, während er nach Art. 55 Abs. 2 Satz 1 RL Ausnahmen von diesem Verbot vorsehen kann. Die Schutzklausel räumt den Mitgliedstaaten lediglich die Möglichkeit ein, Ausnahmen vom Verbot vorzusehen und zu genehmigen. Der Wortlaut des Art. 55 Abs. 2 Satz 1 RL weist auf eine Ermächtigung, nicht Pflicht der Mitgliedstaaten hin, das von der Richtlinie als absolut vorgesehene Verbot von Menschenaffenversuchen unter bestimmten Voraussetzungen zu relativieren. Die Schutzklausel räumt einen Umsetzungsspielraum hinsichtlich eines generell-abstrakten Ausschlusses von Ausnahmemöglichkeiten ein. Hier kann auf die Ausführungen auf Seite 92 f.

verwiesen werden. Die Richtlinie erlaubt einen Verzicht auf die Umsetzung der Schutzklausel. Ein absolutes Verbot von Menschenaffenversuchen wäre somit richtlinienkonform.

4.2. Vereinbarkeit eines absoluten Verbots von Versuchen an Menschenaffen mit dem Grundgesetz und mit Unionsgrundrechten

Es muss am Massstab des Grundgesetzes geprüft werden, ob der nach Art. 55 Abs. 2 RL bestehende Umsetzungsspielraum im Sinne eines generellen Ausschlusses von Ausnahmen vom Verbot von Menschenaffenversuchen ausgeschöpft werden könnte oder sollte. Die Frage, ob ein absolutes Verbot verfassungsrechtlich geboten oder zumindest zulässig ist, muss insbesondere mit Blick auf den Konflikt zwischen Grundrechten und dem Verfassungsgut des Tierschutzes beantwortet werden. Parallel dazu ist das Unionsgrundrecht der Forschungsfreiheit (Art. 13 GRCh und Art. 10 EMRK) zu beachten.

4.2.1. Zulässige Einschränkung der Forschungsfreiheit

Ein absolutes Verbot von Menschenaffenversuchen stellt einen Eingriff in den Schutzbereich der Forschungsfreiheit dar. Es spielt im Ergebnis keine Rolle, ob die Beurteilung auf Art. 5 Abs. 3 GG oder auf die europäische Normierung (Art. 13 GRCh und Art. 10 EMRK) gestützt wird (siehe Seite 21). Eine Einschränkung erfährt das Grundrecht der Forschungsfreiheit dadurch, dass Menschenaffenversuche nicht mehr als Mittel der Forschung zur Disposition stünden. Zwar werden Menschenaffenversuche in Deutschland schon seit Jahren nicht mehr durchgeführt, jedoch kann der Bedarf für diese Art von Forschung nicht schlechthin verneint werden[203].

---

[203] Vgl. Cornils 156.

Rechtliche Grundlage

Die Möglichkeit der Einschränkung des Grundrechts müsste, um dem Gesetzesvorbehalt zu genügen, in einer gesetzlichen Grundlage verankert werden. Eine solche einfachgesetzliche Grundlage würde § 25 TierSchVersV-E liefern. Es handelt sich nicht unbedingt um einen wesentlichen Eingriff in die Forschungsfreiheit, da nur ein sehr kleiner Ausschnitt möglicher Forschungstätigkeit verboten würde. Aus demokratischer und rechtsstaatlicher Sicht vorzugswürdig wäre jedoch die Normierung eines absoluten Verbots im TierSchG n. F. selbst.

Legitimes Ziel

Das Staatsziel (Art. 20a GG) und das Unionsziel (Art. 13 AEUV) Tierschutz stellt einen legitimen Einschränkungsgrund dar (**verfassungsimmanente Schranke** der Forschungsfreiheit). Ein absolutes Verbot von Menschenaffenversuchen würde dem Verfassungsgut Tierschutz dienen. Insbesondere gegenüber empfindungsfähigen Tieren besteht eine verfassungsrechtliche Schutzpflicht, die darauf abzielt, unnötige oder äusserst schwere Schmerzen und Leiden zu verhindern. Aufgrund ihrer **menschenähnlichen sozialen, geistigen und emotionalen Fähigkeiten** kommt Menschenaffen ein besonderer Status im Tierschutz zu[204]. Zwar sind Menschenaffen nach geltendem deutschem Tierschutzrecht den anderen Tieren formal gleichgestellt. Das Tierschutzgesetz stellt als wesentliches Ordnungsmerkmal in erster Linie auf die Schmerz- und Leidensfähigkeit ab. Allerdings sieht es auch eine **Hierarchisierung nach Entwicklungsstand** der Tierarten vor, wonach die Entwicklungshöhe in der zoologischen Systematik von Belang ist (vgl. § 9 Abs. 2 Satz 3 Nr. 1 TierSchG a. F. beziehungsweise Art. 7a Abs. 2 Nr. 5 TierSchG n. F.-E). Der Gesetzgeber vermutet eine desto höhere Schmerz- und Leidenssensibilität, je höher entwickelt die Tierart ist[205]. Bei höher entwickelten Tieren ist insoweit mehr Zurückhaltung gefordert, als die ihnen zugefügten Belastungen insgesamt aufgrund ihrer ausgeprägten Schmerz- und Leidensfähigkeit und sinnesphysiologischen Entwicklung schwerer zu gewichten sind. Aufgrund ihrer menschenähnlichen, hochentwickelten sozialen, geistigen und emotionalen Fähigkeiten ist es kaum möglich, den Bedürfnissen

---

[204] Vgl. Konrad/Geissmann 18.
[205] Vgl. Hirt/Maisack/Moritz § 9 Rn. 8.

der Menschenaffen in der Laborumgebung auch nur annähernd gerecht zu werden[206]. Dieses Unvermögen, grundlegende Bedürfnisse der Menschenaffen vor, während und nach einem Tierversuch angemessen zu erfüllen, wirkt sich erschwerend auf die Belastung der Tiere aus.

Entsprechend bestehen in der **Öffentlichkeit grösste Bedenken** gegenüber Tierversuchen mit Menschenaffen als den dem Menschen am nächsten verwandten Arten mit den am stärksten entwickelten sozialen und verhältnismässigen Fähigkeiten (vgl. Erwägung 17 und 18 RL). So sprachen sich über 80 % der Teilnehmerinnen an der öffentlichen Konsultation der Kommission aus dem Jahr 2006 gegen die Verwendung von Menschenaffen in Tierversuchen aus[207]. Auch das Europäische Parlament forderte in seiner Erklärung die sofortige Beendigung der Verwendung von Menschenaffen in wissenschaftlichen Versuchen[208].

Rechtlicher Tierschutz reflektiert gesellschaftliche Wertvorstellungen, die zu einer bestimmten Zeit vorherrschen. Es ist Aufgabe des Gesetzgebers, einen feststellbaren gesellschaftlichen Wertewandel aufzugreifen und ihm gegebenenfalls durch Änderung des Gesetzes Rechnung zu tragen[209]. Die gesellschaftlichen Wertvorstellungen gebieten es, den Menschenaffen aufgrund ihrer ausgeprägten Schmerz- und Leidenssensitivität sowie ihrer hoch entwickelten kognitiven, sozialen und emotionalen Fähigkeiten eine **Sonderstellung** einzuräumen. Weil Menschenaffen besonders menschenähnlich und bewusst Schmerzen und Leiden empfinden, ist ihre Belastung (im Versuch sowie durch alle umgebenden Umstände) so schwer zu gewichten, dass Menschenaffenversuche ethisch nicht zu rechtfertigen und mit dem ethisch begründeten Tierschutz kaum zu vereinbaren sind. Dass Menschenaffen durch ein absolutes Verbot von Menschenaffenversuchen im Vergleich zu den anderen Versuchstieren de lege ferenda privilegiert werden, lässt sich nach dem Gesagten durchaus mit den Leitlinien des Tierschutzgesetzes vereinbaren[210].

---

[206] Siehe Erklärung des Europäischen Parlaments zur Verwendung von Primaten in wissenschaftlichen Versuchen, 25.9.2007, DCL-0040/2007 / P6_TA-PROV(2007)00407, Nr. 5 Abs. 2.
[207] Siehe Erklärung des Europäischen Parlaments zur Verwendung von Primaten in wissenschaftlichen Versuchen, 25.9.2007, DCL-0040/2007 / P6_TA-PROV(2007)00407, Nr. 6.A.
[208] Siehe Erklärung des Europäischen Parlaments zur Verwendung von Primaten in wissenschaftlichen Versuchen, 25.9.2007, DCL-0040/2007 / P6_TA-PROV(2007)00407, Nr. 6 Abs. 1.
[209] Siehe VG Bremen, Urteil vom 28.5.2010, 5 K 1274/09, Erwägung II.9.3.
[210] A.A. Cornils 153 ff.

Verhältnismässigkeit

Ein absolutes Verbot von Menschenaffenversuchen ist jedoch nur gerechtfertigt, wenn der Eingriff in die Forschungsfreiheit den **Verhältnismässigkeitsgrundsatz** nicht verletzt. Das ausnahmslose Verbot von Menschenaffenversuchen ist geeignet und erforderlich, Menschenaffen, die aufgrund ihrer menschenähnlichen Fähigkeiten und Eigenschaften grundsätzlich und besonders stark unter Tierversuchen leiden, vor diesen Belastungen zu schützen. Zur Prüfung der Verhältnismässigkeit im engeren Sinne muss das Interesse der Forscher an der Durchführung von Menschenaffenversuchen gegen das Interesse des Tierschutzes, Menschenaffen vor Versuchsbelastungen zu bewahren, abgewogen werden. Mit einem absoluten Verbot wird die Forschungsfreiheit so weit eingeschränkt, dass keine Ausnahmen im Einzelfall genehmigt werden können. Das Interesse des ethischen Tierschutzes fordert einen Verzicht auf Menschenaffenversuche unabhängig von einer Schaden-Nutzen-Abwägung im Einzelfall, da das Tierleid als so gross einzustufen ist, dass dieses nicht in Kauf genommen werden darf. Demgegenüber verlangt das Grundrecht der Forschungsfreiheit, dass zumindest in begründeten Ausnahmefällen zu ausserordentlich wichtigen Versuchszwecken Menschenaffen verwendet werden können. Zur Beurteilung des Gewichts der jeweiligen Positionen muss wiederum berücksichtigt werden, dass der Nutzen eines Menschenaffenversuchs meist nur potenziell, das Leiden der Menschenaffen jedoch aktuell und sicher ist. Die ethischen Bedenken bezüglich des Tierleids in Menschenaffenversuchen sind darüber hinaus besonders gewichtig. So verneint zum Beispiel eine klare Mehrheit der Mitglieder der Schweizerischen Eidgenössischen Kommission für Tierversuche (EKTV) und der Eidgenössischen Ethikkommission für Biotechnologie im Ausserhumanbereich (EKAH) die ethische Zulässigkeit von Versuchen an Grossen Menschenaffen. Solche Versuche sind nach Auffassung dieser von der Schweiz eingesetzten Expertenkommissionen **einer Güterabwägung nicht zugänglich und daher nicht verhandelbar**[211]. Daraus folgt laut EKTV und EKAH ein absolutes Verbot von Versuchen mit Grossen Menschenaffen. Aufgrund dieser gewichtigen ethischen Bedenken sehen einige EU-Mitgliedstaaten bereits ein absolutes Verbot von Menschenaffenversuchen vor[212]. Überhaupt werden in der EU – soweit er-

---

[211] Siehe Bericht der Eidgenössischen Kommission für Tierversuche (EKTV) und der Eidgenössischen Ethikkommission für die Biotechnologie im Ausserhumanbereich (EKAH), Forschung an Primaten – eine ethische Bewertung, Bern 2006, Seite 9.

[212] Zum Beispiel Österreich (§ 3 Abs. 6 Tierversuchsgesetz) und die Niederlande (Art. 10e Wet op de dierproeven).

sichtlich – seit über zehn Jahren keine Menschenaffen mehr für Versuche verwendet[213].

Die Forschung an Tieren unterliegt unbestritten **ethischen Grenzen**. Der exakte Verlauf dieser Grenzen ist ein Ergebnis eines gesellschaftlichen und politischen Diskurses und des demokratischen Prozesses, aber auch des Standes der biologischen und medizinischen Forschung. Er ist damit abhängig von zeitlichen und örtlichen Umständen. Konsentiertes Ziel der Rechtssetzung ist die vollständige Abschaffung und Ersetzung von Tierversuchen durch andere wissenschaftliche Verfahren (**vgl. Erwägung 10 RL**). Ein Verbot von Menschenaffenversuchen, welche die grössten ethischen Bedenken auslösen, wäre als Zeichen der Zeit und in Anbetracht der überwältigenden Mehrheitsmeinung sowohl der deutschen als auch der europäischen Bevölkerung angemessen. Eine dementsprechende Beschränkung der Forschungsfreiheit ist von daher in praktischer Hinsicht nicht unverhältnismässig einschneidend und daher zumutbar.

4.2.2. Zulässige Berührung des Rechtsgutes öffentliche Gesundheit

Auch im Hinblick auf den Schutz der Gesundheit ist hinzunehmen, dass möglicherweise einige menschliche Krankheiten nicht erforscht oder behandelt werden können. Es gibt kein Grundrecht auf Gesundheitsversorgung in dem Sinne, dass ohne Rücksicht auf finanzielle, technische oder ethische Grenzen der Machbarkeit der Zugang zu bestimmten medizinische Behandlungen garantiert würde. Das Grundgesetz enthält keine individualbezogene Vorschrift zur Gesundheitsversorgung. Auch Art. 35 GRCh gewährt keinen individuellen Anspruch auf medizinische Leistungen. Beispielsweise hat kein Mensch einen rechtlichen Anspruch auf die Zurverfügungstellung eines lebensrettenden Organs, selbst in einer Situation, in der sicher feststeht, dass durch eine Transplantation sein Leben gerettet werden könnte. Noch weniger besteht ein Anspruch auf die Durchführung von Versuchen, die möglicherweise eine Vorstufe zu medizinischer Behandlung darstellen, deren Nutzen aber naturgemäss nicht sicher vorhersagbar ist und in der ungewissen Zukunft liegt.

---

[213] Vgl. Cornils 156; siehe auch Erklärung des EP zur Verwendung von Primaten (Fn. 206), Nr. 7 Abs. 3.

Es existiert auch keine nur-objektivrechtliche Verpflichtung dahingehend, Forschung im Interesse des Gesundheitsschutzes zuzulassen. Selbst wenn eine optimale Gesundheitsversorgung für die gesamte Bevölkerung ein politisches und rechtliches Ziel eines jeden Sozialstaats ist, so kann dieses nur im Rahmen der Möglichkeiten und unter Ausgleich mit zahlreichen kollidierenden öffentlichen Zielen und bei Knappheit der Mittel verfolgt werden. Es existieren zahlreiche ethisch motivierte, weitreichende Einschränkungen in diesem Kontext. Beispielsweise ist unumstösslich, dass zahlreiche Versuche an Menschen allein aus ethischen Gründen nicht vorgenommen werden dürfen, auch wenn diese die Gesundheitsversorgung schnell und billig optimieren würden.

Eben gerade die **Menschenähnlichkeit**, die Menschenaffen als Versuchsobjekte für die biomedizinische Forschung besonders geeignet macht, verbietet aus ethischer Sicht die Verwendung dieser Tiere in belastenden Verfahren[214]. Aus moralphilosophischer Sicht werden teilweise Alternativversuche an Menschen für ethisch vertretbarer als die Menschenaffenversuche gehalten, wenn und sofern die betroffenen Menschen (im Gegensatz zu den Menschenaffen) einwilligungsfähig sind[215].

4.3. Ergebnis

Die Normierung eines absoluten Verbots von Menschenaffenversuchen ist im Ergebnis **verfassungsrechtlich zulässig**. Sie ist auch mit dem Unionsprimärrecht (mit europäischen Grundrechten) vereinbar. Ein solches absolutes Verbot ist jedoch in erster Linie als Wertentscheidung der Gesellschaft und des Gesetzgebers anzusehen, die massgeblich von ethischen Erwägungen abhängt.

---

[214] Auf nicht belastende Tierversuche, das heisst Verfahren, die beim Tier keine Schmerzen, Leiden, Ängste oder dauerhaften Schäden verursachen, findet die Richtlinie ohnehin keine Anwendung (Art. 1 Abs. 5 lit. f und Art. 3 Nr. 1 RL).
[215] Birnbacher, Affenversuche 28.

5. Vorschlag für eine Neufassung des § 25 TierSchVersV-E zur Umsetzung eines absoluten Verbots von Menschenaffenversuchen

Zur Implementierung eines absoluten Verbots von Menschenaffenversuchen sollte § 25 Satz 2 TierSchVersV-E gestrichen werden. § 25 TierSchVersV enthielte dann lediglich folgenden Satz: «Menschenaffen dürfen in Tierversuchen nicht verwendet werden.»

IV. Die Beschränkung von Versuchen an Primaten

Es stellt sich die Frage, ob der Verordnungsgeber auf die in § 23 Abs. 2 TierSchVersV-E vorgesehene Ausweitung der Zulässigkeit von Primatenversuchen verzichten darf oder sollte.

1. Prüfungsgegenstand und Prüfungsmassstab

§ 23 TierSchVersV-E ist zu messen an Art. 8 Abs. 1 und 2 RL[216] und Art. 55 Abs. 1 RL[217] sowie an Art. 20a GG und am Grundrecht der Forschungsfreiheit (Art. 5 Abs. 3 GG, Art. 13 GRCh, Art. 10 EMRK). Zur **Begrifflichkeit** ist anzumerken, dass Primaten im Sinne der Richtlinie alle zur biologischen Ordnung der Primaten gehörenden Arten sind, mit Ausnahme der Menschenaffen (dazu Spezialbestimmungen in Art. 8 Abs. 3 und Art. 55 Abs. 2 RL) und der Menschen. Zur biologischen Ordnung der Primaten gehören alle Affen (Menschen- und Tieraffen) sowie der Mensch.

---

[216] Art. 8 RL: «(1) Vorbehaltlich des Absatzes 2 dürfen Exemplare nichtmenschlicher Primaten nicht in Verfahren verwendet werden; hiervon ausgenommen sind die Verfahren, die folgende Voraussetzungen erfüllen: a) das Verfahren hat einen der i) in Artikel 5 Buchstabe b Ziffer i oder Buchstabe c genannten Zwecke und wird in Hinblick auf die Verhütung, Vorbeugung, Diagnose oder Behandlung von klinischen Zuständen beim Menschen durchgeführt, die zur Entkräftung führen oder potentiell lebensbedrohlich sind, oder ii) in Artikel 5 Buchstabe a oder e genannten Zwecke; und b) es liegt eine wissenschaftliche Begründung dafür vor, dass der Zweck des Verfahrens nicht durch die Verwendung von anderen Tierarten als nichtmenschlichen Primaten erreicht werden kann. Als zur Entkräftung führender klinischer Zustand für die Zwecke dieser Richtlinie gilt eine Verminderung in der normalen physischen oder psychologischen Funktionsfähigkeit eines Menschen. (2) Exemplare der in Anhang A der Verordnung (EG) Nr. 338/97 aufgeführten nichtmenschlichen Primaten, die nicht unter Artikel 7 Absatz 1 der genannten Verordnung fallen, dürfen nicht in Verfahren verwendet werden; hiervon ausgenommen sind die Verfahren, die folgende Voraussetzungen erfüllen: a) Das Verfahren hat einen der i) in Artikel 5 Buchstabe b Ziffer i oder Buchstabe c dieser Richtlinie genannten Zwecke und wird zur Verhütung, Vorbeugung, Diagnose oder Behandlung von klinischen Zuständen des Menschen durchgeführt, die zur Entkräftung führen oder lebensbedrohlich sind, oder ii) in Artikel 5 Buchstabe e genannten Zwecke; und b) es liegt eine wissenschaftliche Begründung dafür vor, dass der Zweck des Verfahrens nicht durch die Verwendung von anderen Tierarten als nichtmenschlichen Primaten und durch die Verwendung von nicht in jenem Anhang aufgeführten Tierarten erreicht werden kann.»

[217] Art. 55 Abs. 1 RL: «Hat ein Mitgliedstaat wissenschaftlich berechtigte Gründe zu der Annahme, dass die Verwendung von nichtmenschlichen Primaten für die in Artikel 8 Absatz 1 Buchstabe a Ziffer i genannten Zwecke, die jedoch nicht im Hinblick auf die Verhütung, Vorbeugung, Diagnose oder Behandlung von zur Entkräftung führenden oder lebensbedrohlichen klinischen Zuständen beim Menschen durchgeführt werden, unbedingt erforderlich ist, so kann er eine vorläufige Massnahme für die Zulassung der entsprechenden Verwendung beschliessen, sofern der Zweck nicht durch die Verwendung anderer Tierarten als nichtmenschliche Primaten erreicht werden kann.»

2. Bestimmungen der Richtlinie zu Versuchen an nichtmenschlichen Primaten

Grundsätzlich gilt für nichtmenschliche Primaten, dass sie in Verfahren nicht verwendet werden dürfen (**Art. 8** Abs. 1 erster Teilsatz und Abs. 2 erster Teilsatz RL). Von diesem Grundsatz sieht die Richtlinie in Art. 8 Abs. 1 zweiter Teilsatz und Abs. 2 zweiter Teilsatz jedoch weitreichende Ausnahmen vor. Innerhalb dieses Ausnahmebereichs sind Primatenversuche unter strengeren Voraussetzungen zulässig, die je nach artenschutzrechtlichem Status der Primaten (zu bestimmen nach der EU-Artenschutzverordnung (338/97))[218] unterschiedlich ausfallen.

2.1. Nicht artengeschützte (Art. 8 Abs. 1 der Richtlinie) und artengeschützte Primaten (Art. 8 Abs. 2 der Richtlinie)

2.1.1. Nicht artengeschützte Primaten (Abs. 1)

Für Primatenarten, die nicht in Anhang A EU-Artenschutzverordnung gelistet sind beziehungsweise für solche, die unter Art. 7 Abs. 1 EU-Artenschutzverordnung (Nachzuchten von Anhang A-Arten) fallen, gilt Art. 8 Abs. 1 zweiter Teilsatz RL. Die Zulässigkeit eines solchen Tierversuchs ist zum einen auf die in Art. 8 Abs. 1 zweiter Teilsatz lit. a RL genannten zulässigen Versuchszwecke und zum anderen an das in lit. b zusätzlich aufgestellte Erfordernis der **wissenschaftlichen Begründung**, dass das Versuchsziel nicht mit einer anderen Tierart erreicht werden kann, geknüpft. **Zulässige Versuchszwecke** sind allgemein in Art. 5 RL genannt. Die Primatenversuche dürfen aber nicht zu allen in Art. 5 genannten Zwecken gemacht werden, so nicht für den Umweltschutz, die Ausbildung und Forensik. Demgegenüber sind zulässige Versuchszwecke die medizinische Forschung (einschliesslich der Herstellung und Prüfung von Stoffen) im Hinblick auf die Verhütung, Vorbeugung, Diagnose oder Behandlung von klinischen Zuständen beim Menschen, die zur Entkräftung führen oder potentiell lebensbedrohlich sind[219], Arterhaltung[220] sowie die Grundlagenforschung[221].

---

[218] Verordnung (EG) Nr. 338/97 des Rates vom 9.12.1996 über den Schutz von Exemplaren wildlebender Tier- und Pflanzenarten durch Überwachung des Handels (ABl. L 61 vom 3.3.1997, Seite 1).
[219] Art. 8 Abs. 1 lit. a Ziff. i: Verweis auf Zwecke des Art. 5 lit. b mit zusätzlicher Qualifizierung.
[220] Art. 8 Abs. 1 lit. a Ziff. ii: Verweis auf Zwecke des Art. 5 lit. e.
[221] Art. 8 Abs. 1 lit. a Ziff. ii: Verweis auf Zwecke des Art. 5 lit. a.

2.1.2. Artengeschützte Primaten (Abs. 2)

Für Primatenarten, die in Anhang A EU-Artenschutzverordnung aufgelistet sind und nicht unter Art. 7 Abs. 1 EU-Artenschutzverordnung fallen (die also keine Nachzucht, sondern Wildfänge sind), gilt Art. 8 Abs. 2 zweiter Teilsatz RL. Die zulässigen Versuchszwecke sind gleich definiert wie in Art. 8 Abs. 1 RL, jedoch unter Ausschluss der Grundlagenforschung. Erforderlich ist wiederum die wissenschaftliche Begründung, dass das Versuchsziel weder mit einer anderen Tierart noch mit einer Primatenart nach Abs. 1 erreicht werden kann.

2.1.3. Fazit

Art. 8 Abs. 1 und 2 RL enthalten somit **Beschränkungen der Verwendung nichtmenschlicher Primaten** für Tierversuche, die sowohl auf den artenschutzrechtlichen Status der Tiere als auch auf die Versuchsziele (Art. 5 RL) Bezug nehmen[222]. Die Besonderheit ist, dass die zulässigen Zwecke der translationalen und angewandten Forschung (genannt in Art. 5 lit. b und c) eingeschränkt werden auf den Nutzen für Menschen. Dies bildet jedoch keine starke Einschränkung, weil ein «zur Entkräftung führender klinischer Zustand» in Art. 8 Abs. 1 Satz 2 RL weit legaldefiniert wird, schon als jede «Verminderung in der normalen physischen oder psychologischen Funktionsfähigkeit eines Menschen».

Primatenversuche, welche die Voraussetzungen des Art. 8 Abs. 1 zweiter Teilsatz oder Abs. 2 zweiter Teilsatz RL erfüllen, sind unter diesen strengeren Genehmigungsvoraussetzungen zulässig. Alle anderen Primatenversuche sind – vorbehaltlich des Art. 55 Abs. 1 RL – kategorisch ausgeschlossen[223].

2.2. Schutzklausel

Die Schutzklausel in Art. 55 Abs. 1 RL ermächtigt wiederum zur teilweisen Durchbrechung der Beschränkung von Primatenversuchen. Die Mitgliedstaaten dürfen auf die in Art. 8 Abs. 1 zweiter Teilsatz lit. a Ziff. i RL aufgestellte Voraussetzung

---

[222] Siehe Cornils 132.
[223] Vgl. Cornils 139.

der «Entkräftung» beziehungsweise des «lebensbedrohlichen Zustandes» beim Menschen verzichten. Art. 55 Abs. 1 RL erweitert somit den Bereich zulässiger Primatenversuche nach Art. 8 Abs. 1 zweiter Teilsatz lit. a Ziff. i RL auf solche, die nicht der Verhütung, Vorbeugung, Diagnose oder Behandlung von zur Entkräftung führenden oder lebensbedrohlichen klinischen Zuständen beim Menschen dienen. Damit kann unter der Schutzklausel auch ein Primatenversuch im nationalen Recht genehmigungsfähig gemacht werden, welcher der Verhütung (Vorbeugung, Diagnose oder Behandlung) leichter menschlicher Krankheiten und der Entwicklung von Arznei (Herstellung und Prüfung von Stoffen) dient. Es bleibt auch unter der Schutzklausel dabei, dass die Mitgliedstaaten Versuche mit (nicht artengeschützten) Primaten genehmigen dürfen, die der Grundlagenforschung oder dem Artenschutz dienen, so Art. 8 Abs. 1 lit. a Ziff. ii mit Verweis auf Art. 5 lit. a und e, auf die in der Schutzklausel von Art. 55 RL nicht Bezug genommen wird[224]. Schliesslich erlaubt die Schutzklausel keine Durchbrechung der Regelung für artengeschützte Primaten (kein Verweis auf Art. 8 Abs. 2 in Art. 55 RL).

3. Umsetzungsvorschlag in § 23 TierSchVersV-E

§ 9 Abs. 3 Nr. 1 TierSchG n. F.-E ermächtigt den Verordnungsgeber, Versuche an Primaten, soweit dies aufgrund der hoch entwickelten Fähigkeiten dieser Tiere zu ihrem Schutz erforderlich ist, zu verbieten oder zu beschränken. In § 23 TierSchVersV-E wird von dieser Ermächtigung Gebrauch gemacht und Art. 8 Abs. 1 und 2 und Art. 55 Abs. 1 RL umgesetzt. Entsprechend normiert **§ 23 Abs. 1 Satz 1** TierSchVersV-E, dass Primaten in Tierversuchen nicht verwendet werden dürfen. **§ 23 Abs. 1 Satz 2** TierSchVersV-E bezeichnet jene Primatenversuche, die unter verschärften Voraussetzungen von Satz 1 ausgenommen werden und somit zulässig sind. § 23 Abs. 1 TierSchVersV-E stimmt dabei inhaltlich mit Art. 8 Abs. 1 und 2 RL überein. Die zentrale tatbestandliche Voraussetzung für die Zulässigkeit von Primatenversuchen für die medizinische (lit. b) und pharmazeutische Forschung sowie sämtliche produktbezogene Forschung (lit. c)[225] ist, dass die im Zentrum stehende Gesundheitsbeeinträchtigung des Menschen

---

[224] Primatenversuche mit dem Ziel des Umweltschutzes, der Ausbildung und der Forensik sind nach Art. 8 ohnehin von vornherein verboten und können auch nicht mittels Anrufung der Schutzklausel zugelassen werden.

[225] Die nach lit. c sehr weitgehend erlaubte produktbezogene Forschung (Entwicklung, Herstellung, Verträglichkeitsprüfung) wird nur dadurch eingegrenzt, dass sie einem humanmedizinischen Ziel (nach lit. b) dienen muss.

(Krankheit, Leiden, Körperschäden oder körperliche Beschwerden) lebensbedrohlich sein kann oder zu einer «**Verminderung der körperlichen oder geistigen Funktionsfähigkeit**» führt[226].

Die in **§ 23 Abs. 2** TierSchVersV-E vorgesehene Möglichkeit der Erteilung einer **Ausnahmegenehmigung** dient der Umsetzung des Art. 55 Abs. 1 RL[227]. Die Ausnahmeregelung sieht vor, dass Primatenversuche in der **humanmedizinischen** und **humanpharmazeutischen** Forschung (einschliesslich der Herstellung und Prüfung von Heilmitteln und Stoffen) genehmigt werden können, wenn sie der Behandlung und Bekämpfung «leichterer» (menschlicher) Krankheiten etc. dienen[228].

4. Richtlinien-, Unionsgrundrechts- und Verfassungskonformität der Nichtumsetzung von Art. 55 Abs. 1 der Richtlinie

4.1. Spielraum bei der Umsetzung des Art. 55 Abs. 1 der Richtlinie

Der Wortlaut der Schutzklausel[229] deutet auf eine Befugnis, nicht Pflicht der Mitgliedstaaten hin, die Beschränkung des Art. 8 Abs. 1 zweiter Teilsatz lit. a Ziff. i RL zu durchbrechen. So «kann» der Mitgliedstaat eine entsprechende vorläufige Massnahme beschliessen. Die Schutzklausel sieht diesbezüglich einen Umsetzungsspielraum vor, sodass über Art. 8 Abs. 1 zweiter Teilsatz lit. a Ziff. i RL hinaus Primatenversuche zugelassen werden können oder nicht. Die Richtlinie **erlaubt** einen **Verzicht auf Umsetzung** der Schutzklausel (siehe dazu vorne Seite 92 f.).

---

[226] Weil letztlich jede Krankheit oder Behinderung zur «Verminderung der körperlichen oder geistigen Funktionsfähigkeit» führt, handelt es sich bei dieser Voraussetzung nicht um eine wirksame Eingrenzung der humanmedizinischen Forschung.

[227] Vgl. amtliche Begründung zu § 23 TierSchVersV-E, Stand 9.1.2012, Seite 60.

[228] Da die Beschreibung der Krankheiten und Funktionsstörungen des Menschen in Abs. 1 Ziff. 1 lit. b jedoch im Prinzip alle Leiden umfasst, stellt die abweichende Formulierung in Abs. 2 Ziff. 1 keine echte Einschränkung dar.

[229] Eingefügt durch den Europäischen Rat in der ersten Lesung, siehe Standpunkt des Rates in erster Lesung im Hinblick auf den Erlass einer Richtlinie des Europäischen Parlaments und des Rates zum Schutz der für wissenschaftliche Zwecke verwendeten Tiere, 6106/10, 26.5.2010.

4.2. Verfassungsmässigkeit der Nichtumsetzung der Schutzklausel

Ob der in Bezug auf Art. 55 Abs. 1 RL bestehende Umsetzungsspielraum im Sinne eines generellen Ausschlusses von Ausnahmen von der Vorschrift des § 23 Abs. 1 Satz 2 Nr. 1 lit. b und c TierSchVersV-E ausgeschöpft werden könnte oder sollte, muss am Massstab des Grundgesetzes geprüft werden. Ob der aus der Nichtumsetzung des Art. 55 Abs. 1 RL resultierende kategorische Ausschluss von Primatenversuchen, die nicht im Hinblick auf Krankheiten, Leiden, Körperschäden oder körperliche Beschwerden bei Menschen durchgeführt werden, die lebensbedrohlich sein können beziehungsweise zu einer Verminderung der körperlichen oder geistigen Funktionsfähigkeit führen, verfassungsrechtlich zulässig ist, ist insbesondere im Konfliktverhältnis von Grundrechten und Tierschutz zu betrachten. Im Hinblick auf den Schutz der Gesundheit ist die Nichtumsetzung der Schutzklausel kaum bedeutsam, da es dabei nur um Primatenversuche geht, die nichts zur Bekämpfung klinischer Zustände, die lebensbedrohlich sind oder zur Verminderung der geistigen oder körperlichen Funktionsfähigkeit führen, beitragen.

4.2.1. Eingriff in die Forschungsfreiheit

Ein solcher kategorischer Ausschluss der in Art. 55 Abs. 1 RL angesprochenen Primatenversuche stellt einen Eingriff in den Schutzbereich der Forschungsfreiheit dar. Eingeschränkt wird dieses Grundrecht dadurch, dass Primaten für die Forschung und Herstellung/Prüfung von Stoffen mit dem Ziel des Vorbeugens, Erkennens oder Behandelns von Krankheiten, Leiden, Körperschäden oder körperlichen Beschwerden bei Menschen, die nicht lebensbedrohlich sein können beziehungsweise nicht zu einer Verminderung der körperlichen oder geistigen Funktionsfähigkeit führen, nicht mehr zur Verfügung stehen.

Dieser Eingriff in die Forschungsfreiheit muss verfassungsrechtlich gerechtfertigt sein. Verfassungsimmanente Schranke ist wieder das Staatsziel Tierschutz (Art. 20a GG) beziehungsweise dessen einfachrechtliche Konkretisierung[230]. § 23 Abs. 1 TierSchVersV-E bildet eine Rechtsgrundlage für den Eingriff. Falls der kategorische Ausschluss gewisser Primatenversuche als wesentlicher Eingriff in die

---

[230] Siehe Seite 29.

Forschungsfreiheit anzusehen wäre, müsste die Regelung im TierSchG n. F.-E selbst normiert werden.

Der kategorische Ausschluss gewisser Primatenversuche, der mit der Nichtumsetzung des Art. 55 Abs. 1 RL erreicht würde, erscheint aus Sicht des ethisch begründeten Tierschutzes erforderlich. Hier kann weitgehend auf die Ausführungen auf Seite 105 ff. verwiesen werden. Nichtmenschliche Primaten haben, ähnlich wie Menschenaffen, **ausgeprägte soziale, emotionale und geistige Fähigkeiten und Bedürfnisse**, die zu einer stärkeren Gewichtung der Belastung dieser Tiere führen. Bei der Verwendung von Primaten für Tierversuche ist mehr Zurückhaltung gefordert. Aufgrund ihrer erhöhten Schmerz- und Leidenssensibilität sind Eingriffe in ihre Integrität schwerwiegend. So hält auch **Erwägung 17 RL** fest: «Aufgrund ihrer genetischen Nähe zum Menschen und ihrer hoch entwickelten sozialen Fähigkeiten bringt die Verwendung nichtmenschlicher Primaten in wissenschaftlichen Verfahren spezifische ethische und praktische Probleme im Hinblick darauf mit sich, wie ihre verhaltensmässigen und sozialen Bedürfnisse sowie ihre Anforderungen an ihre Umwelt in einer Laborumgebung erfüllt werden können».

Entsprechend bestehen in der **Öffentlichkeit grösste Bedenken** gegenüber Tierversuchen mit Primaten, da diese in besonderer Nähe zum Menschen stehen (siehe Erwägung 17 RL)[231]. Für Versuche an Primaten liegen repräsentative Umfrageergebnisse vor, die zuverlässig Aufschluss über die vorherrschende Rechts- und Sozialmoral geben[232]. Nach einer Umfrage von YouGov[233] sprechen sich in Deutschland 62% der Bevölkerung strikt gegen belastende Primatenversuche aus. Weitere 23% äussern sich überwiegend ablehnend solchen Tierversuchen gegenüber. Nur 4% der Bevölkerung befürworten tendenziell belastende Primatenversuche; 3% befürworten diese generell[234].

Das Tierschutzrecht reflektiert immer auch Wertvorstellungen, die zu einer bestimmten Zeit in der Gesellschaft vorherrschen. Es ist Aufgabe des Gesetzgebers, einen feststellbaren gesellschaftlichen Wertewandel aufzugreifen und ge-

---

[231] Siehe auch Entschliessung des Europäischen Parlaments zu der Richtlinie 86/609/EWG des Rates zum Schutz der für Versuche und andere wissenschaftlichen Zwecke verwendeten Tiere (2001/2259(INI)), P5_TA(2002)0594, Erwägung AA.
[232] Siehe Cirsovius 549.
[233] Germany, fieldwork dates: 26th febr – 4th march 2009, zitiert nach Cirsovius 546.
[234] Siehe Cirsovius 546.

gebenenfalls durch Änderung des Gesetzes Rechnung zu tragen[235]. Die mit dem ethischen Tierschutz zusammenhängenden gesellschaftlichen Wertvorstellungen gebieten es, Primaten aufgrund ihrer hoch entwickelten kognitiven, emotionalen und sozialen Fähigkeiten besonders zu schützen. Die Belastung der Primaten im Tierversuch sowie durch alle umgebenden Umstände ist wegen derer ausgeprägten Schmerz- und Leidenssensibilität ethisch äusserst problematisch und unter tierschutzrechtlichen Aspekten nur unter verschärften Voraussetzungen zu rechtfertigen[236]. Dass Primaten durch die Nichtumsetzung des Art. 55 Abs. 1 RL in der medizinischen Forschung zu Versuchszwecken, die nicht lebensbedrohliche oder nicht zur Verminderung der körperlichen oder geistigen Funktionsfähigkeit führende Krankheiten, Leiden, Körperschäden oder körperliche Beschwerden bei Menschen zum Gegenstand haben, nicht mehr eingesetzt werden dürfen, dient dem Ziel des ethischen Tierschutzes, die besonders sensiblen Primaten vor Belastungen im Tierversuch zu schützen.

4.2.2. Die Verhältnismässigkeit des Nichtgebrauchs der Schutzklausel

Gerechtfertigt ist der kategorische Ausschluss von Primatenversuchen nach Art. 55 Abs. 1 RL nur, wenn er im Hinblick auf den Eingriff in die Forschungsfreiheit verhältnismässig ist. Ein teilweises Verbot gewisser Primatenversuche in der medizinischen Forschung ist geeignet und erforderlich, um Primaten, die aufgrund ihrer hoch entwickelten Fähigkeiten besonders stark unter Tierversuchen leiden, vor diesen Belastungen zu schützen. Zur Prüfung der Verhältnismässigkeit im engeren Sinne muss das Interesse der Forscher, Primatenversuche zur medizinischen Forschung, die nicht lebensbedrohliche beziehungsweise nicht zur Verminderung der körperlichen oder geistigen Funktionsfähigkeit des Menschen führende Krankheiten usw. zum Gegenstand hat, gegen das Interesse, die Primaten vor der Verwendung und Belastung im Tierversuch zu bewahren, abgewogen werden.

Für die Verhältnismässigkeit der Nichtumsetzung der Schutzklausel spricht zunächst, dass Primatenversuche dadurch nicht schlechthin verboten, sondern **auf wichtige Versuchszwecke beschränkt** werden. Primaten können nach § 23

---

[235] Vgl. VG Bremen, Urteil vom 28.5.2010, 5 K 1274/09, Erwägung II.9.3.
[236] Vgl. auch Cornils 142.

Abs. 1 Satz 2 Nr. 1 lit. b und c TierSchVersV-E bereits sehr weitgehend in der humanmedizinischen und humanpharmazeutischen Forschung (einschliesslich der Herstellung und Prüfung von Stoffen) verwendet werden, da nahezu jede Erkrankung mit einer zumindest vorübergehenden Verminderung der körperlichen oder geistigen Funktionsfähigkeit einhergeht. Bei Ausnahmen nach § 23 Abs. 2 TierSchVersV-E beziehungsweise Art. 55 Abs. 1 RL geht es nur um solche Krankheiten, Leiden, Körperschäden oder körperliche Beschwerden bei Menschen, die weder lebensbedrohlich sein können noch zu einer Verminderung der körperlichen oder geistigen Funktionsfähigkeit führen. Der Nutzen dieser Forschung ist daher insgesamt weniger gewichtig und im Vergleich zu den Belastungen der Primaten, welche aufgrund der ausgeprägten emotionalen, sozialen und kognitiven Eigenschaften dieser Tiere grundsätzlich schwer zu gewichten sind, von untergeordneter Bedeutung. Eine Ausweitung der Zulässigkeit von Primatenversuchen auf Versuche, die für die menschliche Gesundheit nicht oder nur in geringem Mass bedeutsam sind, lässt sich angesichts der grossen ethischen Bedenken gegenüber Primatenversuchen schwerlich rechtfertigen. Das ohnehin schon geminderte Gewicht der Forscherposition wird weiter dadurch geschmälert, dass der Nutzen nur potenziell, die (subjektiv erhebliche) Belastung der Primaten jedoch aktuell und sicher ist.

Angesichts des **besonders hohen Opfers**, das den verwendeten Primaten aufgrund ihrer ausgeprägten Schmerz- und Leidenssensibilität im Tierversuch abverlangt wird, scheint eine Regelung, die Primatenversuche auf solche mit dem Ziel des Gesundheits- oder Lebensschutzes des Menschen beschränkt, daher angemessen[237]. Ein absolutes Verbot von Primatenversuchen in jenem Bereich der medizinischen Forschung, der nicht zum Gesundheits- und Lebensschutz des Menschen beiträgt (also Primatenversuche nach § 23 Abs. 2 TierSchVersV-E), ist durchaus gerechtfertigt, weil keine schutzwürdigen überwiegenden menschlichen Interessen vorliegen. Solche Primatenversuche sind mit anderen Worten **ethisch nicht vertretbar**, weil nicht-vitale Versuchsinteressen die ethisch problematische Belastung der Primaten im Tierversuch nicht aufzuwiegen vermögen. In paralleler Beurteilung zur Forschungsfreiheit nach Art. 5 Abs. 3 GG ist auch das **Unionsgrundrecht der Forschungsfreiheit** (Art. 13 GRCh und Art. 10 EMRK) nicht verletzt.

---

[237] Siehe Cornils 142.

4.2.3. Ergebnis

Im Ergebnis ist daher die Nichtumsetzung des Art. 55 Abs. 1 RL, das heisst die Aufrechterhaltung der Beschränkung von Primatenversuchen auf solche nach § 23 Abs. 1 Satz 2 TierSchVersV-E, **verfassungsrechtlich und unionsrechtlich zulässig**. Zwar könnten derlei Primatenversuche auch regelmässig im Rahmen der konkret zu prüfenden ethischen Vertretbarkeit (§ 7a Abs. 2 Nr. 3 TierSchG n. F.-E) verboten werden und somit ein generell-abstraktes Verbot ersetzen. Letzteres ist jedoch aus Gründen der Rechtssicherheit und insbesondere, weil ein nicht-vitaler (nicht dem Lebens- oder Gesundheitsschutz des Menschen dienender) Nutzen nie in einem ethisch vertretbaren Verhältnis zur Verwendung und Belastung von Primaten im Tierversuch steht, vorzuziehen.

5. Vorschlag für eine Neufassung von § 23 TierSchVersV-E

Es wird aus den genannten Gründen empfohlen, die Beschränkung der Primatenversuche in § 23 Abs. 1 Satz 2 Nr. 1 lit. b und c TierSchVersV-E nicht zu durchbrechen. Zur Beibehaltung der Beschränkung von Primatenversuchen in § 23 Abs. 1 Satz 2 Nr. 1 lit. b und c TierSchVersV-E beziehungsweise Art. 8 Abs. 1 zweiter Teilsatz lit. a Ziff. i RL sollte auf die in § 23 Abs. 2 TierSchVersV-E vorgesehenen Ausnahmemöglichkeiten verzichtet werden. **§ 23 Abs. 2 TierSchVersV-E** wäre demnach ersatzlos zu **streichen**.

V. Die Kategorisierung des Nutzens (Versuchszwecks) im Rahmen der Prüfung der ethischen Vertretbarkeit

Es stellt sich die Frage, ob die Vorschrift des Art. 20a GG die Konkretisierung der ethischen Vertretbarkeit im deutschen Recht durch Kategorisierung des Nutzens (Versuchszwecks) gebietet oder gestattet.

1. Die mit der Einstufung der Schweregrade vergleichbare Kategorisierung des Nutzens

Jeder umfassenden Schaden-Nutzen-Abwägung im Rahmen der Prüfung der ethischen Vertretbarkeit eines Tierversuchs muss die Feststellung, Beurteilung und Gewichtung sowohl des Schadens (Belastung der Tiere) als auch des Nutzens (Versuchszweck) vorausgehen. Fraglich ist, ob zur Durchführung der Schaden-Nutzen-Abwägung unter ethischen Gesichtspunkten nicht nur der Schaden, sondern auch der Nutzen kategorisiert und in Grade (die den Schweregraden analog wären) eingeteilt werden sollte beziehungsweise könnte. Eine zumindest implizite Kategorisierung ist der nach Art. 38 Abs. 2 lit. d RL beziehungsweise § 7a Abs. 2 Nr. 3 TierSchG n.F.-E vorzunehmenden Schaden-Nutzen-Abwägung immanent, um Nutzen und Schaden überhaupt vergleichbar und damit abwägbar zu machen. Darüber hinaus stellt sich jedoch die Frage, ob eine Formalisierung dieser Kategorisierung des Nutzens möglich und geboten ist. Dazu müssten vom Gesetz- oder Verordnungsgeber **allgemeine Kriterien zur Beurteilung des Nutzens und zu seiner Einordnung in vordefinierte Kategorien** normiert werden, ähnlich wie die Richtlinie dies in Anhang VIII RL für die Einteilung des Schadens in Schweregrade vorgenommen hat.

Von der Richtlinie zwingend vorgegeben ist eine solche formalisierte Kategorisierung des Nutzens indessen kaum. Im Gegensatz zur Bewertung des Schadens, die eine Einstufung in Schweregrade zwingend enthalten muss (Art. 38 Abs. 2 lit. c RL), wird für die Beurteilung des Versuchsziels und des Nutzens nicht ausdrücklich eine Zuordnung in Grade vorgeschrieben. Auch die Auslegung der relevanten Bestimmungen der Richtlinie ergibt nicht, dass diese eine zwingende Vorgabe zur Kategorisierung des Nutzens machen würde. Vielmehr ist davon auszugehen, dass die Richtlinie zwar die Beurteilung des Nutzens im Hinblick auf die Abwägung gegen den Schaden vorschreibt, den Mitgliedstaaten aber die Form und Mittel dieser Beurteilung im Rahmen einer konkretisierenden Umsetzung überlässt. Hinsichtlich des **«Ob»** der Beurteilung des Nutzens enthält Art. 38 Abs. 2 lit. a RL somit **zwingende Vorgaben**, während hinsichtlich des **«Wie»** der Beurteilung des Nutzens ein mitgliedstaatlicher **Umsetzungsspielraum** vorliegt[238]. Eine Umsetzung und Konkretisierung in Gestalt einer formalisierten Kategorisierung des Nutzens bewegt sich jedoch im Rahmen des Umsetzungsspielraums. Eine solche Kategorisierung würde zur praktischen Wirksamkeit des Zwecks des Art. 38 Abs. 2 lit. a RL beitragen[239].

Fraglich bleibt, ob eine solche Kategorisierung des Nutzens im deutschen Recht normiert werden sollte beziehungsweise könnte. In erster Linie muss dabei auf die Notwendigkeit und Sinnhaftigkeit einer solchen Regelung eingegangen werden. Wie bereits dargelegt, verlangt die im Rahmen der Prüfung der ethischen Vertretbarkeit eines Tierversuchs vorzunehmende Schaden-Nutzen-Abwägung zwingend eine vollständige Ermittlung des Abwägungsmaterials im Vorfeld (siehe vorne Seite 63). Dabei müssen alle für die Abwägung relevanten Tatsachen zusammengestellt sowie Schaden und Nutzen zunächst einzeln beurteilt und gewichtet werden[240]. In diesem Sinne müssen die Belastungen der Versuchstiere, also die Schmerzen, Leiden, Ängste oder Schäden, unter vielfältigen Gesichtspunkten betrachtet und schliesslich einem der Schweregrade «keine Wiederherstellung der Lebensfunktion», «gering», «mittel» oder «schwer» zugeordnet werden (§ 31 Abs. 1 Satz 2 Nr. 1 lit. g TierSchVersV-E i. V. m. Art. 15 Abs. 1 und Anhang VIII RL). Auch der Nutzen muss im Hinblick auf die Abwägung gegen den Schaden beurteilt und gewichtet werden. Da eine Schaden-Nutzen-Abwägung nur sinnvoll vorgenommen werden kann, wenn die sich gegenüberstehenden Positionen wertmässig vergleichbar sind, muss der Nutzen in irgendeiner Form differenziert und zumindest gedanklich kategorisiert werden. Um die Schaden-Nutzen-Abwägung ergebnisoffen vornehmen zu können, muss der Nutzen im Vergleich zum Schweregrad prinzipiell tiefer, gleich oder höher verortet werden können. Der Nutzen muss mit anderen Worten im Verhältnis zu den Schadenskategorien beziehungsweise Schweregraden in **vergleichbaren Kategorien**

---

[238] Dies entspricht der allgemeinen Struktur von Richtlinien, welche grundsätzlich nur hinsichtlich des zu erreichenden Ziels verbindlich sind, den Mitgliedstaaten jedoch die Wahl der Form und Mittel überlassen (Art. 288 Abs. 3 AEUV).

[239] Siehe zum Erfordernis der Gewährleistung der praktischen Wirksamkeit der Richtlinie bei Vorliegen eines Umsetzungsspielraums EuGH, Urteil vom 8.4.1976, Rs. 48/75, Rn. 69/73, bestätigt zum Beispiel in EuGH, Rs. C-212/04, Konstantinos Adeneler u. a. v. Ellinikos Organismos Galaktos, Urteil vom 4.7.2006, Rn. 93.

[240] Vgl. VG Bremen, Urteil vom 28.5.2010, 5 K 1274/09, Erwägung II.8.5.

gedacht werden. Das heisst, dass bei der Durchführung der Schaden-Nutzen-Abwägung der Nutzen jedenfalls gedanklich in Relation zum Schaden gesetzt und in ähnlicher Weise gewichtet werden muss. Um die **Rationalität, Unparteilichkeit und Nachvollziehbarkeit** der Schaden-Nutzen-Abwägung zu erhöhen, wären allgemeine **Kriterien** zur Bewertung des Nutzens unter objektiven Gesichtspunkten sinnvoll. Eine generell-abstrakte Beschreibung von Nutzenkategorien wäre dann Grundlage für eine Zuordnung eines konkret beantragten Versuchs zu den Kategorien mittels objektiver Kriterien. Eine solche Operationalisierung wäre der **Transparenz** des Abwägungsverfahrens, der **Rechtssicherheit** und der **Akzeptanz** der Genehmigungsentscheidungen dienlich.

Eine rechtliche Regelung der Kategorisierung des Nutzens ist verfassungsrechtlich nicht problematisch, da sie lediglich einen zur richtlinienkonformen Durchführung der Schaden-Nutzen-Abwägung ohnehin notwendigen gedanklichen Prozess formalisiert und konkretisiert. Im Vergleich zur zwingend vorzunehmenden Schaden-Nutzen-Analyse stellt diese Konkretisierung **keine zusätzliche Einschränkung von Grundrechten** dar. Eine gesonderte Prüfung der verfassungsrechtlichen Zulässigkeit ist nicht erforderlich.

2. Schaden-Nutzen-Gleichgewicht oder Überwiegen des Nutzens?

Zur Kategorisierung des Nutzens könnten die mit den Schweregraden korrespondierenden Grade «gering», «mittel» und «gross» eingeführt werden[241]. Die Einführung eines Grades «kein Nutzen» erübrigt sich, da ein nutzloser Versuch fundamental gegen den Grundsatz der Unerlässlichkeit verstossen würde und somit a priori unzulässig wäre. Unklar ist, ob für die Bejahung der ethischen Vertretbarkeit eines Tierversuchs der Nutzen den Schaden nur aufwiegen muss oder ob er ihn überwiegen muss. Unter der Annahme, dass ein Schaden-Nutzen-Gleichgewicht für die ethische Vertretbarkeit ausreicht, wäre der (höchste) Grad des Versuchsnutzens («gross») ausreichend, um Tierversuche des Schweregrads «schwer» zu rechtfertigen. Geht man hingegen davon aus, dass der mit dem Tierversuch verfolgte Nutzen die Schäden überwiegen muss, müssten die Nutzenkategorien um den zusätzlichen Grad «sehr gross» ergänzt werden, wel-

---

[241] Siehe Hirt/Maisack/Moritz § 7 Rn. 57; ähnlich TVT Tierärztliche Vereinigung für Tierschutz e.V., Empfehlung zur ethischen Abwägung bei der Planung von Tierversuchen, Merkblatt Nr. 50 (1997), Seite 5.

cher allein Tierversuche des Schweregrads «schwer» zu rechtfertigen vermag. Folgende Argumente können für die Normierung einer **juristischen Voraussetzung eines «überwiegenden Nutzens»** im Tierversuchsrecht angeführt werden:

(1) Der positiv-rechtliche Ausgangspunkt des deutschen ethisch fundierten Tierschutzrechts ist, dass die mit dem Tierversuch einhergehende Schadenszufügung prima facie nicht zulässig ist, weil er einen Eingriff in die rechtlich geschützte tierliche Integrität darstellt. Somit bedarf jeder belastende Tierversuch der Rechtfertigung durch eine **Güterabwägung**[242]. Im Rahmen der Schaden-Nutzen-Abwägung muss der angestrebte Nutzen des Versuchs die Belastungen der Tiere unter ethischen Gesichtspunkten rechtfertigen. Die ethische Reflexion wird vom geltenden Recht vorgeschrieben und ist damit in eine rechtliche prozedurale Pflicht transformiert worden, so § 7a Abs. 2 Nr. 3 TierSchG n. F.-E: «ethisch vertretbar»; Art. 38 Abs. 2 lit. d RL: «unter Berücksichtigung ethischer Erwägungen». Das Urteil der ethischen Vertretbarkeit beinhaltet, in ein juristisches (öffentlich-rechtliches) Vokabular übersetzt, die Prüfung der **Verhältnismässigkeit** im engeren Sinne. In dieser Prüfung muss nach der Angemessenheit und Zumutbarkeit der (schädigenden) Handlungsweise gegenüber dem Tier gefragt werden[243]. Konkret muss der Versuchszweck in einem angemessenen Verhältnis zu den Schmerzen/Leiden/Ängsten/Schäden der Versuchstiere stehen. Es muss eine Abwägung vorgenommen werden, und in dieser «rechtlich gebotenen Abwägung ist jedes Argument gültig, das auch in einem allgemeinen ethischen Diskurs Gültigkeit hat»[244]. Nach ethischen Grundsätzen kann diese Abwägung nur dann zugunsten des Versuchsantragstellers ausgehen, wenn sein Anliegen überwiegt. In diesem Sinne lautete die Richtlinie für Tierversuche der Schweizerischen Akademie der Medizinischen Wissenschaften: «Tierversuche müssen durch überwiegende Werte und Interessen begründet sein»[245].

(2) Die Frage des Überwiegens kann gleichermassen in der dogmatischen Perspektive der **Rechtfertigungsgründe** analysiert werden. Nach geltendem Recht ist die Schädigung von Tieren eine prinzipiell rechtlich verbotene Verhaltenswei-

---

242 Vgl. VG Bremen, Urteil vom 28.5.2010, 5 K 1274/09, Erwägung II.8.1.
243 VG Bremen, Urteil vom 28.5.2010, 5 K 1274/09, Erwägung II.8.1.
244 Lorz/Metzger § 7 Rn. 59.
245 Ethische Grundsätze und Richtlinien für Tierversuche der Schweizerischen Akademie der Medizinischen Wissenschaften SAMW und der Akademie der Naturwissenschaften Schweiz SCNAT (3. Auflage 2005): Nr. 2.3.

se. Sie kann aber durch rechtliche Erlaubnissätze ausnahmsweise erlaubt werden. Diese Erlaubnissätze heissen Rechtfertigungsgründe, und solche finden sich im Strafrecht, im Zivilrecht und im öffentlichen Recht. Rechtfertigungsgründe, deren Anwendungsbereich nicht auf die Teilrechtsordnung des Strafrechts beschränkt ist, werden als Ausdruck des «Allgemeine[n] Rechtfertigungsprinzip[s] des überwiegenden Interesses» aufgefasst[246]. Hans-Joachim Rudolphi hält fest, dass «grundsätzlich alle Rechtfertigungsgründe sich auf das allgemeine Prinzip des überwiegenden Interesses zurückführen lassen. Dieses Prinzip besagt, dass beim Bestehen einer Kollision verschiedener rechtlich geschützter Interessen stets nur die Handlungen gerechtfertigt sind, die zur Wahrung des Interesses erforderlich sind, das nach den dafür massgeblichen Wertungen als *höherwertig* einzustufen ist»[247]. Dies zeigt sich etwa in der Dogmatik des zivil- und strafrechtlichen Notstandes. Der zivilrechtliche Aggressivnotstand (§ 904 BGB) rechtfertigt Eingriffe in Sachen, von denen keine Gefahr ausgeht[248]. Dies gilt jedoch nur dann, wenn der «drohende Schaden gegenüber dem aus der Einwirkung dem Eigentümer entstehenden Schaden unverhältnismässig gross ist.» Auch der rechtfertigende Notstand im Strafrecht verlangt ein «wesentlich überwiegendes» Interesse[249]. Der Tierversuch ist der Situation des Aggressivnotstandes vergleichbar, denn die unbeteiligten Tiere, von denen die mit dem Tierversuch zu behebende Gefahr nicht ausgeht, werden geopfert zugunsten eines gegenläufigen Interesses (das der Menschen am Leben und an körperlicher Unversehrtheit). Im Bereich der Medizin steht der Mensch vor einer «notstandsähnlichen Situation», weil er sich aus der Gefahr der Krankheit befreien will; und er kann es nur unter Verwendung des Tieres[250].

---

[246] Siehe nur Freund 71; grundlegend Rudolphi 378 («Rechtfertigung nach dem Prinzip des überwiegenden Interesses»); zum allgemeinen Anwendungsbereich dieses Prinzips (für «alle rechtlichen Verbote und Gebote») Rudolphi 371.

[247] Rudolphi 393 (Hervorhebung d. Verf.).

[248] § 904 BGB, Notstand: «Der Eigentümer einer Sache ist nicht berechtigt, die Einwirkung eines anderen auf die Sache zu verbieten, wenn die Einwirkung zur Abwendung einer gegenwärtigen Gefahr notwendig und der drohende Schaden gegenüber dem aus der Einwirkung dem Eigentümer entstehenden Schaden *unverhältnismässig gross* ist. Der Eigentümer kann Ersatz des ihm entstehenden Schadens verlangen.» (Hervorhebung d. Verf.).

[249] § 34 StGB: Rechtfertigender Notstand: «Wer in einer gegenwärtigen, nicht anders abwendbaren Gefahr für Leben, Leib, Freiheit, Ehre, Eigentum oder ein anderes Rechtsgut eine Tat begeht, um die Gefahr von sich oder einem anderen abzuwenden, handelt nicht rechtswidrig, wenn bei Abwägung der widerstreitenden Interessen, namentlich der betroffenen Rechtsgüter und des Grades der ihnen drohenden Gefahren, das geschützte Interesse das beeinträchtigte *wesentlich überwiegt*. Dies gilt jedoch nur, soweit die Tat ein angemessenes Mittel ist, die Gefahr abzuwenden.» (Hervorhebung d. Verf.).

[250] Lorz/Metzger § 7 Rn. 58.

Im öffentlichen Recht wird die rechtfertigende behördliche Genehmigung vielfach dem Prinzip des überwiegenden Interesses zugeordnet. Hier findet eine Interessenabwägung gegenüber dem jeweils betroffenen Allgemeininteresse statt und die Genehmigung darf nur bei dessen Nachrangigkeit erteilt werden[251]. Ein Schaden-Nutzen-Gleichgewicht erreicht die Rechtfertigungsschwelle (und damit die Schwelle der Genehmigungsfähigkeit) nicht.

(3) Aus der Systematik des grundsätzlichen Verbots mit Erlaubnismöglichkeit folgt auch die Verteilung der **Rechtfertigungslast**. Im Einzelfall gerechtfertigt werden muss – so die gesetzgeberische Vorentscheidung – nicht der Verzicht auf den Tierversuch und somit der Schutz des Tieres, sondern die Durchführung des Tierversuchs und somit der Eingriff in die tierliche Integrität zugunsten menschlicher Interessen. Die Rechtfertigungslast liegt folglich auf der Seite der Begründung des Nutzens. Bei einem Gleichstand gilt nach dem Prinzip in dubio pro animale (analog zu der aus der Unschuldsvermutung fliessenden Beweislastregel in dubio pro reo im Strafprozessrecht oder der liberalen Freiheitsvermutung in dubio pro libertate im Verfassungsrecht), dass zugunsten des in seiner Integrität bedrohten Rechtsträgers beziehungsweise Schutzobjekts entschieden werden muss. So lautet etwa die zentrale Maxime der Österreichischen Tierärztinnen und Tierärzte für Tierschutz (ÖTT): «‹In dubio pro animale› – im Zweifel für das Tier»[252]. Das Grundprinzip «In dubio pro animale» beruht auf dem allgemein anerkannten ethischen Postulat, nach dem es grundsätzlich geboten ist, die Position des Schwächeren zu schützen[253]. Diese ethische Beweislastregel hat die praktische Konsequenz, «dass zugunsten des Tieres beziehungsweise des Tierschutzes zu entscheiden ist, wenn ein bestimmtes Nutzungsinteresse dem Grunde oder dem Ausmass nach nicht unzweifelhaft bejaht werden kann»[254].

(4) Die ethische und rechtliche Notwendigkeit eines Übergewichts des Nutzens in der Güterabwägung ergibt sich ferner auch aus dem im Tierschutzrecht verankerten Erfordernis der (finalen) **Unerlässlichkeit**. Denn unerlässlich ist ein Tierversuch nur, wenn der mit einem Verzicht einhergehende Nachteil schwerer wiegt als jener der Durchführung. Dazu muss der mit dem Tierversuch verfolgte Nutzen gewichtiger sein als die Belastung der Tiere.

---

[251] Lenckner/Sternberg-Lieben Rn. 28.
[252] Winkelmayer/Binder 3.
[253] Winkelmayer/Binder 11.
[254] Winkelmayer/Binder 3.

(5) Für die Annahme der Notwendigkeit des Übergewichts des Nutzens spricht weiter, dass sowohl der Versuchsnutzen als auch der Schaden für das Tier **Güter von Verfassungsrang** verkörpern (nämlich die Forschungsfreiheit einerseits und den Tierschutz andererseits). Abgesehen von den durch die Ewigkeitsklausel geschützten Kerngehalten bestimmter Verfassungsbestimmungen existiert **keine verfassungsinterne Hierarchie** der Normen des Grundgesetzes. Abstrakt gesehen hat das Verfassungsgut Tierschutz gleiches Gewicht wie grundrechtlich geschützte menschliche Interessen, insbesondere die Forschungsfreiheit (dazu Seite 30). Erreichen die tierlichen Schutzinteressen und die menschlichen Nutzinteressen in der Güterabwägung einen Gleichstand, kann kein automatischer Vorrang des menschlichen Nutzens angenommen werden. Ein solcher kategorischer Vorrang menschlicher Interessen wäre mit dem Staatsziel Tierschutz nicht vereinbar und verfassungswidrig[255].

(6) Schliesslich kann das Erfordernis eines überwiegenden Nutzens mit der wissenschaftlichen Unsicherheit über das tatsächliche Leiden der Tiere begründet werden. Verhaltens-, Ausdrucks- und physiologische Kriterien sind stets nur Indizien für das subjektive Empfinden der verwendeten Tiere. Die Unsicherheit über ihr inneres Befinden kann nicht ausgeräumt werden, weil wir sie nicht befragen können. Moralphilosophen haben gefolgert, dass dem **Risiko des Irrtums** über das tatsächliche Leiden damit begegnet werden soll, dass Tiere zu belastenden Versuchen nur in Ausnahmefällen oder gar nicht heranzuziehen sind. So stellte Thomas H. Huxley bereits 1874 folgende Forderung auf: «considering the terrible practical consequences to domestic animals which might ensue from any error on our part, it is as well to err on the right side, if we err at all, ...»[256]. Dieter Birnbacher hat aus der kognitiven Unsicherheit das moralische Gebot abgeleitet, das Risiko einer ungerechtfertigten Leidenszufügung zu minimieren[257]. Dies kann dadurch geschehen, dass der geplante Versuch «peinlich genau auf seinen zu erwartenden wissenschaftlichen und klinischen Nutzen geprüft und nur bei

---

[255] «Vgl. BVerfG (2 BvF 1/07) (Beschluss vom 12.10.2010), Rn. 121: «Als Belang von Verfassungsrang ist der Tierschutz, nicht anders als der in Art. 20a GG schon früher zum Staatsziel erhobene Umweltschutz, im Rahmen von Abwägungsentscheidungen zu berücksichtigen und kann geeignet sein, ein Zurücksetzen anderer Belange von verfassungsrechtlichem Gewicht – wie etwa die Einschränkung von Grundrechten – zu rechtfertigen … er setzt sich aber andererseits gegen konkurrierende Belange von verfassungsrechtlichem Gewicht nicht notwendigerweise durch».
[256] Huxley 237.
[257] Birnbacher, Affenversuche 28.

hinreichender Bedeutung und Erfolgsaussicht genehmigt wird»[258]. Diese Forderung würde durch eine Voraussetzung des überwiegenden Nutzens realisiert.

Es ist daher im Ergebnis festzuhalten, dass **nur ein gegenüber dem Schaden überwiegender Nutzen einen Tierversuch rechtfertigen**, das heisst ethisch, und damit auch rechtlich, vertretbar machen kann[259]. Zur Kategorisierung des Nutzens sind folglich folgende Grade notwendig: «gering», «mittel», «gross» und «sehr gross». Die ethische Vertretbarkeit eines Tierversuchs ist damit nach folgendem Schema zu prüfen:

		Schaden				
		«keine Wiederherstellung der Lebensfunktion»	«gering»	«mittel»	«schwer»	«sehr schwer»
Nutzen	«gering»	zulässig	**unzulässig**	**unzulässig**	**unzulässig**	**unzulässig**
	«mittel»	zulässig	zulässig	**unzulässig**	**unzulässig**	**unzulässig**
	«gross»	zulässig	zulässig	zulässig	**unzulässig**	**unzulässig**
	«sehr gross»	zulässig	zulässig	zulässig	zulässig	**unzulässig**

3. Mögliche Umsetzung

Zur Verdeutlichung, dass die ethische Vertretbarkeit ein Übergewicht des Nutzens verlangt, könnte **§ 7a Abs. 2 Nr. 3 TierSchG n. F.-E** folgendermassen ergänzt beziehungsweise konkretisiert werden:

«Versuche an Wirbeltieren oder Kopffüssern dürfen nur durchgeführt werden, wenn die zu erwartenden Schmerzen, Leiden, Ängste oder Schäden der Tiere im Hinblick auf den Versuchszweck ethisch vertretbar sind. Die ethische Vertretbarkeit kann in der Regel nur angenommen werden, wenn sich aus einer umfassenden Schaden-Nutzen-Analyse ein Überwiegen des mit dem Versuchszweck angestrebten Nutzens gegenüber den Schmerzen, Leiden, Ängsten oder Schäden der Tiere ergibt.»

---

[258] Birnbacher, Affenversuche 28.
[259] Eine andere Frage ist es, wie Nutzen und Schaden bewertet werden, ob also ein Nutzen als höherwertig eingestuft wird. Weil menschliche Interessen tendenziell schwerer gewichtet werden, dürfte das Erfordernis des Überwiegens des Nutzens praktisch wenig ändern, da der erwartete Nutzen relativ einfach als überwiegend eingestuft werden kann.

Systematisch im Anschluss an **§ 31 Abs. 1 Satz 2 Nr. 1 lit. g TierSchVersV-E**, der vom Antragsteller einen Vorschlag zur Einstufung des Schweregrads verlangt, könnte eine ähnliche Regelung für die Einstufung des Nutzens durch Hinzufügung einer Antragsvoraussetzung **lit. h** getroffen werden:

«h) einen wissenschaftlich begründeten Vorschlag zur Einstufung des wissenschaftlichen Nutzens in einen der Grade ‹gering›, ‹mittel›, ‹gross› oder ‹sehr gross›.»

Dieser Vorschlag zur Einstufung des Nutzens wäre wissenschaftlich begründet darzulegen und für die Genehmigungsbehörde nicht bindend. In einem weiteren Schritt sollte der Verordnungsgeber de lege ferenda objektive, allgemeine und möglichst umfassende Kriterien entwickeln, die eine sachgerechte Einstufung des Nutzens eines Tierversuchs erlauben.

Literaturverzeichnis

Alzmann Norbert, Zur Notwendigkeit einer umfassenden Kriterienauswahl für die Ermittlung der ethischen Vertretbarkeit von Tierversuchsvorhaben, in: Borchers Dagmar/Luy Jörg (Hrsg.), Der ethisch vertretbare Tierversuch: Kriterien und Grenzen, Paderborn 2009 141–172

Arndt Gisela / Lotz Fabian / Lüdecke Anja, Ein Leitfaden für die Teilprüfung der «Unerlässlichkeit» im Hinblick auf «Reduction», in: Borchers Dagmar/ Luy Jörg (Hrsg.), Der ethisch vertretbare Tierversuch: Kriterien und Grenzen, Paderborn 2009 199–218

Bethge Herbert, Art. 5, in: Sachs Michael (Hrsg.), Grundgesetz: Kommentar, 6. Auflage, München 2011 278–352

Binder Regina, Rechtliche Rahmenbedingungen für die Prüfung der ethischen Vertretbarkeit tierexperimenteller Vorhaben in Deutschland, Österreich und der Schweiz, in: Borchers Dagmar/Luy Jörg (Hrsg.), Der ethisch vertretbare Tierversuch: Kriterien und Grenzen, Paderborn 2009 53–76 (zit.: «Binder, Rahmenbedingungen»)

dies., Beiträge zu aktuellen Fragen des Tierschutz- und Tierversuchsrechts, Baden-Baden 2010 (zit.: «Binder, Beiträge»)

dies., Die neue Tierversuchs-Richtlinie – Anspruch, Realität und Perspektiven, in: ALTEXethik 2/2010 11–22 (zit.: «Binder, neue Tierversuchs-Richtlinie»)

Birnbacher Dieter, Absolute oder relative ethische Grenzen der Leidenszufügung bei Versuchstieren?, in: Borchers Dagmar/Luy Jörg (Hrsg.), Der ethisch vertretbare Tierversuch: Kriterien und Grenzen, Paderborn 2009 113–124 (zit.: «Birnbacher, ethische Grenzen»)

ders., Können medizinische Affenversuche ethisch gerechtfertigt werden?, in: Information Philosophie 40/1/2012 20–29 (zit.: «Birnbacher, Affenversuche»)

Borowsky Martin, Art. 51, in: Meyer Jürgen (Hrsg.), Charta der Grundrechte der Europäischen Union: NomosKommentar, 3. Auflage, Baden-Baden 2011 642–667

Cirsovius Thomas, Der lange Weg von der qualifizierten Plausibilitätskontrolle zur materiellen Prüfung tierexperimenteller Forschungsvorhaben, in: Natur und Recht 31/2009 543–549

Cornils Matthias, Reform des europäischen Tierversuchsrechts: Zur Unions- und Verfassungsrechtmässigkeit der Richtlinie 2010/63 des Europäischen Parlaments und des Rats zum Schutz der für wissenschaftliche Zwecke verwendeten Tiere, Berlin 2011

Freund Georg, Strafrecht Allgemeiner Teil: Personale Straftatlehre, 2. Auflage, Berlin 2009

Funke Andreas, Umsetzungsrecht: Zum Verhältnis von internationaler Sekundärrechtssetzung und deutscher Gesetzgebungsgewalt, Tübingen 2010

Goetschel Antoine F., §7, in: Kluge Hans-Georg (Hrsg.), Tierschutzgesetz: Kommentar, Stuttgart 2002 198–215 (zit.: «Goetschel, §7»)

ders., §8, in: Kluge Hans-Georg (Hrsg.), Tierschutzgesetz: Kommentar, Stuttgart 2002 215–225 (zit.: «Goetschel, §8»)

ders., §9, in: Kluge Hans-Georg (Hrsg.), Tierschutzgesetz: Kommentar, Stuttgart 2002 231–236 (zit.: «Goetschel, §9»)

Hirt Almuth / Maisack Christoph / Moritz Johanna, Tierschutzgesetz: Kommentar, 2. Auflage, München 2007

Huxley Thomas H., On the Hypothesis that Animals are Automata, and its History, in: ders., Collected Essays – Band I, London 1893 199–250

Kempen Bernhard, Art. 13, in: Tettinger Peter J./Stern Klaus (Hrsg.), Europäische Grundrechte-Charta: Kölner Gemeinschaftskommentar, München 2006 387–396

Konrad Roger / Geissmann Thomas, Menschenrechte für Gibbons? Versuche mit Menschenaffen, in: Gibbon Journal 3/2007 16–22

Kopp Ferdinand O. / Ramsauer Ulrich, Verwaltungsverfahrensgesetz, 12. Auflage, München 2011

Ladenburger Clemens, Art. 51, in: Tettinger Peter J./Stern Klaus (Hrsg.), Europäische Grundrechte-Charta: Kölner Gemeinschaftskommentar, München 2006 759–774

Lenckner Theodor / Sternberg-Lieben Detlev, Vorbemerkungen zu den §§ 32 ff., in: Schönke/Schröder (Begr.), Strafgesetzbuch: Kommentar, 28. Auflage, München 2010 554–617

Lorenz Dieter, Wissenschaft darf nicht alles! Zur Bedeutung der Rechte anderer als Grenze grundrechtlicher Gewährleistung, in: Badura Peter/Scholz Rupert (Hrsg.), Wege und Verfahren des Verfassungslebens: Festschrift für Peter Lerche zum 65. Geburtstag, München 1993 267–280

Lorz Albert / Metzger Ernst, Tierschutzgesetz: Kommentar, 6. Auflage, München 2008

Mann Thomas, Art. 80, in: Sachs Michael (Hrsg.), Grundgesetz: Kommentar, 6. Auflage, München 2011 1634–1655

Maurer Hartmut, Allgemeines Verwaltungsrecht, 18. Auflage, München 2011

Murswiek Dietrich, Art. 20a, in: Sachs Michael (Hrsg.), Grundgesetz: Kommentar, 6. Auflage, München 2011 849–868

Oppermann Thomas / Classen Claus Dieter / Nettesheim Martin, Europarecht, 5. Auflage, München 2011

Ort Jost-Dietrich / Reckewell Kerstin, § 17, in: Kluge Hans-Georg (Hrsg.), Tierschutzgesetz: Kommentar, Stuttgart 2002 337–407

Pabel Katharina, Der Grundrechtsschutz für das Schächten, in: Europäische Grundrechte-Zeitschrift 29/2002 220–234

Pieroth Bodo / Schlink Bernhard, Grundrechte: Staatsrecht II, Heidelberg 2011

Rippe Klaus Peter, Güterabwägungen im Tierversuchsbereich: Anmerkungen zu einem ethischen Paradigmenwechsel, in: ALTEXethik 1/2009 3–10

Rudolphi Hans-Joachim, Rechtfertigungsgründe im Strafrecht: Ein Beitrag zur Funktion, Struktur und den Prinzipien der Rechtfertigung, in: Dornseifer Gerhard et al. (Hrsg.), Gedächtnisschrift für Armin Kaufmann, Köln 1989 371–397

Russell William / Burch Rex, The Principles of Humane Experimental Technique, London 1959

Schultze-Fielitz Helmuth, Art. 20a, in: Dreier Horst (Hrsg.), Grundgesetz: Kommentar, 2. Auflage, Tübingen 2006 288–326

Seyr Sibylle, Der effet utile in der Rechtsprechung des EuGH, Berlin 2008

Starck Christian, Art. 5, in: ders. (Hrsg.), Kommentar zum Grundgesetz – Band. I, 6. Auflage, München 2010 523–681

Winkelmayer Rudolf / Binder Regina, Das Leitbild der Plattform «Österreichische Tierärztinnen und Tierärzte für Tierschutz» (ÖTT), in: Baumgartner Johannes/Lexer Daniela (Hrsg.), Tierschutz, Anspruch – Verantwortung – Realität, 2. Tagung der Plattform Österreichische TierärztInnen für Tierschutz, Wien 2011 1–14

Anhang: Rechtsgrundlagen (Auszüge)

Anhang Nr. 1: Entwurf eines dritten Gesetzes zur Änderung des Tierschutzgesetzes (TierSchG n. F.-E), Stand 9.1.2012 und Bezugspunkt des Gutachtens

§ 7 TierSchG n. F.-E

(1) Die Vorschriften dieses Abschnitts dienen dem Schutz von Tieren, die zur Verwendung in Tierversuchen bestimmt sind oder deren Gewebe oder Organe dazu bestimmt sind, zu wissenschaftlichen Zwecken verwendet zu werden. Dazu sind
1. Tierversuche im Hinblick auf
   a) die den Tieren zuzufügenden Schmerzen, Leiden und Schäden,
   b) die Zahl der verwendeten Tiere,
   c) die sinnesphysiologische Entwicklungsstufe der verwendeten Tiere
2. auf das unerlässliche Mass zu beschränken und
3. die Tiere, die zur Verwendung in Tierversuchen bestimmt sind oder deren Gewebe oder Organe dazu bestimmt sind, zu wissenschaftlichen Zwecken verwendet zu werden, so zu halten, zu züchten und zu pflegen, dass sie nur in dem Umfang belastet werden, der für die Verwendung zu wissenschaftlichen Zwecken erforderlich ist.

§ 1 bleibt unberührt.

(2) Tierversuche im Sinne dieses Gesetzes sind Eingriffe oder Behandlungen zu Versuchszwecken
1. an Tieren, wenn sie mit Schmerzen, Leiden oder Schäden für diese Tiere verbunden sein können,
2. an Tieren, die dazu führen können, dass Tiere geboren werden oder schlüpfen, die Schmerzen, Leiden oder Schäden erleiden, oder
3. am Erbgut von Tieren, wenn sie mit Schmerzen, Leiden oder Schäden für die erbgutveränderten Tiere oder deren Trägertiere verbunden sein können.

Als Tierversuche gelten auch nicht Versuchszwecken dienende Eingriffe oder Behandlungen,
1. die zur Herstellung, Gewinnung, Aufbewahrung oder Vermehrung von Stoffen, Produkten oder Organismen vorgenommen werden,

2. durch die Organe oder Gewebe ganz oder teilweise entnommen werden, um zu wissenschaftlichen Zwecken
   a) die Organe oder Gewebe zu transplantieren,
   b) Kulturen anzulegen oder
   c) isolierte Organe, Gewebe oder Zellen zu untersuchen, oder
3. die zu Aus-, Fort- oder Weiterbildungszwecken vorgenommen werden, soweit eine der in Satz 1 Nummer 1 bis 3 genannten Voraussetzungen vorliegt. Nicht als Tierversuch gilt das Töten eines Tieres, soweit dies ausschliesslich erfolgt, um dessen Organe oder Gewebe zu wissenschaftlichen Zwecken zu verwenden.

(3) Das Bundesministerium wird ermächtigt, durch Rechtsverordnung mit Zustimmung des Bundesrates die näheren Einzelheiten zu den Anforderungen nach Absatz 1 Satz 2 Nummer 2 zu regeln.

§ 7a TierSchG n. F.-E

(1) Tierversuche dürfen nur durchgeführt werden, soweit sie zu einem der folgenden Zwecke unerlässlich sind:
1. Grundlagenforschung,
2. sonstige Forschung mit einem der folgenden Ziele:
   a) Vorbeugung, Erkennung oder Behandlung von Krankheiten, Leiden, Körperschäden oder körperlichen Beschwerden bei Menschen oder Tieren,
   b) Erkennung oder Beeinflussung physiologischer Zustände oder Funktionen bei Menschen oder Tieren,
   c) Förderung des Wohlergehens von Tieren oder Verbesserung der Haltungsbedingungen von landwirtschaftlichen Nutztieren,
3. Entwicklung und Herstellung sowie Prüfung der Qualität, Wirksamkeit oder Unbedenklichkeit von Arzneimitteln, Lebensmitteln, Futtermitteln oder anderen Stoffen oder Produkten mit einem der in Nummer 2 Buchstabe a bis c genannten Ziele,
4. Prüfung von Stoffen oder Produkten auf ihre Wirksamkeit gegen tierische Schädlinge,
5. Schutz der natürlichen Lebensgrundlagen im Interesse der Gesundheit oder des Wohlbefindens von Menschen oder Tieren,
6. Forschung im Hinblick auf die Erhaltung der Arten,

7. Aus-, Fort- oder Weiterbildung,
8. gerichtsmedizinische Untersuchungen.

Tierversuche zur Aus-, Fort- oder Weiterbildung nach Satz 1 Nummer 7 dürfen nur durchgeführt werden
1. an einer Hochschule, einer anderen wissenschaftlichen Einrichtung oder einem Krankenhaus oder
2. im Rahmen einer Aus-, Fort- oder Weiterbildung für Heilhilfsberufe oder naturwissenschaftliche Hilfsberufe.

Sie dürfen nur vorgenommen werden, soweit ihr Zweck nicht auf andere Weise, insbesondere durch filmische Darstellungen, erreicht werden kann. Der zuständigen Behörde ist auf Verlangen zu begründen, warum der Zweck der Eingriffe oder Behandlungen nicht auf andere Weise erreicht werden kann.

(2) Bei der Entscheidung, ob Tierversuche unerlässlich sind, sowie bei der Durchführung von Tierversuchen sind folgende Grundsätze zu beachten:
1. Der jeweilige Stand der wissenschaftlichen Erkenntnisse ist zugrunde zu legen.
2. Es ist zu prüfen, ob der verfolgte Zweck nicht durch andere Methoden oder Verfahren erreicht werden kann.
3. Versuche an Wirbeltieren oder Kopffüssern dürfen nur durchgeführt werden, wenn die zu erwartenden Schmerzen, Leiden oder Schäden der Tiere im Hinblick auf den Versuchszweck ethisch vertretbar sind.
4. Schmerzen, Leiden oder Schäden dürfen den Tieren nur in dem Masse zugefügt werden, als es für den verfolgten Zweck unerlässlich ist; insbesondere dürfen sie nicht aus Gründen der Arbeits-, Zeit- oder Kostenersparnis zugefügt werden.
5. Tierversuche an sinnesphysiologisch höher entwickelten Tieren, insbesondere an warmblütigen Tieren, dürfen nur durchgeführt werden, soweit Versuche an sinnesphysiologisch niedriger entwickelten Tieren für den verfolgten Zweck nicht ausreichen.
6. Tierversuche dürfen nur von Personen geplant und durchgeführt werden, die die dafür erforderlichen Kenntnisse und Fähigkeiten haben.

(Absätze 3–6 ausgelassen)

§ 8 TierSchG n. F.-E

(1) Wer Versuche an Wirbeltieren oder Kopffüssern durchführen will, bedarf der Genehmigung des Versuchsvorhabens durch die zuständige Behörde. Die Genehmigung eines Versuchsvorhabens darf nur erteilt werden, wenn
1. wissenschaftlich begründet dargelegt ist, dass
   a) die Voraussetzungen des § 7a Absatz 1 und 2 Nummer 1 bis 3 vorliegen,
   b) das angestrebte Ergebnis trotz Ausschöpfens der zugänglichen Informationsmöglichkeiten nicht hinreichend bekannt ist oder die Überprüfung eines hinreichend bekannten Ergebnisses durch einen Doppel- oder Wiederholungsversuch unerlässlich ist,
2. der verantwortliche Leiter des Versuchsvorhabens und sein Stellvertreter die erforderliche fachliche Eignung insbesondere hinsichtlich der Überwachung der Tierversuche haben und keine Tatsachen vorliegen, aus denen sich Bedenken gegen ihre Zuverlässigkeit ergeben,
3. die erforderlichen Räumlichkeiten, Anlagen und anderen sachlichen Mittel den Anforderungen entsprechen, die in einer auf Grund des § 9 Absatz 4 Satz 1 Nummer 1 erlassenen Rechtsverordnung festgelegt sind,
4. die personellen und organisatorischen Voraussetzungen für die Durchführung der Tierversuche einschliesslich der Tätigkeit des Tierschutzbeauftragten gegeben sind,
5. die Haltung der Tiere den Anforderungen des § 2 und den in einer auf Grund des § 2a Absatz 1 Nummer 1 bis 4, auch in Verbindung mit § 11 Absatz 8, oder des § 2a Absatz 2 Satz 1 erlassenen Rechtsverordnung festgelegten Anforderungen entspricht und ihre medizinische Versorgung sichergestellt ist,
6. die Einhaltung der Vorschriften des § 7 Absatz 1 Satz 2 Nummer 1 und des § 7a Absatz 2 Nummer 4 bis 6 erwartet werden kann,
7. die Einhaltung von
   a) Sachkundeanforderungen,
   b) Anforderungen an Räumlichkeiten, Anlagen und andere sachliche Mittel,
   c) Vorschriften zur Schmerzlinderung und Betäubung von Tieren,
   d) Vorschriften zur erneuten Verwendung von Tieren,
   e) Verwendungsverboten und -beschränkungen,
   f) Vorschriften zur Vermeidung von Schmerzen, Leiden und Schäden nach Erreichen des Zwecks des Tierversuches,

g) Vorschriften zur Verhinderung des Todes eines Tieres unter der Versuchseinwirkung oder zur Vermeidung von Schmerzen und Leiden beim Tod eines Tieres und

h) Vorschriften zu der Vorgehensweise nach Abschluss des Tierversuchs, die in einer auf Grund des §2a Absatz 1 Nummer 5 oder des §4b Satz 1 Nummer 1 Buchstabe b, jeweils auch in Verbindung mit §11 Absatz 8 Nummer 3, oder des §9 Absatz 1 bis 4 erlassenen Rechtsverordnung festgelegt sind, erwartet werden kann und

8. das Führen von Aufzeichnungen nach §9 Absatz 5 Satz 1 in Verbindung mit den in einer auf Grund des §9 Absatz 5 Satz 2 erlassenen Rechtsverordnung festgelegten Anforderungen erwartet werden kann.

(2) Wird die Genehmigung einer Hochschule oder anderen Einrichtung erteilt, so müssen die Personen, die die Tierversuche durchführen, bei der Einrichtung beschäftigt oder mit Zustimmung des verantwortlichen Leiters zur Benutzung der Einrichtung befugt sein.

(3) Das Bundesministerium wird ermächtigt, durch Rechtsverordnung mit Zustimmung des Bundesrates Vorschriften zu erlassen über

1. die Form und den Inhalt des Antrags auf Erteilung einer Genehmigung nach Absatz 1 Satz 1 sowie die antragsberechtigten Personen,
2. das Genehmigungsverfahren einschliesslich dessen Dauer,
3. den Inhalt des Genehmigungsbescheids,
4. das Verfahren im Falle nachträglicher Änderungen der der Genehmigung zugrunde liegenden wesentlichen Sachverhalte, einschliesslich der Pflicht zur Anzeige oder Genehmigung solcher Änderungen,
5. die Befristung von Genehmigungen oder die Verlängerung der Geltungsdauer von Genehmigungen und
6. den Vorbehalt des Widerrufs von Genehmigungen.

(4) Das Bundesministerium wird ermächtigt, durch Rechtsverordnung mit Zustimmung des Bundesrates vorzusehen, dass Tierversuche einer Einstufung hinsichtlich ihres Schweregrads nach Artikel 15 Absatz 1 der Richtlinie 2010/63/EU des Europäischen Parlaments und des Rates vom 22. September 2010 zum Schutz der für wissenschaftliche Zwecke verwendeten Tiere (ABl. L 276 vom 20.10.2010, Seite 33) unterzogen werden und dabei das Verfahren und den Inhalt der Einstufung sowie die diesbezüglichen Mitwirkungspflichten des Antrag-

stellers zu regeln, soweit dies zur Durchführung von Rechtsakten der Europäischen Union erforderlich ist.

(5) Das Bundesministerium wird ermächtigt, durch Rechtsverordnung mit Zustimmung des Bundesrates vorzusehen, dass Versuchsvorhaben einer rückblickenden Bewertung durch die zuständige Behörde unterzogen werden, und dabei das Verfahren und den Inhalt der Bewertung sowie die diesbezüglichen Mitwirkungspflichten des Antragstellers zu regeln, soweit dies zur Verbesserung des Schutzes der Tiere in Tierversuchen und zur Durchführung von Rechtsakten der Europäischen Union erforderlich ist.

(6) Das Bundesministerium wird ermächtigt, durch Rechtsverordnung mit Zustimmung des Bundesrates vorzusehen, dass die zuständigen Behörden Zusammenfassungen zu genehmigten Versuchsvorhaben zum Zwecke der Veröffentlichung erstellen, die Angaben über
1. die Ziele des Versuchsvorhabens einschliesslich des zu erwartenden Nutzens,
2. die Anzahl, die Art und die zu erwartenden Schmerzen, Leiden und Schäden der zu verwendenden Tiere und
3. die Erfüllung der Anforderungen des § 7 Absatz 1 Satz 2 Nummer 1 und des § 7a Absatz 2 Nummer 2, 4 und 5

enthalten, und die Form der Zusammenfassungen sowie das Verfahren ihrer Veröffentlichung zu regeln, soweit dies zur Verbesserung des Schutzes der Tiere in Tierversuchen und zur Durchführung von Rechtsakten der Europäischen Union erforderlich ist. Es kann dabei vorsehen, dass die Veröffentlichung der Zusammenfassungen durch das Bundesinstitut für Risikobewertung erfolgt.

§ 8a TierSchG n. F.-E

(1) Der Genehmigung nach § 8 Absatz 1 Satz 1 bedürfen nicht Versuchsvorhaben,
1. deren Durchführung ausdrücklich
   a) durch Gesetz oder Rechtsverordnung, durch das Arzneibuch oder durch unmittelbar geltenden Rechtsakt der Europäischen Gemeinschaft oder der Europäischen Union vorgeschrieben ist,
   b) in einer von der Bundesregierung oder einem Bundesministerium erlassenen allgemeinen Verwaltungsvorschrift vorgesehen ist, oder

c) auf Grund eines Gesetzes oder einer Rechtsverordnung oder eines unmittelbar anwendbaren Rechtsaktes der Europäischen Gemeinschaft oder der Europäischen Union behördlich oder gerichtlich angeordnet oder im Einzelfall als Voraussetzung für eine behördliche Entscheidung gefordert wird,
2. die als Impfungen, Blutentnahmen oder sonstige diagnostische Massnahmen nach bereits erprobten Verfahren an Tieren vorgenommen werden und
    a) der Erkennung von Krankheiten, Leiden, Körperschäden oder körperlichen Beschwerden bei Menschen oder Tieren oder
    b) der Prüfung von Seren, Blutzubereitungen, Impfstoffen, Antigenen oder Testallergenen im Rahmen von Zulassungsverfahren oder Chargenprüfungen dienen, oder
3. die ausschliesslich Tierversuche nach § 7 Absatz 2 Satz 2 Nummer 1 oder 2 zum Gegenstand haben und nach bereits erprobten Verfahren
    a) zur Herstellung, Gewinnung, Aufbewahrung oder Vermehrung von Stoffen, Produkten oder Organismen oder
    b) zu diagnostischen Zwecken
    vorgenommen werden.

(2) Absatz 1 gilt nicht für Versuchsvorhaben,
1. in denen Primaten verwendet werden oder
2. die Tierversuche zum Gegenstand haben, die nach Artikel 15 Absatz 1 in Verbindung mit Anhang VIII der Richtlinie 2010/63/EU als «schwer» einzustufen sind.

(3) Wer ein Versuchsvorhaben durchführen will, das nach Absatz 1 nicht der Genehmigung bedarf, hat das Versuchsvorhaben der zuständigen Behörde anzuzeigen.

(4) Wer Tierversuche an Zehnfusskrebsen durchführen will, hat das Versuchsvorhaben der zuständigen Behörde anzuzeigen.

(5) Das Bundesministerium wird ermächtigt, durch Rechtsverordnung mit Zustimmung des Bundesrates vorzusehen, dass Versuche an anderen wirbellosen Tieren als Kopffüssern und Zehnfusskrebsen, die auf einer den Wirbeltieren entsprechenden sinnesphysiologischen Entwicklungsstufe stehen, der zuständigen Behörde anzuzeigen sind, soweit es zum Schutz dieser Tiere erforderlich ist.

(6) Das Bundesministerium wird ermächtigt, durch Rechtsverordnung mit Zustimmung des Bundesrates Vorschriften zu erlassen über
1. die Form und den Inhalt der Anzeige nach Absatz 3 oder 4,
2. das Verfahren der Anzeige nach Absatz 3 oder 4 einschliesslich der für die Anzeige geltenden Fristen,
3. den Zeitpunkt, ab dem oder bis zu dem die Durchführung angezeigter Versuchsvorhaben nach Absatz 3 oder 4 zulässig ist, und
4. das Verfahren im Falle nachträglicher Änderungen der im Rahmen der Anzeige nach Absatz 3 oder 4 mitgeteilten Sachverhalte.

§ 9 TierSchG n. F.-E

(1) Das Bundesministerium wird ermächtigt, durch Rechtsverordnung mit Zustimmung des Bundesrates nähere Vorschriften über die Art und den Umfang der nach § 7a Absatz 2 Nummer 6 erforderlichen Kenntnisse und Fähigkeiten der Personen, die Tierversuche planen oder durchführen, insbesondere der biologischen, tiermedizinischen, rechtlichen und ethischen Kenntnisse und der Fähigkeiten im Hinblick auf die Durchführung von Tierversuchen, zu erlassen sowie Anforderungen an den Nachweis und die Aufrechterhaltung der erforderlichen Kenntnisse und Fähigkeiten festzulegen; hierbei kann das Bundesministerium auch vorschreiben, dass Aufzeichnungen über die Massnahmen, die zum Zwecke der Aufrechterhaltung der Kenntnisse und Fähigkeiten ergriffen werden, zu machen, aufzubewahren und der zuständigen Behörde auf Verlangen vorzulegen sind.

(2) Das Bundesministerium wird ermächtigt, durch Rechtsverordnung mit Zustimmung des Bundesrates
1. das Betäuben von Tieren, die in Tierversuchen verwendet werden, einschliesslich der hierfür erforderlichen Kenntnisse und Fähigkeiten, oder die Anwendung schmerzlindernder Mittel oder Verfahren bei diesen Tieren vorzuschreiben und
2. die Gabe von Mitteln, die das Äussern von Schmerzen verhindern oder beeinträchtigen, zu verbieten oder zu beschränken.

(3) Das Bundesministerium wird ermächtigt, durch Rechtsverordnung mit Zustimmung des Bundesrates zur Durchführung von Rechtsakten der Europäischen Union Versuche
1. an Primaten einschliesslich Menschenaffen, soweit dies auf Grund der hoch entwickelten Fähigkeiten dieser Tiere zu ihrem Schutz erforderlich ist,
2. an Tieren bestimmter Herkunft, soweit dies zur Vermeidung von Schmerzen, Leiden oder Schäden bei diesen Tieren oder aus Gründen des Artenschutzes erforderlich ist,
3. die besonders belastend sind, soweit dies zur Einhaltung der Anforderungen des § 7a Absatz 2 Nummer 3 erforderlich ist,

zu verbieten oder zu beschränken, insbesondere von einer Genehmigung oder der Erfüllung weiterer, über § 8 Absatz 1 Satz 2 hinausgehender Anforderungen abhängig zu machen.

(4) Das Bundesministerium wird ermächtigt, durch Rechtsverordnung mit Zustimmung des Bundesrates Anforderungen an
1. für die Durchführung von Tierversuchen bestimmte Räumlichkeiten, Anlagen und Gegenstände,
2. den Fang wildlebender Tiere zum Zwecke ihrer Verwendung in Tierversuchen einschliesslich der anschliessenden Behandlung der Tiere und der hierfür erforderlichen Kenntnisse und Fähigkeiten und
3. die erneute Verwendung von Tieren in Tierversuchen

festzulegen. Das Bundesministerium wird ferner ermächtigt, durch Rechtsverordnung mit Zustimmung des Bundesrates die Behandlung eines in einem Tierversuch verwendeten Tieres nach Abschluss des Tierversuchs zu regeln und dabei
1. vorzusehen, dass das Tier einem Tierarzt vorzustellen ist,
2. vorzusehen, dass das Tier unter bestimmten Voraussetzungen zu töten ist und
3. Anforderungen an die weitere Haltung und medizinische Versorgung des Tieres festzulegen.

(5) Über die Tierversuche sind Aufzeichnungen zu machen. Das Bundesministerium wird ermächtigt, durch Rechtsverordnung mit Zustimmung des Bundesrates das Nähere über die Art und den Umfang der Aufzeichnungen nach Satz 1 zu regeln; es kann dabei vorschreiben, dass die Aufzeichnungen aufzubewahren und der zuständigen Behörde auf Verlangen vorzulegen sind.

(6) Der Leiter des Versuchsvorhabens oder sein Stellvertreter haben die Einhaltung
1. der Vorschriften des Absatzes 5 Satz 1, des § 7 Absatz 1 Satz 2 Nummer 1 und des § 7a Absatz 2 Nummer 1 und 4 bis 6 sowie
2. der Vorschriften der auf Grund der Absätze 1 bis 5 erlassenen Rechtsverordnungen

sicherzustellen. Das Bundesministerium wird ermächtigt, durch Rechtsverordnung mit Zustimmung des Bundesrates das Nähere zu der Verpflichtung nach Satz 1 Nummer 2 zu regeln.

Anhang Nr. 2: Tierschutzgesetz (TierSchG 2013), aktuell geltendes Recht

Tierschutzgesetz vom 24.7.1972 in der Fassung der Bekanntmachung vom 18. Mai 2006 (BGBl. I Seite 1206, 1313), das durch Artikel 4 Absatz 90 des Gesetzes vom 7. August 2013 (BGBl. I Seite 3154) geändert worden ist.

Die vorliegende Untersuchung berücksichtigt diese Gesetzesversion nicht.

§ 7 TierSchG 2013

(1) Die Vorschriften dieses Abschnitts dienen dem Schutz von Tieren, die zur Verwendung in Tierversuchen bestimmt sind oder deren Gewebe oder Organe dazu bestimmt sind, zu wissenschaftlichen Zwecken verwendet zu werden. Dazu sind
1. Tierversuche im Hinblick auf
    a) die den Tieren zuzufügenden Schmerzen, Leiden und Schäden,
    b) die Zahl der verwendeten Tiere,
    c) die artspezifische Fähigkeit der verwendeten Tiere, unter den Versuchseinwirkungen zu leiden,
    auf das unerlässliche Mass zu beschränken und
2. die Tiere, die zur Verwendung in Tierversuchen bestimmt sind oder deren Gewebe oder Organe dazu bestimmt sind, zu wissenschaftlichen Zwecken verwendet zu werden, so zu halten, zu züchten und zu pflegen, dass sie nur in dem Umfang belastet werden, der für die Verwendung zu wissenschaftlichen Zwecken unerlässlich ist.

Tierversuche dürfen nur von Personen geplant und durchgeführt werden, die die dafür erforderlichen Kenntnisse und Fähigkeiten haben. § 1 bleibt unberührt.

(2) Tierversuche im Sinne dieses Gesetzes sind Eingriffe oder Behandlungen zu Versuchszwecken
1. an Tieren, wenn sie mit Schmerzen, Leiden oder Schäden für diese Tiere verbunden sein können,
2. an Tieren, die dazu führen können, dass Tiere geboren werden oder schlüpfen, die Schmerzen, Leiden oder Schäden erleiden, oder
3. am Erbgut von Tieren, wenn sie mit Schmerzen, Leiden oder Schäden für die erbgutveränderten Tiere oder deren Trägertiere verbunden sein können.

Als Tierversuche gelten auch Eingriffe oder Behandlungen, die nicht Versuchszwecken dienen, und
1. die zur Herstellung, Gewinnung, Aufbewahrung oder Vermehrung von Stoffen, Produkten oder Organismen vorgenommen werden,
2. durch die Organe oder Gewebe ganz oder teilweise entnommen werden, um zu wissenschaftlichen Zwecken
   a) die Organe oder Gewebe zu transplantieren,
   b) Kulturen anzulegen oder
   c) isolierte Organe, Gewebe oder Zellen zu untersuchen,
   oder
3. die zu Aus-, Fort- oder Weiterbildungszwecken vorgenommen werden,

soweit eine der in Satz 1 Nummer 1 bis 3 genannten Voraussetzungen vorliegt. Nicht als Tierversuch gilt das Töten eines Tieres, soweit dies ausschliesslich erfolgt, um dessen Organe oder Gewebe zu wissenschaftlichen Zwecken zu verwenden.

(3) Das Bundesministerium wird ermächtigt, im Einvernehmen mit dem Bundesministerium für Bildung und Forschung durch Rechtsverordnung mit Zustimmung des Bundesrates die näheren Einzelheiten zu den Anforderungen nach Absatz 1 Satz 2 Nummer 2 zu regeln.

§ 7a TierSchG 2013

(1) Tierversuche dürfen nur durchgeführt werden, soweit sie zu einem der folgenden Zwecke unerlässlich sind:
1. Grundlagenforschung,
2. sonstige Forschung mit einem der folgenden Ziele:
   a) Vorbeugung, Erkennung oder Behandlung von Krankheiten, Leiden, Körperschäden oder körperlichen Beschwerden bei Menschen oder Tieren,
   b) Erkennung oder Beeinflussung physiologischer Zustände oder Funktionen bei Menschen oder Tieren,
   c) Förderung des Wohlergehens von Tieren oder Verbesserung der Haltungsbedingungen von landwirtschaftlichen Nutztieren,
3. Schutz der Umwelt im Interesse der Gesundheit oder des Wohlbefindens von Menschen oder Tieren,

4. Entwicklung und Herstellung sowie Prüfung der Qualität, Wirksamkeit oder Unbedenklichkeit von Arzneimitteln, Lebensmitteln, Futtermitteln oder anderen Stoffen oder Produkten mit einem der in Nummer 2 Buchstabe a bis c oder Nummer 3 genannten Ziele,
5. Prüfung von Stoffen oder Produkten auf ihre Wirksamkeit gegen tierische Schädlinge,
6. Forschung im Hinblick auf die Erhaltung der Arten,
7. Aus-, Fort- oder Weiterbildung,
8. gerichtsmedizinische Untersuchungen.

Tierversuche zur Aus-, Fort- oder Weiterbildung nach Satz 1 Nummer 7 dürfen nur durchgeführt werden
1. an einer Hochschule, einer anderen wissenschaftlichen Einrichtung oder einem Krankenhaus oder
2. im Rahmen einer Aus-, Fort- oder Weiterbildung für Heil- oder Heilhilfsberufe oder naturwissenschaftliche Hilfsberufe.

(2) Bei der Entscheidung, ob ein Tierversuch unerlässlich ist, sowie bei der Durchführung von Tierversuchen sind folgende Grundsätze zu beachten:
1. Der jeweilige Stand der wissenschaftlichen Erkenntnisse ist zugrunde zu legen.
2. Es ist zu prüfen, ob der verfolgte Zweck nicht durch andere Methoden oder Verfahren erreicht werden kann.
3. Versuche an Wirbeltieren oder Kopffüssern dürfen nur durchgeführt werden, wenn die zu erwartenden Schmerzen, Leiden oder Schäden der Tiere im Hinblick auf den Versuchszweck ethisch vertretbar sind.
4. Schmerzen, Leiden oder Schäden dürfen den Tieren nur in dem Masse zugefügt werden, als es für den verfolgten Zweck unerlässlich ist; insbesondere dürfen sie nicht aus Gründen der Arbeits-, Zeit- oder Kostenersparnis zugefügt werden.
5. Versuche an Tieren, deren artspezifische Fähigkeit, unter den Versuchseinwirkungen zu leiden, stärker entwickelt ist, dürfen nur durchgeführt werden, soweit Tiere, deren derartige Fähigkeit weniger stark entwickelt ist, für den verfolgten Zweck nicht ausreichen.

(3) Tierversuche zur Entwicklung oder Erprobung von Waffen, Munition und dazugehörigem Gerät sind verboten.

(4) Tierversuche zur Entwicklung von Tabakerzeugnissen, Waschmitteln und Kosmetika sind grundsätzlich verboten. Das Bundesministerium wird ermächtigt, durch Rechtsverordnung mit Zustimmung des Bundesrates Ausnahmen zu bestimmen, soweit es erforderlich ist, um
1. konkrete Gesundheitsgefährdungen abzuwehren, und die notwendigen neuen Erkenntnisse nicht auf andere Weise erlangt werden können, oder
2. Rechtsakte der Europäischen Gemeinschaft oder der Europäischen Union durchzuführen.

(5) Ein Tierversuch gilt als abgeschlossen, wenn
1. keine weiteren Beobachtungen mehr für den Tierversuch anzustellen sind oder,
2. soweit genetisch veränderte, neue Tierlinien verwendet werden,
   a) an der Nachkommenschaft keine weiteren Beobachtungen mehr anzustellen sind und
   b) nicht mehr erwartet wird, dass die Nachkommenschaft auf Grund der biotechnischen oder gentechnischen Veränderungen Schmerzen oder Leiden empfindet oder dauerhaft Schäden erleidet.

(6) Das Bundesministerium wird ermächtigt, im Einvernehmen mit dem Bundesministerium für Bildung und Forschung durch Rechtsverordnung mit Zustimmung des Bundesrates
1. Vorschriften dieses Gesetzes oder
2. auf Grund dieses Gesetzes erlassene Rechtsverordnungen zur Durchführung, Genehmigung und Anzeige von Tierversuchen

auf Versuche an Tieren in einem Entwicklungsstadium vor der Geburt oder dem Schlupf zu erstrecken, soweit dies zum Schutz dieser Tiere auf Grund ihrer Fähigkeit, Schmerzen oder Leiden zu empfinden oder Schäden zu erleiden, und zur Durchführung von Rechtsakten der Europäischen Union erforderlich ist.

§ 8 TierSchG 2013

(1) Wer Versuche an Wirbeltieren oder Kopffüssern durchführen will, bedarf der Genehmigung des Versuchsvorhabens durch die zuständige Behörde. Die Genehmigung eines Versuchsvorhabens ist zu erteilen, wenn
1. wissenschaftlich begründet dargelegt ist, dass
   a) die Voraussetzungen des § 7a Absatz 1 und 2 Nummer 1 bis 3 vorliegen,
   b) das angestrebte Ergebnis trotz Ausschöpfens der zugänglichen Informationsmöglichkeiten nicht hinreichend bekannt ist oder die Überprüfung eines hinreichend bekannten Ergebnisses durch einen Doppel- oder Wiederholungsversuch unerlässlich ist,
2. der verantwortliche Leiter des Versuchsvorhabens und sein Stellvertreter die erforderliche fachliche Eignung insbesondere hinsichtlich der Überwachung der Tierversuche haben und keine Tatsachen vorliegen, aus denen sich Bedenken gegen ihre Zuverlässigkeit ergeben,
3. die erforderlichen Räumlichkeiten, Anlagen und anderen sachlichen Mittel den Anforderungen entsprechen, die in einer auf Grund des § 9 Absatz 4 Satz 1 Nummer 1 erlassenen Rechtsverordnung festgelegt sind,
4. die personellen und organisatorischen Voraussetzungen für die Durchführung der Tierversuche einschliesslich der Tätigkeit des Tierschutzbeauftragten gegeben sind,
5. die Haltung der Tiere den Anforderungen des § 2 und den in einer auf Grund des § 2a Absatz 1 Nummer 1 bis 4, auch in Verbindung mit § 11 Absatz 3, oder des § 2a Absatz 2 Satz 1 erlassenen Rechtsverordnung festgelegten Anforderungen entspricht und ihre medizinische Versorgung sichergestellt ist,
6. die Einhaltung der Vorschriften des § 7 Absatz 1 Satz 2 Nummer 1 und des § 7a Absatz 2 Nummer 4 und 5 erwartet werden kann,
7. die Einhaltung von
   a) Sachkundeanforderungen,
   b) Vorschriften zur Schmerzlinderung und Betäubung von Tieren,
   c) Vorschriften zur erneuten Verwendung von Tieren,
   d) Verwendungsverboten und -beschränkungen,
   e) Vorschriften zur Vermeidung von Schmerzen, Leiden und Schäden nach Erreichen des Zwecks des Tierversuches,
   f) Vorschriften zur Verhinderung des Todes eines Tieres unter der Versuchseinwirkung oder zur Vermeidung von Schmerzen und Leiden beim Tod eines Tieres und

g) Vorschriften zu der Vorgehensweise nach Abschluss des Tierversuchs,
h) die in einer auf Grund des § 2a Absatz 1 Nummer 5 oder des § 4b Satz 1 Nummer 1 Buchstabe b, jeweils auch in Verbindung mit § 11 Absatz 3, oder des § 9 Absatz 1 bis 3 und 4 Satz 1 Nummer 2 oder 3 oder Satz 2 erlassenen Rechtsverordnung festgelegt sind, erwartet werden kann und
8. das Führen von Aufzeichnungen nach § 9 Absatz 5 Satz 1 in Verbindung mit den in einer auf Grund des § 9 Absatz 5 Satz 2 erlassenen Rechtsverordnung festgelegten Anforderungen erwartet werden kann.

(2) Wird die Genehmigung einer Hochschule oder anderen Einrichtung erteilt, so müssen die Personen, die die Tierversuche durchführen, bei der Einrichtung beschäftigt oder mit Zustimmung des verantwortlichen Leiters zur Benutzung der Einrichtung befugt sein.

(3) Das Bundesministerium wird ermächtigt, im Einvernehmen mit dem Bundesministerium für Bildung und Forschung durch Rechtsverordnung mit Zustimmung des Bundesrates Vorschriften zu erlassen über
1. die Form und den Inhalt des Antrags auf Erteilung einer Genehmigung nach Absatz 1 Satz 1 sowie die antragsberechtigten Personen,
2. das Genehmigungsverfahren einschliesslich dessen Dauer,
3. den Inhalt des Genehmigungsbescheids,
4. das Verfahren im Falle nachträglicher Änderungen der der Genehmigung zugrunde liegenden wesentlichen Sachverhalte, einschliesslich der Pflicht zur Anzeige oder Genehmigung solcher Änderungen,
5. die Befristung von Genehmigungen oder die Verlängerung der Geltungsdauer von Genehmigungen und
6. den Vorbehalt des Widerrufs von Genehmigungen.

(4) Das Bundesministerium wird ermächtigt, im Einvernehmen mit dem Bundesministerium für Bildung und Forschung durch Rechtsverordnung mit Zustimmung des Bundesrates vorzusehen, dass Tierversuche einer Einstufung hinsichtlich ihres Schweregrads nach Artikel 15 Absatz 1 der Richtlinie 2010/63/EU des Europäischen Parlaments und des Rates vom 22. September 2010 zum Schutz der für wissenschaftliche Zwecke verwendeten Tiere (ABl. L 276 vom 20.10.2010, Seite 33) unterzogen werden, und dabei das Verfahren und den Inhalt der Einstufung sowie die diesbezüglichen Mitwirkungspflichten des An-

tragstellers zu regeln, soweit dies zur Durchführung von Rechtsakten der Europäischen Union erforderlich ist.

(5) Das Bundesministerium wird ermächtigt, im Einvernehmen mit dem Bundesministerium für Bildung und Forschung durch Rechtsverordnung mit Zustimmung des Bundesrates vorzusehen, dass Versuchsvorhaben einer rückblickenden Bewertung durch die zuständige Behörde unterzogen werden, und dabei das Verfahren und den Inhalt der Bewertung sowie die diesbezüglichen Mitwirkungspflichten des Antragstellers zu regeln, soweit dies zur Verbesserung des Schutzes der Tiere in Tierversuchen und zur Durchführung von Rechtsakten der Europäischen Union erforderlich ist.

(6) Das Bundesministerium wird ermächtigt, im Einvernehmen mit dem Bundesministerium für Bildung und Forschung durch Rechtsverordnung mit Zustimmung des Bundesrates vorzusehen, dass die zuständigen Behörden Zusammenfassungen zu genehmigten Versuchsvorhaben zum Zwecke der Veröffentlichung übermitteln, die Angaben über
1. die Ziele des Versuchsvorhabens einschliesslich des zu erwartenden Nutzens,
2. die Anzahl, die Art und die zu erwartenden Schmerzen, Leiden und Schäden der zu verwendenden Tiere und
3. die Erfüllung der Anforderungen des § 7 Absatz 1 Satz 2 Nummer 1 und des § 7a Absatz 2 Nummer 2, 4 und 5

enthalten, und die Form der Zusammenfassungen sowie das Verfahren ihrer Veröffentlichung zu regeln, soweit dies zur Verbesserung des Schutzes der Tiere in Tierversuchen und zur Durchführung von Rechtsakten der Europäischen Union erforderlich ist. Es kann dabei vorsehen, dass die Veröffentlichung der Zusammenfassungen durch das Bundesinstitut für Risikobewertung erfolgt.

§ 8a TierSchG 2013

(1) Wer ein Versuchsvorhaben, in dem Wirbeltiere oder Kopffüsser verwendet werden, durchführen will,
1. das ausschliesslich Tierversuche zum Gegenstand hat, deren Durchführung ausdrücklich

a) durch Gesetz oder Rechtsverordnung, durch das Arzneibuch oder durch unmittelbar geltenden Rechtsakt der Europäischen Gemeinschaft oder der Europäischen Union vorgeschrieben ist,
b) in einer von der Bundesregierung oder einem Bundesministerium erlassenen allgemeinen Verwaltungsvorschrift vorgesehen ist oder
c) auf Grund eines Gesetzes oder einer Rechtsverordnung oder eines unmittelbar anwendbaren Rechtsaktes der Europäischen Gemeinschaft oder der Europäischen Union behördlich oder gerichtlich angeordnet oder im Einzelfall als Voraussetzung für eine behördliche Entscheidung gefordert wird,
2. das ausschliesslich Tierversuche zum Gegenstand hat, die als Impfungen, Blutentnahmen oder sonstige diagnostische Massnahmen nach bereits erprobten Verfahren an Tieren vorgenommen werden und
a) der Erkennung von Krankheiten, Leiden, Körperschäden oder körperlichen Beschwerden bei Menschen oder Tieren oder
b) der Prüfung von Seren, Blutzubereitungen, Impfstoffen, Antigenen oder Testallergenen im Rahmen von Zulassungsverfahren oder Chargenprüfungen
dienen,
3. das ausschliesslich Tierversuche nach § 7 Absatz 2 Satz 2 Nummer 1 oder 2 zum Gegenstand hat, die nach bereits erprobten Verfahren
a) zur Herstellung, Gewinnung, Aufbewahrung oder Vermehrung von Stoffen, Produkten oder Organismen oder
b) zu diagnostischen Zwecken
vorgenommen werden, oder
4. das ausschliesslich Tierversuche zum Gegenstand hat, die zur Aus-, Fort- oder Weiterbildung nach bereits erprobten Verfahren durchgeführt werden,
hat das Versuchsvorhaben der zuständigen Behörde anzuzeigen.

(2) Absatz 1 gilt nicht für Versuchsvorhaben,
1. in denen Primaten verwendet werden oder
2. die Tierversuche zum Gegenstand haben, die nach Massgabe des Artikels 15 Absatz 1 in Verbindung mit Anhang VIII der Richtlinie 2010/63/EU als «schwer» einzustufen sind.

(3) Wer ein Versuchsvorhaben, in dem Zehnfusskrebse verwendet werden, durchführen will, hat das Versuchsvorhaben der zuständigen Behörde anzuzeigen.

(4) Das Bundesministerium wird ermächtigt, im Einvernehmen mit dem Bundesministerium für Bildung und Forschung durch Rechtsverordnung mit Zustimmung des Bundesrates vorzusehen, dass Versuche an anderen wirbellosen Tieren als Kopffüssern und Zehnfusskrebsen der zuständigen Behörde anzuzeigen sind, soweit diese Tiere über eine den Wirbeltieren entsprechende artspezifische Fähigkeit verfügen, unter den Versuchseinwirkungen zu leiden, und es zu ihrem Schutz erforderlich ist.

(5) Das Bundesministerium wird ermächtigt, im Einvernehmen mit dem Bundesministerium für Bildung und Forschung durch Rechtsverordnung mit Zustimmung des Bundesrates Vorschriften zu erlassen über
1. die Form und den Inhalt der Anzeige nach Absatz 1 oder 3,
2. das Verfahren der Anzeige nach Absatz 1 oder 3 einschliesslich der für die Anzeige geltenden Fristen,
3. den Zeitpunkt, ab dem oder bis zu dem die Durchführung angezeigter Versuchsvorhaben nach Absatz 1 oder 3 zulässig ist, und
4. das Verfahren im Falle nachträglicher Änderungen der im Rahmen der Anzeige nach Absatz 1 oder 3 mitgeteilten Sachverhalte.

§ 9 TierSchG 2013

(1) Das Bundesministerium wird ermächtigt, im Einvernehmen mit dem Bundesministerium für Bildung und Forschung durch Rechtsverordnung mit Zustimmung des Bundesrates nähere Vorschriften über die Art und den Umfang der nach § 7 Absatz 1 Satz 3 erforderlichen Kenntnisse und Fähigkeiten der Personen, die Tierversuche planen oder durchführen, insbesondere der biologischen, tiermedizinischen, rechtlichen und ethischen Kenntnisse und der Fähigkeiten im Hinblick auf die Durchführung von Tierversuchen, zu erlassen sowie Anforderungen an den Nachweis und die Aufrechterhaltung der erforderlichen Kenntnisse und Fähigkeiten festzulegen; in der Rechtsverordnung kann auch vorgeschrieben werden, dass Aufzeichnungen über die Massnahmen, die zum Zwecke der

Aufrechterhaltung der Kenntnisse und Fähigkeiten ergriffen werden, zu machen, aufzubewahren und der zuständigen Behörde auf Verlangen vorzulegen sind.

(2) Das Bundesministerium wird ermächtigt, im Einvernehmen mit dem Bundesministerium für Bildung und Forschung durch Rechtsverordnung mit Zustimmung des Bundesrates
1. das Betäuben von Tieren, die in Tierversuchen verwendet werden, einschliesslich der hierfür erforderlichen Kenntnisse und Fähigkeiten, oder die Anwendung schmerzlindernder Mittel oder Verfahren bei diesen Tieren vorzuschreiben und
2. die Gabe von Mitteln, die das Äussern von Schmerzen verhindern oder beeinträchtigen, zu verbieten oder zu beschränken.

(3) Das Bundesministerium wird ermächtigt, im Einvernehmen mit dem Bundesministerium für Bildung und Forschung und, soweit artenschutzrechtliche Belange berührt sind, dem Bundesministerium für Umwelt, Naturschutz und Reaktorsicherheit durch Rechtsverordnung mit Zustimmung des Bundesrates zur Durchführung von Rechtsakten der Europäischen Union Versuche
1. an Primaten,
2. an Tieren bestimmter Herkunft,
3. die besonders belastend sind,
zu verbieten oder zu beschränken, insbesondere von einer Genehmigung oder der Erfüllung weiterer, über § 8 Absatz 1 Satz 2 Nummer 2 bis 8 hinausgehender Anforderungen abhängig zu machen.

(4) Das Bundesministerium wird ermächtigt, im Einvernehmen mit dem Bundesministerium für Bildung und Forschung und, soweit artenschutzrechtliche Belange berührt sind, dem Bundesministerium für Umwelt, Naturschutz und Reaktorsicherheit durch Rechtsverordnung mit Zustimmung des Bundesrates Anforderungen an
1. für die Durchführung von Tierversuchen bestimmte Räumlichkeiten, Anlagen und Gegenstände,
2. den Fang wildlebender Tiere zum Zwecke ihrer Verwendung in Tierversuchen einschliesslich der anschliessenden Behandlung der Tiere und der hierfür erforderlichen Kenntnisse und Fähigkeiten und
3. die erneute Verwendung von Tieren in Tierversuchen

festzulegen. Das Bundesministerium wird ferner ermächtigt, im Einvernehmen mit dem Bundesministerium für Bildung und Forschung und, soweit artenschutzrechtliche Belange berührt sind, dem Bundesministerium für Umwelt, Naturschutz und Reaktorsicherheit durch Rechtsverordnung mit Zustimmung des Bundesrates die Behandlung eines in einem Tierversuch verwendeten Tieres nach Abschluss des Tierversuchs zu regeln und dabei
1. vorzusehen, dass das Tier einem Tierarzt vorzustellen ist,
2. vorzusehen, dass das Tier unter bestimmten Voraussetzungen zu töten ist, und
3. Anforderungen an die weitere Haltung und medizinische Versorgung des Tieres festzulegen.

(5) Über die Tierversuche sind Aufzeichnungen zu machen. Das Bundesministerium wird ermächtigt, im Einvernehmen mit dem Bundesministerium für Bildung und Forschung durch Rechtsverordnung mit Zustimmung des Bundesrates das Nähere über die Art und den Umfang der Aufzeichnungen nach Satz 1 zu regeln; es kann dabei vorschreiben, dass die Aufzeichnungen aufzubewahren und der zuständigen Behörde auf Verlangen vorzulegen sind.

(6) Der Leiter des Versuchsvorhabens oder im Falle seiner Verhinderung sein Stellvertreter haben die Einhaltung
1. der Vorschriften
   a) des § 7 Absatz 1 Satz 2 Nummer 1, des § 7a Absatz 2 Nummer 1, 4 und 5 und des § 9 Absatz 5 Satz 1 sowie
   b) des § 7 Absatz 1 Satz 3 und
2. der Vorschriften der auf Grund der Absätze 1 bis 5 erlassenen Rechtsverordnungen
sicherzustellen. Das Bundesministerium wird ermächtigt, im Einvernehmen mit dem Bundesministerium für Bildung und Forschung durch Rechtsverordnung mit Zustimmung des Bundesrates das Nähere zu der Verpflichtung nach Satz 1 zu regeln.

Anhang Nr. 3: Entwurf einer Verordnung zur Umsetzung der Richtlinie 2010/63/EU (TierSchVersV-E), Stand 9.1.2012 und Bezugspunkt des Gutachtens

§ 17 TierSchVersV-E
Schmerzlinderung und Betäubung

(1) Bei der Durchführung von Versuchen an Wirbeltieren und Kopffüssern ist durch Anwendung schmerzlindernder Mittel oder Verfahren sicherzustellen, dass Schmerzen und Leiden bei dem verwendeten Tier auf das geringstmögliche Mass vermindert werden.

(2) Versuche an Wirbeltieren oder Kopffüssern dürfen nur unter Narkose oder lokaler Schmerzausschaltung (Betäubung) durchgeführt werden. Satz 1 gilt nicht, wenn
1. die für das jeweilige Tier mit der Durchführung des Versuchs verbundenen Schmerzen geringfügiger als die mit einer Betäubung verbundenen Schmerzen und Leiden sind oder
2. der Zweck des Versuchs eine Betäubung ausschliesst und der Versuch bei dem jeweiligen Tier nicht zu schweren Verletzungen führt, die starke Schmerzen hervorrufen können.

Die Betäubung darf bei Wirbeltieren nur von einer Person, die die Voraussetzungen des § 7a Absatz 2 Nummer 6 des Tierschutzgesetzes und des § 16 Absatz 1 Satz 2 erfüllt, oder unter Aufsicht einer solchen Person vorgenommen werden.

(3) Ist bei einem betäubten Wirbeltier oder Kopffüsser damit zu rechnen, dass mit Abklingen der Betäubung Schmerzen auftreten, so muss das Tier rechtzeitig mit schmerzlindernden Mitteln oder Verfahren behandelt werden, es sei denn, dass dies mit dem Zweck des Tierversuchs unvereinbar ist. Bei einem nicht betäubten Wirbeltier oder Kopffüsser dürfen keine Mittel angewandt werden, durch die das Äussern von Schmerzen verhindert oder beeinträchtigt wird.

§ 23 TierSchVersV-E
Verwendung von Primaten
(1) Primaten dürfen in Tierversuchen nicht verwendet werden. Satz 1 gilt nicht, wenn

1. der Tierversuch
   a) der Grundlagenforschung,
   b) sonstiger Forschung mit dem Ziel des Vorbeugens, Erkennens oder Behandelns von Krankheiten, Leiden, Körperschäden oder körperlichen Beschwerden bei Menschen, die lebensbedrohlich sein können oder zu einer Verminderung der körperlichen oder geistigen Funktionsfähigkeit führen,
   c) der Entwicklung und Herstellung sowie Prüfung der Qualität, Wirksamkeit und Unbedenklichkeit von Arzneimitteln, Lebensmitteln, Futtermitteln oder anderen Stoffen oder Produkten mit einem der in Buchstabe b genannten Ziele oder
   d) der Forschung im Hinblick auf die Erhaltung der Arten
   dient,
2. wissenschaftlich begründet dargelegt ist, dass der in Nummer 1 genannte Zweck des Tierversuchs nicht durch die Verwendung anderer Tierarten als Primaten erreicht werden kann, und
3. im Falle von Primaten, die in Anhang A der Verordnung (EG) Nr. 338/97 aufgeführt sind, wissenschaftlich begründet dargelegt ist, dass der Zweck des Tierversuchs nicht durch die Verwendung anderer als der in Anhang A der Verordnung (EG) Nr. 338/97 genannten Tierarten erreicht werden kann.

Abweichend von Satz 2 Nummer 1 Buchstabe a dürfen Primaten nach Satz 2 Nummer 3 nicht in Tierversuchen verwendet werden, die der Grundlagenforschung dienen. Satz 2 Nummer 3 und Satz 3 gelten nicht für in Gefangenschaft geborene und gezüchtete Tiere oder künstlich vermehrte Tiere nach Artikel 7 Absatz 1 der Verordnung (EG) Nr. 338/97.

(2) Abweichend von Absatz 1 Satz 2 Nummer 1 kann die zuständige Behörde die Verwendung von Primaten in einem Tierversuch auch dann genehmigen, wenn der Tierversuch
1. der Forschung mit dem Ziel des Vorbeugens, Erkennens oder Behandelns anderer als der in Absatz 1 Satz 1 Nummer 1 Buchstabe b genannten Krankheiten, Leiden, Körperschäden oder körperlichen Beschwerden bei Menschen oder
2. der Entwicklung und Herstellung sowie Prüfung der Qualität, Wirksamkeit und Unbedenklichkeit von Arzneimitteln, Lebensmitteln, Futtermitteln oder anderen Stoffen oder Produkten mit einem der in Nummer 1 genannten Ziele

dient, soweit wissenschaftlich begründet dargelegt ist, dass Grund zu der Annahme besteht, dass die Verwendung von Primaten zur Erreichung des in Nummer 1 oder 2 genannten Zwecks des Tierversuchs unerlässlich ist.

§ 25 TierSchVersV-E
Verwendung von Menschenaffen

Menschenaffen dürfen in Tierversuchen nicht verwendet werden. Abweichend von Satz 1 kann die zuständige Behörde die Verwendung von Menschenaffen in einem Tierversuch genehmigen, wenn
1. der Tierversuch
    a) der Forschung, ausser Grundlagenforschung, mit dem Ziel des Vorbeugens, Erkennens oder Behandelns von Krankheiten, Leiden, Körperschäden oder körperlichen Beschwerden bei Menschen, die lebensbedrohlich sind oder zu einer Verminderung der körperlichen oder geistigen Funktionsfähigkeit führen und die unerwartet aufgetreten sind,
    b) der Entwicklung und Herstellung sowie Prüfung der Qualität, Wirksamkeit und Unbedenklichkeit von Arzneimitteln, Lebensmitteln, Futtermitteln oder anderen Stoffen oder Produkten mit einem der in Buchstabe a genannten Ziele oder
    c) der Forschung im Hinblick auf die Erhaltung der Arten
    dient und
2. wissenschaftlich begründet dargelegt ist, dass
    a) Grund zu der Annahme besteht, dass die Durchführung des Tierversuchs zur Erreichung des in Nummer 1 genannten Zweck des Tierversuchs unerlässlich ist und
    b) dieser Zweck nicht durch die Verwendung anderer Tierarten als Menschenaffen erreicht werden kann.

§ 26 TierSchVersV-E
Durchführung besonders belastender Tierversuche

(1) Tierversuche an Wirbeltieren oder Kopffüssern, die bei den verwendeten Tieren zu voraussichtlich länger anhaltenden oder sich wiederholenden erheblichen Schmerzen oder Leiden führen, dürfen nur durchgeführt werden, wenn die an-

gestrebten Ergebnisse vermuten lassen, dass sie für wesentliche Bedürfnisse von Mensch oder Tier einschliesslich der Lösung wissenschaftlicher Probleme von hervorragender Bedeutung sein werden.

(2) Tierversuche nach Absatz 1 dürfen nicht durchgeführt werden, wenn die erheblichen Schmerzen oder Leiden dauerhaft anhalten und nicht gelindert werden können. Abweichend von Satz 1 kann die zuständige Behörde die Durchführung eines Tierversuchs nach Satz 1 genehmigen, soweit die Voraussetzungen des Absatzes 1 vorliegen und wissenschaftlich begründet dargelegt ist, dass die Durchführung des Tierversuchs wegen der Bedeutung der angestrebten Erkenntnisse unerlässlich ist.

§ 31 TierSchVersV-E
Beantragung der Genehmigung

(1) Der Antrag auf Genehmigung eines Versuchsvorhabens nach § 8 Absatz 1 Satz 1 des Tierschutzgesetzes ist von einer Person, die das Versuchsvorhaben durchführt, oder von dem verantwortlichen Leiter des Versuchsvorhabens bei der zuständigen Behörde zu stellen. In dem Antrag ist
1. anzugeben
    a) eine Beschreibung des Versuchsvorhabens einschliesslich des damit verfolgten Zwecks,
    b) die Art, die Herkunft, das Alter und die Anzahl der für das Versuchsvorhaben vorgesehenen Tiere,
    c) die Art und die Durchführung der beabsichtigten Tierversuche einschliesslich des geplanten Einsatzes von Mitteln und Methoden zum Zwecke der Betäubung oder Schmerzlinderung,
    d) der Ort, der Zeitpunkt des Beginns und die voraussichtliche Dauer des Versuchsvorhabens,
    e) der Name, die Anschrift und die Fachkenntnisse des verantwortlichen Leiters des Versuchsvorhabens und seines Stellvertreters, der Personen, von denen das Versuchsvorhaben oder die beabsichtigten Tierversuche geplant worden sind, und der durchführenden Personen sowie die für die Nachbehandlung in Frage kommenden Personen,
    f) soweit eine Tötung der Tiere vorgesehen ist, das Verfahren, das hierzu angewendet werden soll, und

g) einen Vorschlag zur Einstufung des Schweregrads der beabsichtigten Tierversuche nach Artikel 15 Absatz 1 in Verbindung mit Anhang VIII der Richtlinie 2010/63/EU,
2. wissenschaftlich begründet darzulegen, dass die Voraussetzungen des § 8 Absatz 1 Satz 2 Nummer 1 Buchstabe a und b des Tierschutzgesetzes vorliegen,
3. nachzuweisen, dass die Voraussetzungen des § 8 Absatz 1 Satz 2 Nummer 2 bis 5 des Tierschutzgesetzes vorliegen, und
4. darzulegen, dass die Voraussetzungen des § 8 Absatz 1 Satz 2 Nummer 6 bis 8 des Tierschutzgesetzes vorliegen.

(2) Dem Antrag ist eine Zusammenfassung des Versuchsvorhabens mit den Angaben nach § 41 Absatz 1 Satz 2 beizufügen.

§ 44 TierSchVersV-E
Genehmigung in besonderen Fällen

(1) Eine Genehmigung nach § 23 Absatz 2, § 25 Satz 2 oder § 26 Absatz 2 Satz 2 wird von der zuständigen Behörde unter dem Vorbehalt erteilt, dass die Genehmigung im Falle einer Entscheidung der Europäischen Kommission nach Artikel 55 Absatz 4 Unterabsatz 2 Buchstabe b der Richtlinie 2010/63/EU widerrufen wird.

(2) Erteilt die zuständige Behörde eine Genehmigung nach Absatz 1, so hat sie dies dem Bundesministerium unverzüglich mitzuteilen. Die Mitteilung nach Satz 1 enthält eine ausführliche Begründung für die Entscheidung der zuständigen Behörde im Hinblick auf das Vorliegen der jeweiligen Genehmigungsvoraussetzungen. Das Bundesministerium unterrichtet nach Eingang der Mitteilung nach Satz 1 die Europäische Kommission nach Artikel 55 Absatz 4 Unterabsatz 1 der Richtlinie 2010/63/EU auf der Grundlage der Mitteilung der zuständigen Behörde nach Satz 2.

Anhang Nr. 4: Verordnung zum Schutz von zu Versuchszwecken oder zu anderen wissenschaftlichen Zwecken verwendeten Tieren vom 1.8.2013 (Tierschutz-Versuchstierverordnung – TierSchVersV 2013), aktuell geltendes Recht

Tierschutz-Versuchstierverordnung vom 1. August 2013 (BGBl. I Seite 3125, 3126), die durch Artikel 6 der Verordnung vom 12. Dezember 2013 (BGBl. I Seite 4145) geändert worden ist.

Die vorliegende Untersuchung berücksichtigt diese Gesetzesversion nicht.

§ 17 TierSchVersV 2013
Schmerzlinderung und Betäubung

(1) Bei der Durchführung von Versuchen an Wirbeltieren und Kopffüssern ist durch Anwendung schmerzlindernder Mittel oder Verfahren sicherzustellen, dass Schmerzen und Leiden bei dem verwendeten Tier auf das geringstmögliche Mass vermindert werden.

(2) Versuche an Wirbeltieren oder Kopffüssern dürfen nur unter Narkose oder lokaler Schmerzausschaltung (Betäubung) durchgeführt werden. Satz 1 gilt nicht, wenn
1. die für das jeweilige Tier mit der Durchführung des Versuchs verbundenen Schmerzen geringfügiger als die mit einer Betäubung verbundenen Schmerzen und Leiden sind oder
2. der Zweck des Versuchs eine Betäubung ausschliesst und der Versuch bei dem jeweiligen Tier nicht zu schweren Verletzungen führt.

Die Betäubung darf bei Wirbeltieren nur von einer Person, die die Voraussetzungen des § 7 Absatz 1 Satz 3 des Tierschutzgesetzes und des § 16 Absatz 1 Satz 2 erfüllt, oder, soweit die Durchführung der Betäubung Ausbildungs-, Fortbildungs- oder Weiterbildungszwecken dient, in Anwesenheit und unter Aufsicht einer solchen Person vorgenommen werden.

(3) Ist bei einem betäubten Wirbeltier oder Kopffüsser damit zu rechnen, dass mit Abklingen der Betäubung Schmerzen auftreten, so muss das Tier rechtzeitig mit schmerzlindernden Mitteln oder Verfahren behandelt werden. Dies gilt, so-

weit ethisch vertretbar, nicht, wenn wissenschaftlich begründet dargelegt wird, dass die Behandlung mit schmerzlindernden Mitteln oder Verfahren mit dem Zweck des Tierversuchs unvereinbar ist. Bei einem nicht betäubten Wirbeltier oder Kopffüsser dürfen keine Mittel angewandt werden, durch die das Äussern von Schmerzen verhindert oder beeinträchtigt wird.

§ 23 TierSchVersV 2013
Verwenden von Primaten

(1) Primaten dürfen in Tierversuchen nicht verwendet werden.

(2) Absatz 1 gilt, vorbehaltlich der Absätze 4 und 5, nicht, wenn
1. der Tierversuch
   a) der Grundlagenforschung,
   b) dem Zweck des Vorbeugens, Erkennens oder Behandelns von Krankheiten, Leiden, Körperschäden oder körperlichen Beschwerden bei Menschen, die lebensbedrohlich sein können oder zu einer Verminderung der körperlichen oder geistigen Funktionsfähigkeit führen, oder der Entwicklung und Herstellung sowie Prüfung der Qualität, Wirksamkeit oder Unbedenklichkeit von Stoffen oder Produkten hinsichtlich der genannten Beeinträchtigungen der menschlichen Gesundheit oder
   c) der Forschung im Hinblick auf die Erhaltung der Arten
   dient und
2. wissenschaftlich begründet dargelegt ist, dass der in Nummer 1 genannte Zweck des Tierversuchs nicht durch die Verwendung anderer Tierarten als Primaten erreicht werden kann.

(3) Abweichend von Absatz 2 Nummer 1 kann die zuständige Behörde die Verwendung von Primaten in einem Tierversuch auch dann genehmigen, wenn der Tierversuch der Forschung mit dem Zweck des Vorbeugens, Erkennens oder Behandelns anderer als der in Absatz 2 Nummer 1 Buchstabe b genannten Krankheiten, Leiden, Körperschäden oder körperlichen Beschwerden bei Menschen dient, soweit wissenschaftlich begründet dargelegt ist, dass die Verwendung von Primaten zur Erreichung des genannten Zwecks des Tierversuchs unerlässlich ist.

(4) Im Falle von Primaten, die in Anhang A der Verordnung (EG) Nr. 338/97 aufgeführt sind und nicht unter Artikel 7 Absatz 1 der Verordnung (EG) Nr. 338/97 fallen, gilt Absatz 1 nicht, wenn
1. der Tierversuch
    a) dem Zweck des Vorbeugens, Erkennens oder Behandelns von Krankheiten, Leiden, Körperschäden oder körperlichen Beschwerden bei Menschen, die lebensbedrohlich sein können oder zu einer Verminderung der körperlichen oder geistigen Funktionsfähigkeit führen, oder der Entwicklung und Herstellung sowie Prüfung der Qualität, Wirksamkeit oder Unbedenklichkeit von Stoffen oder Produkten hinsichtlich der genannten Beeinträchtigungen der menschlichen Gesundheit oder
    b) der Forschung im Hinblick auf die Erhaltung der Arten
    dient und
2. wissenschaftlich begründet dargelegt ist, dass der in Nummer 1 genannte Zweck des Tierversuchs nicht durch die Verwendung anderer Tierarten als der in Absatz 1 genannten und in Anhang A der Verordnung (EG) Nr. 338/97 genannten und nicht unter Artikel 7 Absatz 1 der Verordnung (EG) Nr. 338/97 fallenden Primaten erreicht werden kann.

Satz 1 gilt nicht für Tierversuche, die der Grundlagenforschung dienen.

(5) Abweichend von Absatz 1 kann die zuständige Behörde die Verwendung von Menschenaffen in einem Tierversuch genehmigen, wenn
1. der Tierversuch
    a) dem Zweck des Vorbeugens, Erkennens oder Behandelns von Krankheiten, Leiden, Körperschäden oder körperlichen Beschwerden bei Menschen, die lebensbedrohlich sind oder zu einer Verminderung der körperlichen oder geistigen Funktionsfähigkeit führen und die unerwartet aufgetreten sind, oder der Entwicklung und Herstellung sowie Prüfung der Qualität, Wirksamkeit oder Unbedenklichkeit von Stoffen oder Produkten hinsichtlich der genannten Beeinträchtigungen der menschlichen Gesundheit oder
    b) der Forschung im Hinblick auf die Erhaltung der Arten
    dient und
2. wissenschaftlich begründet dargelegt ist, dass
    a) Grund zu der Annahme besteht, dass die Durchführung des Tierversuchs zur Erreichung des in Nummer 1 genannten Zwecks des Tierversuchs unerlässlich ist und

b) dieser Zweck nicht durch die Verwendung anderer Tierarten als Menschenaffen erreicht werden kann.

Satz 1 gilt nicht für Tierversuche, die der Grundlagenforschung dienen.

§ 25 TierSchVersV 2013
Durchführung besonders belastender Tierversuche

(1) Tierversuche an Wirbeltieren oder Kopffüssern, die bei den verwendeten Tieren zu voraussichtlich länger anhaltenden oder sich wiederholenden erheblichen Schmerzen oder Leiden führen, dürfen nur durchgeführt werden, wenn die angestrebten Ergebnisse vermuten lassen, dass sie für wesentliche Bedürfnisse von Mensch oder Tier einschliesslich der Lösung wissenschaftlicher Probleme von hervorragender Bedeutung sein werden.

(2) Tierversuche nach Absatz 1 dürfen nicht durchgeführt werden, wenn die erheblichen Schmerzen oder Leiden länger anhalten und nicht gelindert werden können. Abweichend von Satz 1 kann die zuständige Behörde die Durchführung eines Tierversuchs nach Satz 1 genehmigen, soweit die Voraussetzungen des Absatzes 1 vorliegen und wissenschaftlich begründet dargelegt ist, dass die Durchführung des Tierversuchs wegen der Bedeutung der angestrebten Erkenntnisse unerlässlich ist.

§ 26 TierSchVersV 2013
Genehmigungen in besonderen Fällen

(1) Eine Genehmigung nach § 23 Absatz 3 oder 5 oder § 25 Absatz 2 Satz 2 wird von der zuständigen Behörde unter dem Vorbehalt erteilt, dass die Genehmigung im Falle einer Entscheidung der Europäischen Kommission nach Artikel 55 Absatz 4 Unterabsatz 2 Buchstabe b der Richtlinie 2010/63/EU widerrufen wird.

(2) Erteilt die zuständige Behörde eine Genehmigung nach Absatz 1, so hat sie dies dem Bundesministerium für Ernährung, Landwirtschaft und Verbraucherschutz (Bundesministerium) unverzüglich mitzuteilen. Die Mitteilung nach Satz 1 enthält eine ausführliche Begründung für die Entscheidung der zuständigen Behörde im Hinblick auf das Vorliegen der jeweiligen Genehmigungsvorausset-

zungen. Das Bundesministerium unterrichtet nach Eingang der Mitteilung nach Satz 1 die Europäische Kommission nach Artikel 55 Absatz 4 Unterabsatz 1 der Richtlinie 2010/63/EU auf der Grundlage der Mitteilung der zuständigen Behörde nach Satz 2.

§ 31 TierSchVersV 2013
Beantragen der Genehmigung

(1) Der Antrag auf Genehmigung eines Versuchsvorhabens nach § 8 Absatz 1 Satz 1 des Tierschutzgesetzes ist schriftlich bei der zuständigen Behörde zu stellen. In dem Antrag
1. sind anzugeben
    a) Name und Anschrift des Antragstellers,
    b) eine Beschreibung des Versuchsvorhabens einschliesslich des damit verfolgten Zwecks,
    c) die Art, die Herkunft, der Lebensabschnitt sowie die Anzahl der für das Versuchsvorhaben vorgesehenen Tiere einschliesslich deren Berechnung,
    d) die Art und die Durchführung der beabsichtigten Tierversuche einschliesslich des geplanten Einsatzes von Mitteln und Methoden zum Zwecke der Betäubung oder Schmerzlinderung sowie die Sachverhalte, bei deren Vorliegen ein Tier nicht mehr in den Tierversuchen verwendet wird,
    e) der Ort, der Zeitpunkt des Beginns und die voraussichtliche Dauer des Versuchsvorhabens,
    f) der Name, die Anschrift und die Sachkunde des Leiters des Versuchsvorhabens und seines Stellvertreters, der Personen, von denen das Versuchsvorhaben oder die beabsichtigten Tierversuche geplant worden sind, und der durchführenden Personen sowie die für die Nachbehandlung in Frage kommenden Personen und,
    g) soweit eine Tötung der Tiere vorgesehen ist, das Verfahren, das hierzu angewendet werden soll,
2. ist wissenschaftlich begründet darzulegen,
    a) dass die Voraussetzungen des § 8 Absatz 1 Satz 2 Nummer 1 Buchstabe a und b des Tierschutzgesetzes vorliegen,
    b) in welchen Schweregrad der Versuch eingestuft wird,
3. ist nachzuweisen, dass die Voraussetzungen des § 8 Absatz 1 Satz 2 Nummer 2 bis 5 des Tierschutzgesetzes vorliegen, und

4. ist darzulegen, dass die Voraussetzungen des §8 Absatz 1 Satz 2 Nummer 6 bis 8 des Tierschutzgesetzes vorliegen.

(2) Dem Antrag ist eine Zusammenfassung des Versuchsvorhabens mit den Angaben nach §41 Absatz 1 Satz 2 beizufügen.

Anhang Nr. 5: Richtlinie 2010/63/EU des Europäischen Parlaments und des Rates vom 22. September 2010 zum Schutz der für wissenschaftliche Zwecke verwendeten Tiere[260]

Erwägungen

(1) Am 24. November 1986 hat der Rat die Richtlinie 86/609/EWG (3) angenommen, um die Unterschiede zwischen den Rechts- und Verwaltungsvorschriften der Mitgliedstaaten zum Schutz der für Versuche und andere wissenschaftliche Zwecke verwendeten Tiere zu beseitigen. Seit dem Erlass dieser Richtlinie sind weitere Unterschiede zwischen den Mitgliedstaaten aufgetreten. Einige Mitgliedstaaten haben nationale Durchführungsvorschriften erlassen, die ein hohes Schutzniveau für Tiere, die für wissenschaftliche Zwecke verwendet werden, gewährleisten, während andere Mitgliedstaaten nur die Mindestanforderungen der Richtlinie 86/609/EWG anwenden. Diese Unterschiede können Hindernisse für den Handel mit Erzeugnissen und Stoffen darstellen, bei deren Entwicklung Tierversuche durchgeführt werden. Daher sollte die vorliegende Richtlinie eingehendere Bestimmungen vorsehen, um solche Unterschiede durch die Angleichung der Vorschriften in diesem Bereich zu reduzieren und eine reibungsloses Funktionieren des Binnenmarkts zu gewährleisten.

(2) Das Wohlergehen von Tieren ist ein Wert der Union, der in Artikel 13 des Vertrags über die Arbeitsweise der Europäischen Union (AEUV) verankert ist.

(4) In seiner Entschliessung vom 5. Dezember 2002 über die Richtlinie 86/609/EWG forderte das Europäische Parlament die Kommission auf, einen Vorschlag für eine Überarbeitung dieser Richtlinie vorzulegen, der im Bereich der Tierversuche strengere und transparentere Massnahmen vorsieht.

(6) Es liegen neue wissenschaftliche Erkenntnisse zu Faktoren vor, die das Wohlergehen von Tieren sowie ihre Fähigkeit, Schmerzen, Leiden, Ängste und dauerhafte Schäden zu empfinden und auszudrücken, beeinflus-

---

[260] ABl. 2010 L 276/33.

sen. Deshalb ist es notwendig, das Wohlergehen von Tieren, die in wissenschaftlichen Verfahren eingesetzt werden, zu erhöhen, indem die Mindeststandards für ihren Schutz in Übereinstimmung mit den neuesten wissenschaftlichen Entwicklungen angehoben werden.

(7) Die Einstellung zu Tieren hängt auch von der Wahrnehmung in den einzelnen Mitgliedstaaten ab, und in einigen Mitgliedstaaten wird die Beibehaltung umfassenderer Tierschutzvorschriften gefordert, als auf Ebene der Union vereinbart wurde. Im Interesse der Tiere ist es unter der Voraussetzung, dass das Funktionieren des Binnenmarktes nicht beeinträchtigt wird, angebracht, den Mitgliedstaaten in Bezug auf die Beibehaltung nationaler Vorschriften, die einen umfassenderen Schutz der Tiere beabsichtigen, eine gewisse Flexibilität einzuräumen, sofern diese Vorschriften mit dem AEUV vereinbar sind.

(10) Obwohl es erstrebenswert ist, den Einsatz lebender Tiere in Verfahren möglichst durch andere Methoden zu ersetzen, bei denen keine lebenden Tiere verwendet werden, ist der Einsatz lebender Tiere weiterhin notwendig, um die Gesundheit von Mensch und Tier sowie die Umwelt zu schützen. Diese Richtlinie stellt jedoch einen wichtigen Schritt zur Erreichung des letztendlichen Ziels dar, Verfahren mit lebenden Tieren für wissenschaftliche Zwecke und Bildungszwecke vollständig zu ersetzen, sobald dies wissenschaftlich möglich ist. Zu diesem Zweck zielt diese Richtlinie darauf ab, die Weiterentwicklung alternativer Ansätze zu erleichtern und zu fördern. Diese Richtlinie zielt auch darauf ab, für Tiere, die in Verfahren weiterhin verwendet werden müssen, ein möglichst hohes Schutzniveau zu gewährleisten. Diese Richtlinie sollte im Lichte der Fortschritte in der Wissenschaft und beim Tierschutz regelmäßig überprüft werden.

(11) Die Pflege und Verwendung lebender Tiere für wissenschaftliche Zwecke wird von den international anerkannten Prinzipien der Vermeidung, Verminderung und Verbesserung bestimmt. Damit gewährleistet ist, dass die Art und Weise, wie die Tiere innerhalb der Union gezüchtet, gepflegt und in den Verfahren verwendet werden, den anderen ausserhalb der Union anwendbaren internationalen und nationalen Standards entspricht, sollten die Prinzipien der Vermeidung, Verminderung und Verbesserung bei der Durchführung dieser Richtlinie systematisch berücksichtigt werden.

Bei der Auswahl der Methoden sollten die Prinzipien der Vermeidung, Verminderung und Verbesserung mit Hilfe einer strengen Hierarchie der Anforderung, alternative Methoden zu verwenden, umgesetzt werden. Sofern keine alternative Methode durch Unionsrecht anerkannt ist, könnte die Anzahl der Versuchstiere verringert werden, indem auf andere Methoden ausgewichen wird und Versuchsstrategien wie In-vitro- und andere Methoden eingeführt werden, die den Einsatz von Tieren vermindern und verbessern würden.

(17) In Anbetracht des derzeitigen wissenschaftlichen Kenntnisstandes ist die Verwendung nichtmenschlicher Primaten in wissenschaftlichen Verfahren in der biomedizinischen Forschung weiterhin notwendig. Aufgrund ihrer genetischen Nähe zum Menschen und ihrer hoch entwickelten sozialen Fähigkeiten bringt die Verwendung nichtmenschlicher Primaten in wissenschaftlichen Verfahren spezifische ethische und praktische Probleme im Hinblick darauf mit sich, wie ihre verhaltensmässigen und sozialen Bedürfnisse sowie ihre Anforderungen an ihre Umwelt in einer Laborumgebung erfüllt werden können. Darüber hinaus hat die Öffentlichkeit die grössten Bedenken in Bezug auf die Verwendung nichtmenschlicher Primaten. Daher sollte die Verwendung nichtmenschlicher Primaten ausschliesslich in den wesentlichen biomedizinischen Bereichen zulässig sein, die dem Menschen zugute kommen und in denen es noch keine alternativen Ersatzmethoden gibt. Ihre Verwendung sollte ausschliesslich für Grundlagenforschung, die Erhaltung der jeweiligen Arten nichtmenschlicher Primaten oder in den Fällen erlaubt sein, in denen die Arbeit, einschliesslich Xenotransplantation, im Zusammenhang mit potenziell lebensbedrohlichen Zuständen beim Menschen oder im Zusammenhang mit Fällen durchgeführt wird, die erhebliche Auswirkungen auf das alltägliche Leben von Menschen haben, d. h. zur Entkräftung führende Zustände.

(18) Die Verwendung von Menschenaffen als den dem Menschen am nächsten verwandten Arten mit den am stärksten entwickelten sozialen und verhaltensmässigen Fähigkeiten sollte ausschliesslich zu Forschungszwecken erlaubt werden, die der Erhaltung dieser Arten dienen, oder wenn Massnahmen im Zusammenhang mit einem lebensbedrohlichen oder zur Entkräftung führenden Zustand, der Menschen gefährdet, gerechtfertigt sind, und sofern keine anderen Arten oder alternativen Methoden genügen

würden, um die Zwecke des Verfahrens hinreichend zu erfüllen. Die Mitgliedstaaten, die einen solchen Bedarf geltend machen, sollten der Kommission die zur Entscheidung nötigen Informationen vorlegen.

(23) Aus ethischer Sicht sollte es eine Obergrenze für Schmerzen, Leiden und Ängste geben, die in wissenschaftlichen Verfahren nicht überschritten werden darf. Hierzu sollte die Durchführung von Verfahren, die voraussichtlich länger andauernde und nicht zu lindernde starke Schmerzen, schwere Leiden oder Ängste auslösen, untersagt werden.

(31) Tierschutzerwägungen sollten im Zusammenhang mit der Haltung, Zucht und Verwendung von Tieren oberste Priorität eingeräumt werden. Züchter, Lieferanten und Verwender sollten daher über ein Tierschutzgremium verfügen, dessen Hauptaufgabe darin besteht, sich auf die Erteilung von Empfehlungen zu Tierschutzfragen zu konzentrieren. Dieses Gremium sollte auch die Entwicklung und Ergebnisse von Projekten auf Ebene der Einrichtung verfolgen, ein Klima der Fürsorge fördern und Hilfsmittel für die praktische Anwendung und zeitnahe Umsetzung jüngster technischer und wissenschaftlicher Entwicklungen im Zusammenhang mit den Prinzipien der Vermeidung, Verbesserung und Verminderung zur Verfügung stellen, um die Erfahrungen der Tiere in ihrem gesamten Lebensverlauf zu verbessern. Die Empfehlungen des Tierschutzgremiums sollten ordnungsgemäss dokumentiert werden und bei Inspektionen überprüft werden können.

(38) Die umfassende Projektbewertung, bei der ethische Überlegungen im Zusammenhang mit der Verwendung von Tieren berücksichtigt werden, bildet den Kern der Projektgenehmigung und sollte eine Anwendung der Prinzipien der Vermeidung, Verminderung und Verbesserung in diesen Projekten gewährleisten.

(39) Darüber hinaus ist es sowohl aus moralischen als auch aus wissenschaftlichen Gründen von grosser Bedeutung, zu gewährleisten, dass jede Verwendung von Tieren sorgfältig hinsichtlich der wissenschaftlichen oder bildungsrelevanten Gültigkeit, Zweckmässigkeit und Relevanz des erwarteten Ergebnisses dieser Verwendung bewertet wird. Die voraussichtliche Schädigung des Tieres sollte gegen den erwarteten Nutzen des Projekts

abgewogen werden. Daher sollte als Teil des Genehmigungsprozesses von Projekten, die die Verwendung lebender Versuchstiere beinhalten, unabhängig von den an der Studie Beteiligten eine unparteiische Projektbewertung durchgeführt werden. Die wirksame Durchführung einer Projektbewertung sollte auch ermöglichen, dass eine angemessene Bewertung des Einsatzes neuer wissenschaftlicher Versuchsmethoden durchgeführt wird, sobald diese aufkommen.

Artikel 1 RL
Gegenstand und Anwendungsbereich

(1) Diese Richtlinie legt Massnahmen zum Schutz von Tieren fest, die zu wissenschaftlichen Zwecken oder Bildungszwecken verwendet werden.

Zu diesem Zweck enthält die Richtlinie Regeln zu folgenden Aspekten:
a) Vermeidung und Verminderung der Verwendung von Tieren in Verfahren und Verbesserung der Bedingungen für die Zucht, Unterbringung, Pflege und Verwendung von Tieren in Verfahren;
b) Herkunft, Zucht, Kennzeichnung, Pflege und Unterbringung sowie Tötung von Tieren;
c) Arbeitsweise von Züchtern, Lieferanten und Verwendern;
d) Bewertung und Genehmigung von Projekten, die die Verwendung von Tieren in Verfahren beinhalten.

(2) Diese Richtlinie gilt für Tiere, die in Verfahren verwendet werden oder verwendet werden sollen oder die speziell gezüchtet werden, damit ihre Organe oder Gewebe zu wissenschaftlichen Zwecken verwendet werden können.

Diese Richtlinie gilt, bis die in Unterabsatz 1 genannten Tiere getötet, privat untergebracht oder in einen geeigneten Lebensraum oder in ein geeignetes Haltungssystem zurückgebracht wurden.

Das Ausschalten von Schmerzen, Leiden, Ängsten oder dauerhaften Schäden durch die erfolgreiche Anwendung von Betäubungsmitteln, Schmerzmitteln oder anderen Methoden schliesst die Verwendung eines Tieres in Verfahren nicht aus dem Geltungsbereich dieser Richtlinie aus.

(3) Diese Richtlinie gilt für die folgenden Tiere:
a) lebende nichtmenschliche Wirbeltiere, einschliesslich
   i) selbständig Nahrung aufnehmende Larven und
   ii) Föten von Säugetieren ab dem letzten Drittel ihrer normalen Entwicklung;
b) lebende Kopffüsser.

(4) Diese Richtlinie gilt für in Verfahren verwendete Tiere, die sich in einem früheren als dem in Absatz 3 Buchstabe a genannten Entwicklungsstadium befinden, wenn das Tier über jenes Entwicklungsstadium hinaus weiterleben soll und infolge der durchgeführten Verfahren wahrscheinlich Schmerzen, Leiden oder Ängste empfinden oder dauerhafte Schäden erleiden wird, nachdem es jenes Entwicklungsstadium erreicht hat.

(5) Diese Richtlinie gilt nicht für folgende Bereiche:
a) nichtexperimentelle landwirtschaftliche Praktiken;
b) nichtexperimentelle veterinärmedizinische klinische Praktiken;
c) veterinärmedizinische klinische Prüfungen, die für die Zulassung eines Tierarzneimittels verlangt werden;
d) Praktiken, die für anerkannte Zwecke der Tierhaltung angewandt werden;
e) Praktiken, die hauptsächlich zum Zwecke der Identifizierung eines Tieres angewandt werden;
f) Praktiken, bei denen nicht zu erwarten ist, dass sie Schmerzen, Leiden, Ängste oder dauerhafte Schäden verursachen, die denen eines Kanüleneinstichs gemäss guter tierärztlicher Praxis gleichkommen oder über diese hinausgehen.

(6) Diese Richtlinie gilt unbeschadet der Richtlinie 76/768/EWG des Rates vom 27. Juli 1976 zur Angleichung der Rechtsvorschriften der Mitgliedstaaten über kosmetische Mittel [1].

Artikel 2 RL
Strengere nationale Massnahmen

(1) Die Mitgliedstaaten können unter Einhaltung der allgemeinen Bestimmungen des AEUV am 9. November 2010 geltende Vorschriften aufrechterhalten, die die Gewährleistung eines umfassenderen Schutzes der unter diese Richtlinie fallenden Tiere zum Ziel haben, als die in dieser Richtlinie festgelegten Bestimmungen.

Die Mitgliedstaaten teilen der Kommission bis zum 1. Januar 2013 die entsprechenden einzelstaatlichen Vorschriften mit. Die Kommission unterrichtet die anderen Mitgliedstaaten hiervon.

(2) Bei der Anwendung von Absatz 1 dürfen die Mitgliedstaaten weder die Lieferung oder die Verwendung von Tieren, die in einem anderen Mitgliedstaat im Einklang mit dieser Richtlinie gezüchtet oder gehalten wurden, noch das Inverkehrbringen von Erzeugnissen, bei deren Entwicklung solche Tiere gemäss dieser Richtlinie verwendet wurden, verbieten oder behindern.

Artikel 3 RL
Definitionen

Im Sinne dieser Richtlinie bezeichnet der Ausdruck
1. «Verfahren» jede invasive oder nicht invasive Verwendung eines Tieres zu Versuchszwecken oder anderen wissenschaftlichen Zwecken mit bekanntem oder unbekanntem Ausgang, oder zu Ausbildungszwecken, die bei dem Tier Schmerzen, Leiden, Ängste oder dauerhafte Schäden in einem Ausmass verursachen kann, das dem eines Kanüleneinstichs gemäss guter tierärztlicher Praxis gleichkommt oder darüber hinausgeht.
2. Dies schliesst alle Eingriffe ein, die dazu führen sollen oder können, dass ein Tier in einem solchen Zustand geboren oder ausgebrütet oder eine genetisch veränderte Tierlinie in einem solchen Zustand geschaffen und erhalten wird, schliesst jedoch das Töten von Tieren allein zum Zwecke der Verwendung ihrer Organe oder Gewebe aus;
3. «Projekt» ein Arbeitsprogramm mit einem festgelegten wissenschaftlichen Ziel, das ein oder mehrere Verfahren einschliesst;

4. «Einrichtung» Anlagen, Gebäude, Gebäudekomplexe oder andere Räumlichkeiten; dazu kann ein Ort gehören, der nicht vollständig eingezäunt oder überdacht ist, sowie bewegliche Einrichtungen;
5. «Züchter» jede natürliche oder juristische Person, die in Anhang I genannte Tiere mit dem Ziel züchtet, dass sie in Verfahren verwendet werden oder ihre Gewebe oder Organe für wissenschaftliche Zwecke verwendet werden oder die andere Tiere in erster Linie zu diesen Zwecken züchtet, unabhängig davon, ob dies zur Gewinnerzielung erfolgt oder nicht;
6. «Lieferant» jede natürliche oder juristische Person, die nicht Züchter ist und Tiere mit dem Ziel liefert, dass sie in Verfahren verwendet werden oder ihre Gewebe oder Organe für wissenschaftliche Zwecke verwendet werden, unabhängig davon, ob gewerbliche Zwecke verfolgt werden oder nicht;
7. «Verwender» jede natürliche oder juristische Person, die Tiere in Verfahren verwendet, unabhängig davon, ob dies zur Gewinnerzielung erfolgt oder nicht;
8. «zuständige Behörde» die zur Wahrnehmung der sich aus der vorliegenden Richtlinie ergebenden Verpflichtungen von dem Mitgliedstaat benannte(n) Behörde(n) oder Stellen.

Artikel 4 RL
Grundsatz der Vermeidung, Verminderung und Verbesserung

(1) Die Mitgliedstaaten gewährleisten, dass, wo immer dies möglich ist, anstelle eines Verfahrens eine wissenschaftlich zufrieden stellende Methode oder Versuchsstrategie angewendet wird, bei der keine lebenden Tiere verwendet werden.

(2) Die Mitgliedstaaten gewährleisten, dass die Anzahl der in Projekten verwendeten Versuchstiere auf ein Minimum reduziert wird, ohne dass die Ziele des Projekts beeinträchtigt werden.

(3) Die Mitgliedstaaten gewährleisten, dass die Zucht, Unterbringung und Pflege sowie die Methoden, die in Verfahren angewandt werden, verbessert werden, damit mögliche Schmerzen, Leiden, Ängste oder dauerhafte Schäden ausgeschaltet oder auf ein Minimum reduziert werden.

(4) In Bezug auf die Wahl der Methoden wird dieser Artikel im Einklang mit Artikel 13 angewendet.

Artikel 5 RL
Zwecke der Verfahren

Verfahren dürfen ausschliesslich zu den folgenden Zwecken durchgeführt werden:
a) Grundlagenforschung;
b) translationale oder angewandte Forschung mit einem der folgenden Ziele:
   i) Verhütung, Vorbeugung, Diagnose oder Behandlung von Krankheiten oder anderen Anomalien oder deren Folgen bei Menschen, Tieren oder Pflanzen;
   ii) Beurteilung, Erkennung, Regulierung oder Veränderung physiologischer Zustände bei Menschen, Tieren oder Pflanzen oder
   iii) das Wohlergehen der Tiere und die Verbesserung der Produktionsbedingungen für die zu landwirtschaftlichen Zwecken aufgezogenen Tiere;
c) für jedes der in Buchstabe b genannten Ziele, die Entwicklung und Herstellung sowie Qualitäts-, Wirksamkeits- und Unbedenklichkeitsprüfung von Arzneimitteln, Lebensmitteln und Futtermitteln und anderen Stoffen oder Produkten;
d) Schutz der natürlichen Umwelt im Interesse der Gesundheit oder des Wohlergehens von Mensch oder Tier;
e) Forschung im Hinblick auf die Erhaltung der Arten;
f) Ausbildung an Hochschulen oder Ausbildung zwecks Erwerb, Erhaltung oder Verbesserung von beruflichen Fähigkeiten;
g) forensische Untersuchungen.

Artikel 8 RL
Nichtmenschliche Primaten

(1) Vorbehaltlich des Absatzes 2 dürfen Exemplare nichtmenschlicher Primaten nicht in Verfahren verwendet werden; hiervon ausgenommen sind die Verfahren, die folgende Voraussetzungen erfüllen:
a) Das Verfahren hat einen der
   i) in Artikel 5 Buchstabe b Ziffer i oder Buchstabe c genannten Zwecke und wird in Hinblick auf die Verhütung, Vorbeugung, Diagnose oder Behandlung von klinischen Zuständen beim Menschen durchgeführt, die zur Entkräftung führen oder potentiell lebensbedrohlich sind, oder
   ii) in Artikel 5 Buchstabe a oder e genannten Zwecke;
   und
b) es liegt eine wissenschaftliche Begründung dafür vor, dass der Zweck des Verfahrens nicht durch die Verwendung von anderen Tierarten als nichtmenschlichen Primaten erreicht werden kann.

Als zur Entkräftung führender klinischer Zustand für die Zwecke dieser Richtlinie gilt eine Verminderung in der normalen physischen oder psychologischen Funktionsfähigkeit eines Menschen.

(2) Exemplare der in Anhang A der Verordnung (EG) Nr. 338/97 aufgeführten nichtmenschlichen Primaten, die nicht unter Artikel 7 Absatz 1 der genannten Verordnung fallen, dürfen nicht in Verfahren verwendet werden; hiervon ausgenommen sind die Verfahren, die folgende Voraussetzungen erfüllen:
a) Das Verfahren hat einen der
   i) in Artikel 5 Buchstabe b Ziffer i oder Buchstabe c dieser Richtlinie genannten Zwecke und wird zur Verhütung, Vorbeugung, Diagnose oder Behandlung von klinischen Zuständen des Menschen durchgeführt, die zur Entkräftung führen oder lebensbedrohlich sind, oder
   ii) in Artikel 5 Buchstabe e genannten Zwecke;
   und
b) es liegt eine wissenschaftliche Begründung dafür vor, dass der Zweck des Verfahrens nicht durch die Verwendung von anderen Tierarten als nichtmenschlichen Primaten und durch die Verwendung von nicht in jenem Anhang aufgeführten Tierarten erreicht werden kann.

(3) Ungeachtet der Absätze 1 und 2 dürfen Menschenaffen vorbehaltlich der Anwendung der Schutzklausel nach Artikel 55 Absatz 2 nicht in Verfahren verwendet werden.

Artikel 14 RL
Betäubung

(1) Die Mitgliedstaaten gewährleisten, dass — ausser dies ist unangemessen — Verfahren unter Vollnarkose oder mit örtlicher Betäubung durchgeführt werden und dass Analgesie oder eine andere geeignete Methode angewendet wird, um sicherzustellen, dass Schmerzen, Leiden und Ängste auf ein Minimum reduziert werden.

Verfahren, die zu schweren Verletzungen führen, die starke Schmerzen hervorrufen können, werden nicht ohne Betäubung durchgeführt.

(2) Bei der Entscheidung über die Angemessenheit der Verabreichung von Betäubungsmitteln wird berücksichtigt,
a) ob die Betäubung für das Tier für traumatischer gehalten wird als das Verfahren selbst und
b) ob die Betäubung mit dem Zweck des Verfahrens unvereinbar ist.

(3) Die Mitgliedstaaten stellen sicher, dass Tieren nicht ohne eine angemessene Gabe von Betäubungsmitteln oder Analgetika Substanzen verabreicht werden, die das Äussern von Schmerzen verhindern oder beschränken.

In diesen Fällen ist eine wissenschaftliche Begründung mit Angaben zu den verordneten Betäubungsmitteln oder Analgetika vorzulegen.

(4) Ein Tier, das möglicherweise Schmerzen erleidet, sobald die Betäubung abklingt, ist präventiv und postoperativ mit Analgetika oder anderen geeigneten schmerzlindernden Methoden zu behandeln, vorausgesetzt, dies ist mit dem Zweck des Verfahrens vereinbar.

(5) Sobald der Zweck des Verfahrens erreicht ist, sind Massnahmen zu treffen, um das Leiden der Tiere auf ein Minimum zu reduzieren.

Artikel 15 RL
Einstufung des Schweregrads der Verfahren

(1) Die Mitgliedstaaten stellen sicher, dass alle Verfahren im Einzelfall unter Verwendung der in Anhang VIII aufgeführten Zuordnungskriterien als «keine Wiederherstellung der Lebensfunktion», «gering», «mittel» oder «schwer» eingestuft werden.

(2) Vorbehaltlich der Anwendung der Schutzklausel nach Artikel 55 Absatz 3 gewährleisten die Mitgliedstaaten, dass ein Verfahren nicht durchgeführt wird, wenn es starke Schmerzen, schwere Leiden oder schwere Ängste verursacht, die voraussichtlich lang anhalten und nicht gelindert werden können.

Artikel 36 RL
Genehmigung von Projekten

(1) Unbeschadet des Artikels 42 gewährleisten die Mitgliedstaaten, dass Projekte nicht ohne vorherige Genehmigung seitens der zuständigen Behörde durchgeführt werden und dass die Projekte im Einklang mit der Genehmigung, oder in den in Artikel 42 genannten Fällen im Einklang mit dem bei der zuständigen Behörde eingereichten Antrag, oder allen von der zuständigen Behörde getroffenen Entscheidungen durchgeführt werden.

(2) Die Mitgliedstaaten gewährleisten, dass ein Projekt nur dann durchgeführt wird, wenn es eine positive Projektbeurteilung durch die zuständige Behörde gemäss Artikel 38 erhalten hat.

Artikel 37 RL
Antrag auf Genehmigung eines Projekts

(1) Die Mitgliedstaaten gewährleisten, dass ein Antrag auf Genehmigung eines Projekts von dem Verwender oder der für das Projekt verantwortlichen Person eingereicht wird. Der Antrag umfasst mindestens Folgendes:
a) den Projektvorschlag;

b) eine nichttechnische Projektzusammenfassung; und
c) Informationen zu den in Anhang VI genannten Punkten.

(2) Die Mitgliedstaaten können bei Projekten nach Artikel 42 Absatz 1 auf die in Absatz 1 Buchstabe b genannte Anforderung verzichten.

Artikel 38 RL
Projektbeurteilung

(1) Bei der Projektbeurteilung wird mit einer der Art des jeweiligen Projekts angemessenen Detailliertheit vorgegangen und überprüft, ob das Projekt die folgenden Kriterien erfüllt:
a) Das Projekt ist aus wissenschaftlicher oder pädagogischer Sicht gerechtfertigt oder gesetzlich vorgeschrieben;
b) die Zwecke des Projekts rechtfertigen die Verwendung von Tieren; und
c) das Projekt ist so gestaltet, dass die Verfahren auf möglichst schmerzlose und umweltverträgliche Weise durchgeführt werden.

(2) Die Projektbeurteilung umfasst insbesondere Folgendes:
a) eine Beurteilung der Projektziele, des erwarteten wissenschaftlichen Nutzens oder des pädagogischen Werts;
b) eine Bewertung des Projekts im Hinblick auf die Erfüllung der Anforderung der Vermeidung, Verminderung und Verbesserung;
c) eine Bewertung und Zuordnung der Einstufung des Schweregrads der Verfahren;
d) eine Schaden-Nutzen-Analyse des Projekts, in deren Rahmen bewertet wird, ob die Schäden für die Tiere in Form von Leiden, Schmerzen und Ängsten unter Berücksichtigung ethischer Erwägungen durch das erwartete Ergebnis gerechtfertigt sind und letztlich Menschen, Tieren oder der Umwelt zugute kommen können;
e) eine Bewertung jeder der in den Artikeln 6 bis 12, 14, 16 und 33 genannten Begründungen; und
f) eine Entscheidung darüber, ob und wann das Projekt rückblickend bewertet werden sollte.

(3) Die für die Durchführung der Projektbeurteilung zuständige Behörde greift insbesondere in folgenden Bereichen auf Fachwissen zurück:
a) wissenschaftliche Einsatzbereiche, in denen die Tiere verwendet werden, einschliesslich der Vermeidung, Verminderung und Verbesserung in den jeweiligen Bereichen;
b) Versuchsgestaltung, gegebenenfalls einschliesslich Statistiken;
c) veterinärmedizinische Praxis der Versuchstierkunde oder gegebenenfalls veterinärmedizinische Praxis in Bezug auf wildlebende Tiere;
d) Tierhaltung und -pflege bezüglich der Arten, die verwendet werden sollen.

(4) Das Verfahren der Projektbeurteilung ist transparent.
Vorbehaltlich der Wahrung der Rechte des geistigen Eigentums und der vertraulichen Informationen erfolgt die Projektbeurteilung auf unparteiische Weise und gegebenenfalls unter Einbeziehung der Stellungnahmen unabhängiger Dritter.

Artikel 42 RL
Vereinfachtes Verwaltungsverfahren

(1) Die Mitgliedstaaten können beschliessen, ein vereinfachtes Verwaltungsverfahren für Projekte einzuführen, die als «keine Wiederherstellung der Lebensfunktion», «gering» oder «mittel» eingestufte Verfahren umfassen und bei denen keine nichtmenschlichen Primaten verwendet werden, wenn diese Projekte zur Einhaltung regulatorischer Anforderungen erforderlich sind oder wenn bei diesen Projekten Tiere zu Produktionszwecken oder diagnostischen Zwecken nach bewährten Methoden verwendet werden.

(2) Wenn die Mitgliedstaaten ein vereinfachtes Verwaltungsverfahren einführen, stellen sie sicher, dass folgende Vorschriften erfüllt sind:
a) Der Antrag enthält die in Artikel 40 Absatz 2 Buchstaben a, b und c genannten Angaben;
b) es wird eine Projektbeurteilung gemäss Artikel 38 durchgeführt; und
c) die Frist gemäss Artikel 41 Absatz 1 wird nicht überschritten.

(3) Wird das Projekt in einer Weise geändert, die nachteilige Auswirkungen auf das Wohlergehen der Tiere haben könnte, so verlangen die Mitgliedstaaten eine erneute Projektbeurteilung mit positivem Ergebnis.

(4) Artikel 40 Absätze 3 und 4, Artikel 41 Absatz 3 und Artikel 44 Absätze 3, 4 und 5 gelten entsprechend für Projekte, deren Durchführung gemäss diesem Artikel gestattet wurde.

Artikel 55 RL
Schutzklauseln

(1) Hat ein Mitgliedstaat wissenschaftlich berechtigte Gründe zu der Annahme, dass die Verwendung von nichtmenschlichen Primaten für die in Artikel 8 Absatz 1 Buchstabe a Ziffer i genannten Zwecke, die jedoch nicht im Hinblick auf die Verhütung, Vorbeugung, Diagnose oder Behandlung von zur Entkräftung führenden oder lebensbedrohlichen klinischen Zuständen beim Menschen durchgeführt werden, unbedingt erforderlich ist, so kann er eine vorläufige Massnahme für die Zulassung der entsprechenden Verwendung beschliessen, sofern der Zweck nicht durch die Verwendung anderer Tierarten als nichtmenschliche Primaten erreicht werden kann.

(2) Hat ein Mitgliedstaat berechtigte Gründe zu der Annahme, dass Massnahmen für die Erhaltung einer Art oder im Zusammenhang mit dem unerwarteten Auftreten eines für Menschen lebensbedrohlichen oder zur Entkräftung führenden klinischen Zustands unbedingt erforderlich sind, so kann er eine vorläufige Massnahme für die Zulassung der Verwendung von Menschenaffen bei Verfahren mit einem der in Artikel 5 Buchstaben b Ziffer i, und Buchstabe c oder e genannten Zwecke beschliessen, sofern der Zweck des Verfahrens nicht durch die Verwendung anderer Tierarten als Menschenaffen oder mit alternativen Methoden erreicht werden kann. Bei der Bezugnahme auf Artikel 5 Buchstabe b Ziffer i sind jedoch Tiere und Pflanzen ausgenommen.

(3) Hält es ein Mitgliedstaat in Ausnahmefällen aus wissenschaftlich berechtigten Gründen für erforderlich, die Verwendung eines Verfahrens zu genehmigen, das im Sinne von Artikel 15 Absatz 2 starke Schmerzen, schwere Leiden oder Ängste verursacht, die voraussichtlich lang anhalten und nicht gelindert werden können, so kann er eine vorläufige Massnahme zur Genehmigung dieses Verfahrens beschliessen. Die Mitgliedstaaten können beschliessen, die Verwendung nichtmenschlicher Primaten in solchen Verfahren nicht zuzulassen.

(4) Ein Mitgliedstaat, der eine vorläufige Massnahme gemäss Absatz 1, 2 oder 3 beschlossen hat, unterrichtet darüber unverzüglich die Kommission und die anderen Mitgliedstaaten unter Angabe der Gründe für seine Entscheidung und mit Belegen für die in den Absätzen 1, 2 und 3 beschriebene Situation, auf denen die vorläufige Massnahme basiert.

Die Kommission befasst den in Artikel 56 Absatz 1 genannten Ausschuss innerhalb von 30 Tagen nach Erhalt der Informationen des Mitgliedstaats mit der Angelegenheit und geht nach dem in Artikel 56 Absatz 3 genannten Regelungsverfahren wie folgt vor:
a) Die vorläufige Massnahme wird für einen in der Entscheidung genannten Zeitraum zugelassen; oder
b) der Mitgliedstaat wird aufgefordert, die vorläufige Massnahme aufzuheben.

Artikel 59 RL
Zuständige Behörde

(1) Jeder Mitgliedstaat benennt eine oder mehrere zuständige Behörden, die für die Durchführung dieser Richtlinie verantwortlich ist bzw. sind.

Die Mitgliedstaaten können anstelle von öffentlichen Behörden nur dann andere Stellen für die Durchführung der in dieser Richtlinie festgelegten spezifischen Aufgaben benennen, wenn nachgewiesen wurde, dass die Stellen
a) über das für die Durchführung der Aufgaben erforderliche Fachwissen und die entsprechende Infrastruktur verfügen; und
b) im Hinblick auf die Wahrnehmung der Aufgaben frei von jeglichem Interessenkonflikt sind.

Diese benannten Stellen werden im Sinne dieser Richtlinie als zuständige Behörden betrachtet.

(2) Jeder Mitgliedstaat übermittelt der Kommission bis zum 10. Februar 2011 genaue Angaben zu einer nationalen Behörde, die für die Zwecke dieser Richtlinie als Kontaktstelle dient, sowie jegliche Änderungen dieser Angaben.

Die Kommission veröffentlicht die Liste dieser Kontaktstellen.

Artikel 61 RL
Umsetzung

(1) Die Mitgliedstaaten erlassen und veröffentlichen bis spätestens zum 10. November 2012 die Rechts- und Verwaltungsvorschriften, die erforderlich sind, um dieser Richtlinie nachzukommen. Sie teilen der Kommission unverzüglich den Wortlaut dieser Rechtsvorschriften mit.

Sie wenden diese Rechtsvorschriften ab dem 1. Januar 2013 an.

Bei Erlass dieser Vorschriften nehmen die Mitgliedstaaten in den Vorschriften selbst oder durch einen Hinweis bei der amtlichen Veröffentlichung auf diese Richtlinie Bezug. Die Mitgliedstaaten regeln die Einzelheiten dieser Bezugnahme.

(2) Die Mitgliedstaaten teilen der Kommission den Wortlaut der wichtigsten innerstaatlichen Rechtsvorschriften mit, die sie auf dem unter diese Richtlinie fallenden Gebiet erlassen.

Anhang VI RL
Liste der Punkte, auf die in Artikel 37 Absatz 1 Buchstabe c Bezug genommen wird

1. Bedeutung von und Rechtfertigung für Folgendes:
   a) die Verwendung von Tieren, einschliesslich ihrer Herkunft, geschätzten Anzahl, Arten und Lebensabschnitte;
   b) Verfahren.
2. Anwendung von Methoden zur Vermeidung, Verminderung und Verbesserung der Verwendung von Tieren in Verfahren.
3. Geplanter Einsatz von Betäubungsmitteln, Analgetika und anderen schmerzlindernden Methoden.
4. Gegebenenfalls Verminderung, Vermeidung und Linderung jeglicher Form des Leidens von Tieren von der Geburt bis zum Tod.
5. Anwendung möglichst schmerzloser Endpunkte.
6. Versuchs- oder Beobachtungsstrategie und statistische Gestaltung zur Minimierung der Anzahl der Tiere, der Schmerzen, des Leidens, der Ängste und gegebenenfalls der Umweltauswirkungen.

7. Erneute Verwendung von Tieren und die damit verbundenen kumulativen Auswirkungen auf das Tier.
8. Die vorgeschlagene Einstufung des Schweregrads von Verfahren.
9. Gegebenenfalls Vermeidung einer nicht gerechtfertigten doppelten Durchführung von Verfahren.
10. Unterbringungs-, Haltungs- und Pflegebedingungen für die Tiere.
11. Tötungsmethoden.
12. Sachkunde der am Projekt beteiligten Personen.

Anhang VIII RL
Klassifizierung des Schweregrads der Verfahren

Der Schweregrad eines Verfahrens wird nach dem Ausmass von Schmerzen, Leiden, Ängsten oder dauerhaften Schäden festgelegt, die das einzelne Tier während des Verfahrens voraussichtlich empfindet bzw. erleidet.

Abschnitt I: Kategorien der Schweregrade

Keine Wiederherstellung der Lebensfunktion:
Verfahren, die gänzlich unter Vollnarkose durchgeführt werden, aus der das Tier nicht mehr erwacht, werden als «keine Wiederherstellung der Lebensfunktion» eingestuft.

Gering:
Verfahren, bei denen zu erwarten ist, dass sie bei den Tieren kurzzeitig geringe Schmerzen, Leiden oder Ängste verursachen sowie Verfahren ohne wesentliche Beeinträchtigung des Wohlergehens oder des Allgemeinzustands der Tiere werden als «gering» eingestuft.

Mittel:
Verfahren, bei denen zu erwarten ist, dass sie bei den Tieren kurzzeitig mittelstarke Schmerzen, mittelschwere Leiden oder Ängste oder lang anhaltende geringe Schmerzen verursachen sowie Verfahren, bei denen zu erwarten ist, dass sie eine mittelschwere Beeinträchtigung des Wohlergehens oder des Allgemeinzustands der Tiere verursachen, werden als «mittel» eingestuft.

Schwer:
Verfahren, bei denen zu erwarten ist, dass sie bei den Tieren starke Schmerzen, schwere Leiden oder Ängste oder lang anhaltende mittelstarke Schmerzen, mittelschwere Leiden oder Ängste verursachen, sowie Verfahren, bei denen zu erwarten ist, dass sie eine schwere Beeinträchtigung des Wohlergehens oder des Allgemeinzustands der Tiere verursachen, werden als «schwer» eingestuft.

Abschnitt II: Zuordnungskriterien

Bei der Zuordnung zu der Kategorie des Schweregrades ist jede Intervention oder Manipulation des Tieres im Rahmen eines bestimmten Verfahrens zu berücksichtigen. Sie basiert auf den schwerwiegendsten Auswirkungen, denen ein einzelnes Tier nach Anwendung aller geeigneten Verbesserungstechniken ausgesetzt sein dürfte.

Bei der Zuordnung eines Verfahrens zu einer bestimmten Kategorie werden die Art des Verfahrens und eine Reihe weiterer Faktoren berücksichtigt. Alle diese Faktoren sind auf Einzelfallbasis zu prüfen.

Zu den mit dem Verfahren zusammenhängenden Faktoren gehören:
- Art der Manipulation, Handhabung,
- Art des Schmerzes, des Leidens, der Ängste oder des dauerhaften Schadens, die durch das Verfahren (unter Berücksichtigung aller Elemente) sowie dessen Intensität, Dauer und Häufigkeit und die Anwendung mehrerer Techniken verursacht wird,
- kumulatives Leiden während eines Verfahrens,
- Verhinderung natürlichen Verhaltens, einschliesslich Einschränkungen bei Unterbringung, Haltung und Pflegestandards.

In Abschnitt III sind Beispiele von Verfahren aufgeführt, die auf der Grundlage von allein mit der Art des Verfahrens zusammenhängenden Faktoren den einzelnen Kategorien der Schweregrade zugeordnet werden. Sie geben den ersten Anhaltspunkt dafür, welche Klassifizierung für eine bestimmte Art von Verfahren am angemessensten wäre.

Für die Zwecke der endgültigen Klassifizierung des Verfahrens sind jedoch auch die folgenden zusätzlichen Faktoren, die auf Einzelfallbasis bewertet werden, zu berücksichtigen:
- Tierart und Genotyp,
- Entwicklungsgrad, Alter und Geschlecht des Tieres,
- Erfahrung des Tieres im Hinblick auf das Verfahren,
- tatsächlicher Schweregrad der vorherigen Verfahren, sofern das Tier nochmals verwendet werden soll,
- Methoden zur Verringerung oder Beseitigung von Schmerz, Leiden und Angst, einschliesslich der Verbesserung von Unterbringung, der Haltung und der Pflegebedingungen,
- möglichst schmerzlose Endpunkte.

Abschnitt III

Beispiele für verschiedene Arten von Verfahren, die auf der Grundlage von mit der Art des Verfahrens zusammenhängenden Faktoren den einzelnen Kategorien der Schweregrade zugeordnet werden.

1. Gering
    a) Durchführung einer Narkose mit Ausnahme von Narkosen zum alleinigen Zweck der Tötung;
    b) Pharmakokinetische Studie, bei der eine einzige Dosis verabreicht wird und eine begrenzte Anzahl von Blutabnahmen durchgeführt wird (insgesamt < 10 % des Kreislaufvolumens), wenn nicht zu erwarten ist, dass die Substanz nachweisbare nachteilige Auswirkungen zeigt;
    c) Nichtinvasive bildgebende Verfahren bei Tieren (z. B. MRI) mit entsprechender Sedierung oder Narkose;
    d) Oberflächliche Verfahren z. B. Ohr- und Schwanzbiopsien, nichtoperative subkutane Implantation von Minipumpen und Transpondern;
    e) Anwendung externer Telemetriegeräte, die die Tiere nur geringfügig beeinträchtigen oder normale Tätigkeiten und normales Verhalten nur leicht einschränken;
    f) Verabreichung von Substanzen auf subkutanem, intramuskulärem, intraperitonealem Weg, mit Magensonde oder intravenös in oberflächliche

Blutgefässe, wobei die Substanz nur geringe Wirkung auf das Tier zeigt und das Volumen auf die Art und Grösse des Tieres abgestimmt ist;

g) Induktion von Tumoren oder spontanen Tumoren, die keine nachweisbaren klinischen Auswirkungen haben (z. B. kleine subkutane nichtinvasive Knötchen);

h) Züchtung von genetisch veränderten Tieren, bei denen ein Phänotyp mit nur geringen Auswirkungen zu erwarten ist;

i) Fütterung mit modifizierter Nahrung, die nicht den gesamten Nährstoffbedarf des Tieres deckt und von der zu erwarten ist, dass sie geringe klinische Abnormalitäten während des Zeitrahmens der Studie verursacht;

j) kurzfristiges (< 24 h) Einsperren in Stoffwechselkäfige;

k) Studien, bei denen das Tier kurzfristig von seinen Sozialpartnern getrennt wird, kurzfristige Haltung von erwachsenen Ratten oder Mäusen sozial lebender Stämme in Einzelkäfigen;

l) Modelle, bei denen Tiere schädlichen Reizen ausgesetzt werden, die kurz zu geringem Schmerz, Leiden oder Ängsten führen und die die Tiere erfolgreich vermeiden können.

m) Eine Kombination oder Häufung der folgenden Beispiele kann die Klassifizierung «gering» bedeuten:

   i) Bewertung der Körperzusammensetzung durch nichtinvasive Massnahmen und unter minimaler Einschränkung;

   ii) Überwachungs-EKG mit nichtinvasiven Methoden, die bei daran gewöhnten Tieren zu minimaler oder überhaupt keiner Beeinträchtigung führt;

   iii) Anwendung externer Telemetriegeräte, die sozial angepasste Tiere nicht beeinträchtigen und normale Tätigkeiten und normales Verhalten nicht einschränken dürften;

   iv) Züchtung genetisch veränderter Tiere, bei denen kein klinisch nachweisbarer nachteiliger Phänotyp zu erwarten ist;

   v) Zugabe von Inertmarkern in die Nahrung, um deren Weg durch den Verdauungstrakt zu verfolgen;

   vi) Nahrungsentzug für höchstens 24 h bei erwachsenen Ratten;

   vii) Offener Feldversuch (Open Field Test)

2. Mittel
   a) Häufige Verabreichung von Testsubstanzen, die mässige klinische Wirkung zeigen sowie Blutabnahmen (>10 % des zirkulierenden Blutvolumens) bei einem Tier bei vollem Bewusstsein innerhalb weniger Tage ohne Volumenersatz;
   b) Studien zur Ermittlung des Dosisbereichs mit akuter Wirkung, Tests auf chronische Toxizität/Karzinogenität mit nichtletalen Endpunkten;
   c) chirurgische Eingriffe unter Vollnarkose mit angemessenen Schmerzmitteln, die mit postoperativen Schmerzen, Leiden oder Beeinträchtigung des Allgemeinzustands einhergehen. Beispiele dafür sind: Thorakotomie, Kraniotomie, Laparotomie, Orchidektomie, Lymphadenektomie, Thyroidektomie, orthopädische Chirurgie mit effektiver Stabilisierung und Wundversorgung, Organtransplantation mit wirksamer Behandlung der Abstossung, chirurgische Implantation von Kathetern oder biomedizinischen Geräten (z. B. Telemetriesendern, Minipumpen usw.);
   d) Modelle zur Induktion von Tumoren oder spontanen Tumoren, bei denen zu erwarten ist, dass sie mittelstarke Schmerzen oder mittelschwere Ängste verursachen oder zu einer mittelschweren Beeinträchtigung des normalen Verhaltens führen;
   e) Bestrahlung oder Chemotherapie mit einer subletalen Dosis oder mit einer sonst tödlichen Dosis, jedoch mit Wiederherstellung des Immunsystems. Es ist zu erwarten, dass die nachteiligen Auswirkungen gering oder mittelschwer sind und kurzfristig auftreten (< 5 Tage);
   f) Züchtung von genetisch veränderten Tieren, bei denen zu erwarten ist, dass sie nur zu einem Phänotyp mit mittelschweren Auswirkungen führen;
   g) Schaffung von genetisch veränderten Tieren durch chirurgische Verfahren;
   h) Verwendung von Stoffwechselkäfigen mit mässiger Einschränkung der Bewegungsfreiheit über einen längeren Zeitraum (bis zu fünf Tagen);
   i) Studien mit modifizierter Nahrung, die nicht den gesamten Nährstoffbedarf des Tieres deckt und mittelschwere klinische Abnormalitäten während des Zeitrahmens der Studie verursachen dürfte;
   j) Nahrungsentzug für 48 h bei erwachsenen Ratten;
   k) Hervorrufen von Flucht- und Ausweichreaktionen, wenn das Tier nicht flüchten oder dem Reiz ausweichen kann, und bei denen zu erwarten ist, dass sie zu mittelschweren Ängsten führen.

3. Schwer
   a) Toxizitätstests, bei denen der Tod der Endpunkt ist oder Todesfälle zu erwarten sind und schwerwiegende pathophysiologische Zustände herbeigeführt werden. Beispielsweise Versuche zur Bestimmung der akuten Toxizität einer einzigen Dosis (siehe Versuchsleitlinien der OECD);
   b) Testen von Geräten, deren Versagen starke Schmerzen, schwere Ängste oder den Tod des Tieres verursachen kann (z. B. Herzunterstützungsgeräte);
   c) Wirksamkeitstests von Impfstoffen, die durch eine dauerhafte Beeinträchtigung des Zustands des Tieres und fortschreitende zum Tode führende Krankheit mit lang andauernden mittelstarken Schmerzen, mittelschweren Ängsten oder Leiden gekennzeichnet sind;
   d) Bestrahlung oder Chemotherapie mit tödlicher Dosis ohne Wiederherstellung des Immunsystems oder Wiederherstellung mit Erzeugung einer Graft-versus-Host-Reaktion;
   e) Modelle mit Induktion von Tumoren oder spontanen Tumoren, bei denen zu erwarten ist, dass sie eine fortschreitende tödliche Krankheit mit lang andauerndem mittelstarkem Schmerz, mittelschweren Ängsten oder Leiden verursachen. Beispielsweise Kachexie verursachende Tumore, invasive Knochentumore, metastasierende Tumore und Tumore, die bis zur Geschwürbildung belassen werden;
   f) Chirurgische und andere Eingriffe bei Tieren unter Vollnarkose, bei denen zu erwarten ist, das sie zu starken oder dauerhaften mittelstarken postoperativen Schmerzen, schweren oder dauerhaften mittelschweren postoperativen Leiden oder Ängsten oder zu schwerer und dauerhafter Beeinträchtigung des Allgemeinzustands der Tiere führen, Herbeiführung instabiler Frakturen, Thorakotomie ohne entsprechende Schmerzmittel oder Trauma zur Herbeiführung multiplen Organversagens;
   g) Organtransplantation, bei der zu erwarten ist, dass die Abstossung voraussichtlich zu schweren Ängsten oder Beeinträchtigung des Allgemeinzustands der Tiere führt (z. B. Xenotransplantation);
   h) Züchtung von Tieren mit genetischen Störungen, bei denen zu erwarten ist, dass sie zu schwerer und dauerhafter Beeinträchtigung des Allgemeinzustands führen, z. B. Huntington-Krankheit, Muskeldystrophie, Modelle für chronische wiederkehrende Nervenentzündung;
   i) Verwendung von Stoffwechselkäfigen mit schwerer Einschränkung der Bewegungsfreiheit über einen längeren Zeitraum;

j) Elektroschocks, denen das Tier nicht entgehen kann (z. B. um erlernte Hilflosigkeit herbeizuführen);
k) Vollständige Isolierung von geselligen Arten, z. B. Hunde und nichtmenschliche Primaten, über längere Zeiträume;
l) Immobilisierungsstress zur Herbeiführung von Magengeschwüren oder Herzversagen bei Ratten;
m) Versuche, bei denen Schwimmen oder körperliche Anstrengung erzwungen werden, mit Erschöpfung als Endpunkt.

Autorinnen

Anne Peters

Anne Peters ist Direktorin am Max-Planck-Institut für ausländisches öffentliches Recht und Völkerrecht (seit 2013) und Initiantin des Doktoratsprogramms «Law and Animals» an der Juristischen Fakultät der Universität Basel, dessen Leitungsgremium sie seit 2011 angehört. Geboren in Berlin am 15. November 1964. Studium der Rechtswissenschaften, Spanisch und Neugriechisch in Würzburg, Lausanne, Freiburg i. Br. (1984–1990). Erstes und zweites Staatsexamen, Baden-Württemberg (1990 und 1993). Rechtsreferendariat am Landgericht Freiburg, Wahlstationen an der Deutschen Botschaft in Quito und am Max-Planck-Institut für ausländisches und internationales Strafrecht in Freiburg i.Br. (1990–1993). Wissenschaftliche Mitarbeiterin am Lehrstuhl für Europa- und Völkerrecht Albert-Ludwigs-Universität Freiburg (1990–1994) und Promotion zum Dr. iur. (1994). Master of Laws (LL.M.), Harvard Law School (1994–1995). Wissenschaftliche Assistentin am Walther-Schücking-Institut für internationales Recht (1995–2001) und Habilitation, Christian-Albrechts-Universität Kiel (2000). Ordinaria für Völker- und Staatsrecht an der Universität Basel (2001–13), seit 2013 Titularprofessorin für Völkerrecht. Dekanin (2004–2005) und Forschungsdekanin (2008–2013) der Basler Juristischen Fakultät. Forschungsrätin im Nationalen Forschungsrat der Schweiz (2008–2013). Gastprofessorin an der Sciences Po, Paris (2009). Präsidentin der European Society of International Law (2010–2012). Mitglied (substitute) der Venedig-Kommission (European Commission for Democracy through Law) für Deutschland (seit 2011).

Ihre aktuellen Forschungsschwerpunkte sind Völkerrecht, insbesondere seine Konstitutionalisierung und Geschichte, globales Tierrecht, global governance sowie der Status des Menschen im Völkerrecht. Zu ihren Büchern zählen: Jenseits der Menschenrechte (Tübingen: Mohr Siebeck 2014); Transparency in International Law (Cambridge University Press 2013, Hrsg. zus. m. A. Bianchi); Oxford Handbook of the History of International Law (Oxford University Press 2012, Hrsg. zus. m. B. Fassbender); Conflict of Interest in Global, Public and Corporate Governance (Cambridge University Press 2012, Hrsg. zus. m. L. Handschin); Europäische Menschenrechtskonvention (2. Aufl. 2012, München: Beck, zus. m. T. Altwicker); Völkerrecht: Allgemeiner Teil, 3. Aufl., Zürich: Schulthess 2012); The Constitutionalization of International Law (Oxford University Press, erw. Aufl. 2011, zus. m. J.

Klabbers u. G. Ulfstein); Non-state Actors as Standard Setters (Cambridge University Press 2009); Elemente einer Theorie der Verfassung Europas (Berlin: Duncker & Humblot 2001); Women, Quotas and Constitutions: A Comparative Study of Affirmative Action for Women in American, German, European Community and International Law (Dordrecht etc.: Kluwer 1999); Das Gebietsreferendum im Völkerrecht: Seine Bedeutung im Licht der Staatenpraxis nach 1989 (Baden-Baden: Nomos 1995).

Saskia Stucki

Saskia Stucki ist seit 2012 Koordinatorin des Doktoratsprogramms «Law and Animals» der Juristischen Fakultät der Universität Basel.

Ihr Jura-Studium schloss sie 2011 an der Universität Basel summa cum laude ab. Seither arbeitet sie an ihrer Dissertation zum Thema «Grundrechte für Tiere». Ihre Forschungsschwerpunkte im Tierrecht umfassen die (rechtsvergleichende) kritische Analyse von gegenwärtigem Tierschutzrecht, die rechtstheoretische Begründbarkeit einer tierlichen Rechtssubjektivität und von Tierrechten sowie die Ausarbeitung eines subjektivrechtlichen Tierschutzkonzepts.

Sie ist Autorin, Mitautorin und Mitherausgeberin diverser Publikationen im Tierrecht und hält regelmässig Vorträge zum (schweizerischen) Tierschutzrecht und zur Rechtstheorie von Tierrechten im In- und Ausland.

Weitere Interessengebiete umfassen Völkerrecht, Menschenrechte und humanitäres Völkerrecht, insbesondere in Bezug auf den israelisch-palästinensischen Konflikt.

Stiftung für das Tier im Recht (TIR)

Die Stiftung für das Tier im Recht (TIR) setzt sich seit 1995 beharrlich für die Besserstellung von Tieren in Recht, Ethik und Gesellschaft ein. Mit ihrer juristischen Tätigkeit und ihrem breiten Dienstleistungsangebot hat sie sich als Kompetenzzentrum für Fragen zur Mensch-Tier-Beziehung etabliert.

Tiere sind empfindungs- und leidensfähige Mitgeschöpfe, die Achtung und Respekt verdienen. Sie können nicht selber für ihre Anliegen einstehen und sind darum auf engagierte Menschen angewiesen, die dies stellvertretend für sie tun. Die TIR hat sich darum zum Ziel gesetzt, als Fürsprecher der Tiere aufzutreten.

Die TIR ist die einzige Organisation im gesamten deutschen Sprachraum, die sich hauptsächlich auf die juristischen Belange des Tierschutzes spezialisiert hat. In der Überzeugung, dass dem Recht und seiner verbindlichen Durchsetzung eine zentrale Rolle für das Wohl der Tiere zukommen, liegt der Hauptzweck der TIR in der fortlaufenden Verbesserung des Tierschutzes in Gesetz und Vollzug. Mit der Hebelwirkung des Rechts kann nicht nur in Einzelfällen, sondern generell und allen Tieren geholfen werden.

Weil sich ein respektvoller Umgang mit Tieren leider nicht überall von alleine einstellt, sind verbindliche Vorschriften hierfür unverzichtbar. Obwohl Tieren in unserer Gesellschaft ein hoher Stellenwert zukommt, gewährt ihnen das bestehende Recht keinen ausreichenden Schutz. Zudem werden die geltenden Vorschriften häufig nicht konsequent durchgesetzt. Diesen Missständen tritt die TIR entgegen, indem sie sie aufdeckt, analysiert und praxistaugliche juristische Verbesserungsvorschläge für tragfähige Rechtsgrundlagen und einen griffigen Vollzug zum Schutz der Tiere erarbeitet. In Zusammenarbeit mit Politikern, Behörden und anderen Organisationen versucht sie sodann, ihre Forderungen in die Rechtsordnung einfliessen zu lassen. Die TIR strebt dabei stets realistische Ziele an. Sie tritt niemals radikal oder gar militant, sondern immer sachlich und besonnen auf, weil sich auf diese Weise letztlich mehr erreichen lässt.

Um Verbesserungen im rechtlichen Tierschutz zu erwirken, müssen die Mängel in Gesetzgebung und Vollzug zunächst einmal offengelegt werden. Aus diesem Grund hat die TIR sämtliche seit 1982 in der Schweiz durchgeführten Tierschutzstrafverfahren in einer Datenbank erfasst. Die über 11'000 anonymisierten Entscheide (Stand 2014) sind auf www.tierimrecht.org zusammengefasst und übersichtlich dargestellt abrufbar. Die mit der Fallsammlung erreichte Transparenz der Strafpraxis hat dazu geführt, dass die zuständigen Behörden Tierquälereien und andere Tierschutzdelikte heute ernster nehmen und vermehrt entsprechende Strafverfahren durchführen. Zudem dient die TIR-Datenbank den Vollzugsinstanzen als wertvolles Hilfsmittel für die Beurteilung von Tierschutzverstössen.

Neben ihrer rechtspolitischen Tätigkeit ist die TIR auch bestrebt, die Gesellschaft für ihre grosse Verantwortung gegenüber Tieren zu sensibilisieren. Hierfür informiert sie die Bevölkerung auf verschiedenen Ebenen über die Bedürfnisse von Tieren und die Grundlagen für den richtigen rechtlichen und praktischen Umgang mit ihnen. Um das entsprechende Wissen allgemein zugänglich zu machen und das öffentliche Tierschutzbewusstsein zu schärfen, offeriert die TIR allen Interessierten ein breites Spektrum an Dienstleistungen und Hilfsmitteln. Das umfassende Angebot an objektiven und praxisnahen Informationen richtet sich nicht nur an Tierhaltende und Juristen, sondern ebenso an Vollzugsinstanzen (Veterinär-, Polizei-, Strafuntersuchungs- und Gerichtsbehörden), Medienschaffende, Vertreter der Politik und Tierärzteschaft, Schulen aller Stufen und Tierschutzorganisationen.

Eine Fülle von Hintergrundinformationen zum rechtlichen und praktischen Tierschutz findet sich auf den beiden Websites www.tierimrecht.org und www.tierschutz.org. Als wertvolle Hilfestellung für die Lösung juristischer Probleme mit oder wegen Tieren erteilt die TIR ausserdem Ratsuchenden schriftliche und telefonische Auskünfte rund um das Tier im Recht. Die Antworten auf die 200 häufigsten Fragen finden sich auch auf www.tierimrecht.org (Symbol: orangefarbene Eule).

Das eigentliche Herzstück der TIR bildet ihre Fachbibliothek mit rund 15'000 Werken (Bücher, Aufsätze, DVDs etc.) zum Tier in Recht, Ethik und Gesellschaft. Die im deutschen Sprachraum wohl umfassendste Literatursammlung in diesem Bereich bietet Wissenschaftlern, Studierenden und Medienschaffenden einen immensen Informationsfundus für ihre Arbeiten. Die bibliografischen Angaben von rund 10'500 Werken (Stand 2014) sind auch in der «Virtuellen Bibliothek» auf www.tierimrecht.org abrufbar, was eine mühelose Internetrecherche ermöglicht. Der Bibliothek angegliedert ist zudem ein Medienarchiv mit Zeitungs- und Zeitschriftenartikeln zu mehr als 200 Tierschutzthemen.

Zudem veröffentlicht die TIR regelmässig übersichtliche und leicht verständliche Standardwerke zum rechtlichen Tierschutz sowie Artikel in der Fach- und Tagespresse. Auch referieren die TIR-Mitarbeitenden im In- und Ausland an Tagungen, Kongressen sowie an Ausbildungsveranstaltungen für Tierhaltende und Vollzugsbehörden zu den verschiedenen Aspekten der Mensch-Tier-Beziehung. Überdies ist die TIR eine verlässliche Auskunftsstelle für Print- und Onlinemedien, Radio und Fernsehen zu Fragen rund um das Tier im Recht.

Mit ihrer Grundlagenarbeit und ihrem zielstrebigen Vorgehen hat die TIR schon verschiedene bedeutende Erfolge für den Tierschutz errungen. So beispielsweise hat sie massgeblich dazu beigetragen, dass Tiere im schweizerischen Recht seit 2003 nicht mehr als Sachen, sondern als eigenständige Lebewesen anerkannt sind, oder dass die Tierwürde seit 2008 durch das Schweizer Tierschutzgesetz ausdrücklich geschützt ist. Auch das seit 2008 geltende Verbot für sexuell motivierte Handlungen mit Tieren ist hauptsächlich auf intensive Bemühungen der TIR zurückzuführen. Sodann trägt sie wesentlichen Anteil daran, dass das Tierschutzrecht in Fachkreisen nicht mehr als Randdisziplin wahrgenommen, sondern sich als eigenständiges Fachgebiet etabliert hat. Durch gezielte Förderung des juristischen Nachwuchses sorgt die TIR zudem dafür, dass die kontinuierliche Weiterentwicklung des rechtlichen Tierschutzes auch mittel- bis langfristig sichergestellt ist.

Die TIR ist eine Non-Profit-Organisation und wird weder vom Bund noch vom Kanton subventioniert. Sie finanziert sich ausschliesslich aus privaten Spenden und projektbezogenen Zuwendungen.

Stiftung für das Tier im Recht (TIR)

Rigistrasse 9
CH - 8006 Zürich
Tel. +41 (0)43 443 06 43

www.tierimrecht.org
info@tierimrecht.org
Spendenkonto: PC 87-700700-7

Schriften zum Tier im Recht

Mit der Reihe «Schriften zum Tier im Recht» will die Stiftung für das Tier im Recht (TIR) ausgewählte Monografien, Gutachten und Fachaufsätze zu juristischen und ethischen Aspekten der Mensch-Tier-Beziehung einem breiten Publikum zugänglich machen. Die Beiträge richten sich an alle am Tierschutz Interessierten und sollen insbesondere Vollzugsorganen wie Verwaltungs-, Strafverfolgungs- und gerichtlichen Behörden, Praktikern sowie Studierenden einen Informationsfundus zu tierschutzrechtlichen und tierethischen Themen bieten.

Bisher erschienen sind:

Band 1	**Schweizer Tierschutzstrafrecht in Theorie und Praxis**	
	Gieri Bolliger / Michelle Richner / Andreas Rüttimann	
Band 2	**Affektionswert-Ersatz bei Haustieren**	
	Peter Krepper	
Band 3	**Wahrnehmung tierlicher Interessen im Straf- und Verwaltungsverfahren**	
	Gieri Bolliger / Antoine F. Goetschel	
Band 4	**GATT-rechtliche Zulässigkeit von Importverboten für Pelzprodukte**	
	Nils Stohner / Gieri Bolliger	
Band 5	**Geheimhaltungspflicht von Mitgliedern der Tierversuchskommissionen**	
	Isabelle Häner / Gieri Bolliger / Antoine F. Goetschel	
Band 6	**Enthornen von Rindern unter dem Aspekt des Schutzes der Tierwürde**	
	Gieri Bolliger / Alexandra Spring / Andreas Rüttimann	
Band 7	**Klonen von Tieren – eine ethische Auslegeordnung**	
	Samuel Camenzind	
Band 8	**Sexualität mit Tieren (Zoophilie) – eine rechtliche Betrachtung**	
	Gieri Bolliger	

Band 9 **Rechtlicher Rahmen bei Tierschutzkontrollen**
Christine Künzli / Vanessa Gerritsen

Band 10 **Baujagd unter dem Aspekt des Tierschutz- und Jagdrechts**
Gieri Bolliger / Andreas Rüttimann / Vanessa Gerritsen

Band 11 **Tierquälerei im Pferdesport – eine Analyse der Strafrechtsnormen des Tierschutzgesetzes**
Claudia V. Brunner

Band 12 **Heimtierhaltung aus tierschutzstrafrechtlicher Sicht**
Michelle Richner

Band 13 **Tierversuchsrichtlinie 2010/63/EU: Rechtsgutachten zu ihrer Umsetzung in Deutschland**
Anne Peters / Saskia Stucki